文化线路在中国

Cultural Routes in China

丁援 马志亮 许颖 ／著

中国出版集团　东方出版中心

目录

Contents

序言

Prologue

冯天瑜

如果把各民族、各国度的表现比喻为一幕幕悲喜剧，那么，诸民族、诸国度所处的地理环境便是这些剧目得以表演的舞台和背景。

地理环境对人类文化创造的影响是真实而多侧面、持续而深刻的，但这种作用主要又不是立竿见影的。在通常情况下，地理环境只为文化发展提供多种可能性，至于某种可能性以某种形态转变为现实性，则取决于人类的选择。人文因素（经济的、政治的、心理的）具有选择能力，使人类可以在同一自然环境内创造不同的文化事实。而无定的人文因素又不能绝对自由地纵横驰骋，必须以相对固定的自然因素为物质基础，把握自然因素提供的可能性，去创造文化的现实性。

《管子》曰："地者，万物之本原，诸生之根菀也，美恶、贤不肖、愚俊之所生也。水者，地之血气，如脉筋之通流者也……"中国古人逐水而居，"水者"就是中国文化最主要的地理环境，而河流、水道则是形成中国文化线路的重要基础之一。也正是因为如此，我们常说黄河、长江是我们的母亲河。

《文化线路在中国》一书介绍的十条文化线路中，有五条是和河流、水道密切联系的，并且大部分是南北走向的。其中万里茶道、巴盐古道、武当神道和汉水相关，海上丝绸之路是中国古代海上贸易的线路，大运河是隋唐以后中国南北交流的主动脉。唯一的一条东西走向的线路长江，则因其在中国近现代转型中的重要作用，成了一条东西方文明交流的通道。

中国地理大势西高东低，河流多为西—东流向，故东西向水运畅通，而南北水运受阻。而另一方面，水运较陆运价廉，当南北物资、人员沟通规模增大之际，南北向水道的重要性就不言而喻，并且往往更能体现人类创造文化的力量。

在我的《中国文化生成史》中，也特别提到了运河。运河是完全人工的产物，著名者当推灵渠与南北大运河。灵渠系秦始皇为统一岭南，令史碌兴修。该渠南北向，沟通长江支流湘水、珠江支流漓水，联系长江、珠江两大东西向平行水系。灵渠历代屡有疏浚改建。我1995年前往观看，见该渠设斗门多座，顺次开闭，使船只越过高地，渠水可自流灌溉。灵渠至今仍发挥南北航运及灌溉作用，令人钦佩先民因势利导、锐意创制的高超智慧。大运河是沟通黄河—淮河—长江等东西向水系的大制作。这项历史性工程始于春秋末期吴国挖掘邗沟（在今江苏中部，后称里运河，连接淮河和长江）。南北运河的大规模开凿是隋炀帝杨广执政时展开的。灵渠与大运河的开凿，是人类依凭地理环境又加以改造的杰作。它们生动地宣示地理环境是必须尊重的，同时也可以因势利导地进行整治。在尊重自然与改造自然的统一中，谋求人类的福祉。这些也是"文化线路"的本质所在。

在本书中还提到了另外几条重要的陆路线路：丝绸之路、蜀道、茶马古道和西南丝绸之路。这些线路有的古老逾两千年，有的线路相对年轻，有的道路十分艰险，有的现在已经成为世界遗产，有的还不太受到关注。然而，这些线路都同样体现了战争与和平、交流与发展的主题。

我在讨论"丝绸之路"这一联系亚欧大陆东西两端的大通道开辟的三大动因时提出，丝绸之路是由军事外交、商业贸易和宗教传播这三种伟力的交相作用所推动。我以为，今天我们所研究的"文化线路"的产生也大多如此。

祈望四海一家，化被天下，是中国人早在先秦即已形成的一种诉求。而自秦汉大一统帝国建立的开始，形成"御胡"与"拓疆"战略，至汉武帝（公元前140—前87

年在位）时，"勤远略"得以大规模实施，汉民族的活动空间从黄河—长江流域扩展到更广阔的空间，甚至延伸至中亚广袤的草原、沙漠和雪山。正是这种军事外交的诉求，使得那些雄才大略的政治家都热衷于开辟新的化外之地和化外之路。

另一方面，民间和官方的贸易，在客观上助推了线路遗产的畅达。不同民族、不同地域人们的贸易交流，不仅使人们的生活更为便利，而且各地政治、经济、文化呈现出的成绩，也会推动不同文化间的对话。以丝绸之路为例，这条中西通道的开辟，商业之力更在军事外交的先头。

此外，宗教作为人们对"终极关怀"不倦追求的产物，往往使信徒产生排除万难的精神力量，勇于孤行独往、百折不回地求经、传道，从而成为文化线路生成之路上的一支异军。如丝路上东晋僧人法显"慨律藏残缺"，"至天竺寻求戒律"，其行迹的遥远连"汉之张骞、甘英皆不至"。

丁援君是我以前的学生，在学术上他勤思而少作，但让我欣慰的是，他的"文化线路研究"与我的"文化生成史研究"是一脉相承的。

"文化生成"有一个从自在到自觉的过程，正如"文化线路"有一个从交通孔道发展形成"线路文化"的过程。在文化的无尽征程中，线路既是载体，也是结果。"中国文化的生成与发展"是一个大题目，"文化线路"可以成为深入研究这个宏观题目的一个中观的视角。

生也有涯，学也无涯，以有限的生命去了解无穷的中外古今，是力不能企的。当我们不禁问"文化是什么？文化从哪里来，向何处去？"我们不妨顺着这一条条的"文化线路"做思想的旅行。

"出乎史，入乎道"，可成矣。

是以为序。

（作者系武汉大学人文社科资深教授）

前言

Foreword

　　"文化线路"的概念最早由欧洲学者于1994年正式提出，2008年11月国际古迹遗址理事会（ICOMOS，全球最著名的文化遗产保护专家组织和联合国教科文组织世界文化遗产评选的咨询机构）魁北克大会通过《ICOMOS文化线路宪章》，把"文化线路"作为一种新的文化遗产类型写入国际文件。正如同济大学教授阮仪三先生所说："对历史文化遗产的关注早些时候还是集中在物质性的遗存，因为能看得见，摸得着，通过保护和合理的开发利用，有的能取得一定的经济效益。进而又注意到那些口口相传的看不见摸不着的非物质遗产与保护，这种非物质类型的遗存，在保护和研究上和物质性的东西就大不相同，在保护的方法和内容等方面要困难和复杂得多，这是人类在认识上又一次的深入和提高。继而在遗产保护事业中又出现了一种新的遗产类型——文化线路。它出现的时间虽然不长，但在短短的十几年里，各国学者就提出了大量的遗产路线，并引起了学术界浓厚的兴趣，因为它确实存在，并曾经深刻地影响着人们的文化活动和发展，有的至今还继续存在。"

　　从2004年开始，国内学者成系统地翻译相关外文资料和介绍《ICOMOS文化线路宪章》，完成了一批博士、博士后研究，专题研究，国家级基金课题，以及一批线路遗产申遗文件，并且把"文化线路"作为方法论，研究文化转型中遗产（包括历史建筑与街区）内在的"无形线路"。应该说，随着学术界对"文化线路"的研究越来越深入，特别是2014年大运河、丝绸之路申遗成功，人们对文化线路的理解会越来越透彻，文化线路的运用也会越来越广阔。

一、文化线路的概念发展

如果我们把眼光放到更加遥远的西方建筑文化史，古希腊朝圣线路似乎可以成为今天"文化线路"的根苗。在圣地建筑群的设计中，设计者不刻意追求平整对称的布局，而是乐于利用各种复杂的地形，构成活泼多变的建筑景观。在圣地地势最为突出的地方，建造的是整个建筑群的中心——神庙。神庙统率全局，但又充分考虑到了人们在朝圣过程中由远及近以及站在不同角度位置上的观赏体验。西方建筑史中的德尔斐阿波罗神庙就是此中代表：中心建筑是山顶的阿波罗神庙，但从山下到神庙并没有选择最近的上山线路，而是顺应地势，曲折向上，沿途经过显示其政治、经济实力的物资库，又布置了很多小的建筑物，到达神庙，然后还有其后的一个规模巨大的露天剧场——这样，整个朝圣线路组成了一幅既富于变幻又十分完整的图景。

通往圣地亚哥·德·孔波斯泰拉（Santiago de Compostela）的朝圣道路（简称圣地亚哥朝圣线路）在文化线路概念的产生和发展中，起着举足轻重的作用。1993年圣地亚哥·德·孔波斯泰拉朝圣线路的西班牙部分被联合国教科文组织确定为世界遗产，1994年西班牙专家组织了就此线路的国际研讨会，并邀请到了联合国教科文组织和国际古迹遗址理事会的专家。正是他们在这次研讨会上正式提出了"文化线路"的概念。

圣地亚哥在西班牙语中为圣雅各的意思，到圣地亚哥朝圣是为了纪念使徒圣雅各。圣地亚哥·德·孔波斯泰拉朝圣是中世纪欧洲的重要文化现象之一，对于西欧各国的艺术形式和文明发展有广泛而深远的影响。通往圣地亚哥·德·孔波斯泰拉的朝圣道路的兴起在很大程度上是基督教文化和穆斯林文化冲突的结果，对圣雅各的朝圣是为了激发西班牙民族的基督教爱教意识。如今，虽然学者很难确定圣地亚哥·德·孔波斯泰拉朝圣活动始于何时，但阿方索二世发现雅各墓地后所写的记录却是朝圣活动的第一个见证。此后不久，信徒开始从西班牙北部各省涌往孔波斯泰拉，形成了连绵不断的朝圣人流，并形成传统，延续至今。

圣地亚哥线路沿线的文化遗产十分丰富，不仅有代表了罗马风及哥特等建筑艺术风格的教堂，也有展现沿途人们日常生活的小酒馆、医院、桥梁等。圣地亚哥朝圣线路当今还在为朝圣者使用，因此它被看作是综合多种艺术的"活"的遗产。1987年欧洲理事会宣布确定圣地亚哥线路为第一条欧洲文化线路。1993年被列入世界遗产名录的是圣地亚哥朝圣线路在西班牙境内的部分，它包括了166个村镇及1800座建筑，跨越了西班牙境内的5个省区。

"文化线路"作为一种文化遗产类型从1994年以来越来越受到世界各国的重视，随之也出现了对不同类型的"文化线路"的探讨。在北美、亚洲、非洲等不同大陆分别产生了强调自然遗产的北美克朗代克淘金线路，摒弃文化传播主义的欧亚"对话之路"（丝绸之路）以及跨越亚非欧的"海上丝绸之路"等不同于圣地亚哥朝圣线路的遗产线路。不仅如此，1994年至2002年间，有关文化线路的国际研讨会在欧洲等地频繁召开，这些会议的主题包括："线路：作为文化遗产的一部分"（马德里，西班牙，1994年11月24—25日）、"利比亚半岛和地中海区域的文化路线：商务和文明；洲际范围"（阿里森特，西班牙，1997年11月16—19日）、"洲际文化十字路口；文化路线，立法和文化旅游"（特纳瑞佛，西班牙，1998年9月5—8日）、"地中海文化遗产中的葡萄酒和葡萄树线路"（拉里奥哈，西班牙，1999年5月17—19日）、"西班牙—葡萄牙所设城堡，跨五大洲的一条文化线路"（伊维萨，西班牙，1999年5月18—20日）、"文化线路方法论，定义和操作方面"（伊维萨，西班牙，1999年5月21—22日）、"文化路线的方法、定义和实施"（墨西哥城，瓜纳华托，墨西哥，1999年10月）、"全球范围的无形遗产和文化线路"（纳瓦拉，西班牙，2001年6月20—24日）、"概念和实质上独立的文化路线与文化景观"（马德里，西班牙，2002年12月4

日）、"文化线路的概念和可操作性层面"（马德里，西班牙，2003年5月29—30日）以及"文化线路定义的提升和目录：要塞和港口城市作为文化线路组成部分；对土地的控制和利用；贸易路线；朝圣路线"（费罗尔，西班牙，2004年10月1—3日）。

二、文化线路与中国

中国文化线路有几个特点：

1. 中国文化线路具有历史悠久、规模巨大的特点。诸如大运河、丝绸之路等文化线路，在祖国大地上呈现出气势磅礴的布局。流淌千载不息的大运河是中华民族勤劳、勇敢、智慧的结晶，也是世界文化史上的不朽丰碑。大运河的部分段落始建于2500多年前的春秋时期，至隋代全线贯通，经唐宋时期的发展，最终在元代取直后形成目前的规模，明清两代又有不同规模的改造和整修。丝绸之路是迄今世界上规模最大的线性文化遗产，它始建于汉代，大体完成于隋代，唐代仍延续着传统格局，宋代以后有了新的发展。历经2000多年风雨的丝绸之路成为了展现人类历史活动和东西方经济文化交流的载体。丝绸之路所形成的网络几乎覆盖大半个地球，成为世界上最长的经济商贸之路、文化交融之路、科技交流之路，促进了亚欧非各国各民族之间的联系与往来，成为古代东西方交流的大通道。

2. 中国文化线路具有资源丰富、种类多样的特点。其所涵盖的类型众多，所反映的人类活动形式丰富多彩，既有各自地域的特点，也有相互交流和交融的历史积淀，构成多种文明荟萃、不同文化融合、各种宗教并存的一座座历史文化长廊。究其内容可分为交通要道（蜀道）、水利工程（大运河）、贸易通道（丝绸之路、茶马古道、巴盐古道、万里茶道）、宗教文化（武当神道）等不同主题。

3. 中国文化线路具有功能持久、生命力强的特点。例如大运河是我国线性文化遗产的重要组成部分，其客观存在是人类社会进步、经济发展、文化交流的重要体现。千百年来，大运河一直是我国重要的南北水上运输通道，从历史上的"南粮北运""盐运"通道到现在的"北煤南运"干线以及防洪灌溉干流，其功能也在经历着变迁。这条古老的运河在我国的经济社会发展中发挥了巨大的作用，它不仅是一条河，更是一个涉及交通、运输、水利、地理、历史、生态等诸多方面的文化廊道。可以说，大运河是"活着的、流动着的文化遗产"。再如，我国境内的"丝绸之路"是长期以来在国内交通路线上形成的，由于外国商旅贡使经常沿着这一路线往来，逐渐成为带有国际性的旅行路线。当时，通过丝绸古道传播的并不仅仅只有作为文化载体的商品，还有政治制度、科学技术、文学艺术、音乐舞蹈、宗教信仰、语言文字、风俗习惯、书法绘画、医药医学等。因此，可以说丝绸之路是沟通古代东西方之间经济、文化交流的重要桥梁，把古代的中华文化、印度文化、波斯文化、阿拉伯文化和古希腊文化、古罗马文化连接起来，在促进东西方文明之间的交流方面，发挥了极其重要的作用。

作为中国历史文化名城保护领域开拓者之一的王景慧老师生前一再强调，文化遗产的当代主题是"保护与发展"，这也是我们编撰此书的本意，即希望通过介绍中国文化线路遗产，为我们对祖国文化遗产的保护与发展多提供一些值得思考的素材。

文化线路遗产是一个具有很强的战略性和全局性的话题。我们希望这个话题能对那些心怀理想、目光远大的读者有所启示，使更多有识之士能参与到发现、调研、保护中国的文化线路遗产工作中来！

文化线路在中国

Cultural Routes in China

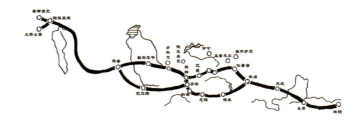

丝绸之路：

东西对话之路

The Silk Roads:

Roads of Dialogue between the East and the West

2014年，中国与吉尔吉斯斯坦、哈萨克斯坦联合提交的"丝绸之路：起始段和天山廊道的路网"获准入选《世界遗产名录》。

在联合国教科文组织的丝绸之路研究报告中，一个主题贯穿始终：对话之路。

丝绸之路东起古代长安城（今西安），跨越陇山山脉，穿过河西走廊，通过玉门关和阳关，抵达新疆，再沿绿洲和帕米尔高原通过中亚、西亚和北非，最终抵达非洲和欧洲，全长达7000多公里，是东西方之间的融合、交流与对话之路。

在近2000年的历史长河中，这条穿越亚欧大陆的线路不仅是沿线各地区间的商贸往来通道，同时也在政治邦交、宗教传播和文化交流方面起到了推动作用，为人类文明的共同繁荣做出了重要的贡献。

作为一条重要的历史文化线路，丝绸之路的意义不仅仅体现于线路上遗产的丰富多彩，更在于它沟通了东西方经济、政治、文化的交流，同时也见证了沿线各国不同时期的兴衰与繁荣。丝绸之路本身也伴随着这些历史的沉浮，在环境逐渐恶劣、海上贸易日益兴起的潮流下，最终走向了沉寂。留存至今的那些简牍帛书与历史遗迹不仅为我

左图：麦积山石窟佛像

们了解那条历史文化之路曾经的辉煌提供了帮助，同时也有望冲破时空的阻隔，在东西方文化之间再塑交流的桥梁。

一、线路概况与历史演变

"丝绸之路"（the Silk Roads）最早出现于19世纪70年代德国地理学家李希霍芬的《中国》一书中。20世纪后，德国历史学家阿尔巴特·赫尔曼又进一步扩展了丝绸之路的内涵和外延，在1910年出版的《中国和叙利亚之间的古代丝绸之路》一书中，根据新发现的文物考古资料，将其定义为中国古代经由中亚通往南亚、西亚以及欧洲、北非的陆上贸易交往的通道，因为大量的中国丝和丝织品经由此路西传，故此称作"丝绸之路"（简称"丝路"），这一提法为中外学者广泛接受。"丝绸之路"涵盖了历史上所有连接东西方的通道，包括"海上丝绸之路"和"陆上丝绸之路"，而其中的陆上丝绸之路又因地理走向不一而被分为"北方丝绸之路"与"南方丝绸之路"。北方丝绸之路指由黄河流域通达西域的商路，包括草原森林丝路、沙漠绿洲丝路。而南方丝绸之路则是我国古代西南地区一条纵贯川滇两省，连接缅、印，通往东南亚、西亚以及欧洲各国家的商贸通道。这里所介绍的便是北方丝绸之路在中国境内的沙漠段，我们且称之为"狭义的丝绸之路"，以下简称为"丝绸之路"。

这条狭义的丝绸之路是古代商旅和民族在长期贸易往来中逐渐建设和持续维持的道路网络，它由东向西跨越农区、牧区、沙漠、戈壁和绿洲，道路在山谷、河流之间穿行，许多城镇位于沙漠边缘或中间极为狭小的绿洲地带，为来往的商旅和行人提供贸易与补给，沿途的烽燧、关卡、驿站甚至石窟、寺院，也都为跋涉在丝绸之路上的人们提供了安全的保障和停留的场所。它构成了广义的丝绸之路的一个重要部分。这个广义的丝绸之路不仅是一张沟通中西的道路网络，更是融合了几大文明古国在内的一张文化网络，由贸易带来最初交流的动力，继而承担了政治对话、贸易往来、宗教传播、艺术交流等多种功能，使得各民族文化在此融合并相互影响。

丝绸之路最初形成于公元前4世纪至公元1世纪，自张骞出使西域后，中国的政治、经济、文化影响远及地中海沿岸，东西方之间交流往来逐渐密切，丝绸之路正式开通。自此以后，大量的丝绸、铁器、漆器、瓷器以及金、银等物运往西方，而中亚的多种珍贵植物，西亚和地中海沿岸的珠宝、珍禽、异兽、织锦、奇艺、杂技以及新疆的玉石等也传入中原地区。沿线城镇在众多贸易往来的促进下日益增多，在隋唐时期达到了顶峰，可谓是发展的盛世。

作为一个商业贸易的网络，丝绸之路上形成了多种贸易形式，包括赐贡贸易、互市贸易、和亲-聘赐贸易和丝绸贸易，其中丝绸贸易最为重要、最为著名，丝绸之路也因此而得名。除了贸易往来，佛教、伊斯兰教、景教、摩尼教等宗教也经由丝绸之路由西方传播开来，并与本土的民族文化相结合，回流的同时对西方宗教也产生了一定的影响。这些贸易与宗教传播将各种文化联系起来，形成了丰富的物质文化遗产和非物质的文化遗产，其中包括古城遗址、佛教建筑群、石窟寺、音乐戏曲、民俗文化等，它们见证了多年来中西文化的交流与碰撞。

在沙漠中延伸穿行的丝绸之路作为横跨欧亚大陆的交通网，在公元前2世纪至公元16世纪之间的正式开辟、发展、繁荣和衰落的过程反映了近2000年的历史中，不同地域文明对彼此物质交换的巨大需求和传统。在古代生产力尚不发达、交通运输方式也很原始的时期，人们克服地域环境和战火阻隔，以接力中转为特征进行着连绵不断的长途贸易活动，并由此催生了令人惊叹的东西文化交流以及建设、创造上的伟大壮举。

丝绸之路的产生是东西方之间逐渐开通、逐渐接近的结果，它的发展不仅是沿路各地向外辐射的一种经济力量，更是各国各时期政治文化兴盛与衰落历程的一种写照。西汉以后随着中方势力不断向西延伸，东西方文化、经济的发展与交流也逐渐增多，继张骞两次出使西域后，丝绸之路正式全线开通。魏晋南北朝时期虽然中原地区社会动乱，但西域（今新疆地区）、河西以及青海等地区相对平稳，少数民族又都十分重视对外贸易和交往，丝绸之路得到了进一步的推动和发展。到隋唐时期，全国政治实现了大统一，社会经济文化全面繁盛，

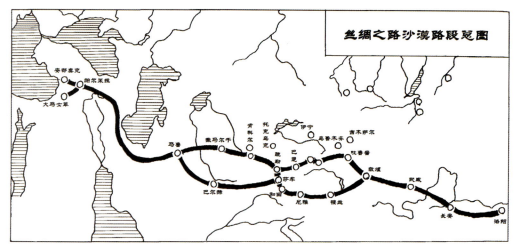

丝绸之路沙漠路段总图

影响远达中亚、西亚和南亚，这一时期也是丝绸之路发展的顶峰。宋元、明清时期的丝绸之路虽有过再度的繁荣，但随着经济中心南移和海上贸易的兴起，已经逐渐走向了衰弱。

二、线路分布

"丝绸之路"并不只是一条单一通道，更是沿线各国在不同时期政治、经济向外辐射、蔓延形成的一张复杂网络，许多分支沿着东西的主线，不断分而复合、合而复分。线路由东向西大致可以分为两京故道、秦陇段、青海道、东段、中段和西段，中国境内的线路段主要为两京故道、秦陇段、青海道和东段的大部分。

（一）两京故道——沟通长安与洛阳

汉唐两京故道是丝绸之路上唯一一处沟通两京（长安与洛阳两个政治、经济、文化中心）的线路段，这段线路走向明确，沿线分布的文物古迹相对较为丰富，并且局部古迹保存现状较好。同时两京故道也是最能体现丝绸之路其本体意义，与之关系最为直接、最为密切的物质文化遗产。

两京故道早在汉代之前就已经开通，在汉唐时期不断加以修整营造，继而成为全国交通网络中最为重要的交通要道，承担着政治、军事、商业和文化等功能。它作为中国历史的一个重要载体，与历史上许多具有突出及普遍意义的事件都密切相关，例如汉明帝遣使西行求法、佛法在中国初传、班超父子重新打通西域、曹魏代汉、北魏孝文迁洛、武则天移驾洛阳等。

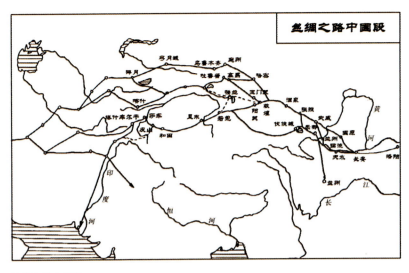

丝绸之路中国段

在汉唐时期，洛阳至长安的两京故道就已经形成了由水路、陆路、关隘等构成的一个完整的交通体系：黄河漕运水道构成主要的水路；陆路为包含崤函故道、秦汉驰道、秦楚孔道、隋唐驿路在内的四条；函谷关和散关则为主要的关隘。沿线许多重要的历史遗迹仍保留至今，如汉函谷关遗址和陕县崤函故道石壕段等。

早在夏商时期，洛阳与长安之间的通道就已存在，而从先秦到两汉、隋唐、宋元明清，它一直都是中原地区通往关中地区最近便的道路。从早期形成到各个历史时期的沿用与发展，其大体路线是出洛阳后分成崤山南北两路，两路在今河南陕县汇合后沿秦岭北侧，黄河、渭河南侧抵达关中。崤山南北两路都经过秦岭支脉崤山，因其位于渑池以西而古称 "渑隘" "崤渑"。自崤山至潼关之道以路深狭如函而名"函谷"，又称"崤函故道"，由于其道路崎岖险峻，而在各个时期成为了军事要冲。到唐朝时期，在两京古道上设置驿站，两京驿路成为了当时全国最重要的交通线。

（二）秦陇段——长安至敦煌

秦陇段指长安至敦煌一段，从今陕西西安出发，经陇西高原、河西走廊到达甘肃敦煌。线路长约1800公里，由北线、南线和中线组成。

● 北线

北线从今陕西西安出发抵达武威，由泾河而分两路：一路经泾河西北翻越陇山，穿过宁夏固原、海原，到达甘肃靖远，再往北渡黄河，经景泰直抵武威；另一路沿泾河向西，翻越六盘山，沿祖厉河而下抵靖远，在靖远渡黄河北上过景泰至武威。

● **南线**

南线由今陕西西安至甘肃张掖。出发后沿渭河而上，经陕西宝鸡绕峡谷险道，越过陇山，经陇关至甘肃泰安。继续西行，沿大夏河北上，至永靖炳灵寺而渡黄河，过青海北渡大通河，翻越祁连山，过扁都口至张掖。

● **中线**

中线，从今陕西西安出发到甘肃临洮后，由阿干河谷北上至兰州，再沿庄浪河谷越过乌鞘岭到达武威。

北、南、中三线虽然路径有所不同，但渡黄河后均往一个方向靠拢，其中河西走廊一段与古代驿道基本一致。即由武威西向至福禄（今甘肃酒泉），后出嘉峪关至敦煌。敦煌是汉代丝绸之路秦陇段的重镇，也是河西走廊诸城中规模最大、人口最多、物产丰富、交通方便的城市。它不仅是连接中原与西域的枢纽，也是中西经济、文化交流的一个交汇点，在政治、经济和军事上均有重要战略意义。

（三）青海道

青海道是指由关陇南道入青海，通往西域南道或又由吐蕃去往南亚印度、尼波罗（今尼泊尔）的道路。丝绸、奉香、藏香等都经由此道传入尼波罗、印度，沿线各国间文化贸易的交流非常密切。青海道在汉朝时期因河湟地区居住着诸羌而被称为"羌中道"，到十六国南北朝时期吐谷浑民族形成而逐渐控制青海、西域南道等地，又被称为"吐谷浑道"。吐谷浑亡国后为吐蕃兼并，吐蕃通过该道与唐朝开展频繁的绢马贸易和互市，政治上的聘使、结盟、和亲也来往密切。因此该道又被称为"唐蕃古道"。因其道路主要在黄河以南，故又被称为"河南道"。

青海道的第一段是从兰州、河州到赤岭的道路。关陇南道由河州的河关、临津关或凤林关渡口过黄河后，沿湟水谷地至乐都县（今海东市乐都区），后循湟水向西行，经塑真、鄯城（今青海西宁）到达赤岭。赤岭是青海道上的重要关隘，早在唐开元二十二年（734年），唐蕃会盟便以赤岭划界立碑。另外，它也是唐蕃茶马互市的地方，在丝绸之路贸易史上具有重要地位。

青海道到达赤岭后分为两路，一路通往西域南道，一路直入吐蕃。通往西域南道的线路经过多年演变为今天的南甘新公路，原来的大体走向为过赤岭后渡西海（今青海湖），经过吐谷浑王城伏俟城（今青海共和县）后，沿柴达木盆地边缘分南北两路向西行进，翻越阿尔金山噶斯山口（今青海茫崖一带）便可到达西域南道。

（四）东段——敦煌至木鹿

东段是指由敦煌经帕米尔高原或阿赖高原山区而至木鹿（今土库曼斯坦马雷市东约50公里）的道路。东段线路"自玉门、阳关出西域有两道"（《汉书·西域传》），分为南北两条线路。

● 南道

南道为西汉时期丝绸之路在中亚地区的主要线路。出阳关（今敦煌西南古董滩）后，越过南山（昆仑山）北麓，途经鄯善（今若羌）、且末、精绝（今尼雅遗址）、扜弥（今于田）、于阗（今和田）、皮山、莎车、蒲犁（今塔什库尔干）等地，翻越葱岭，沿帕米尔河向西经过休密（今阿富汗）、兰氏城（今阿富汗）而到达木鹿城。这条道路在越过葱岭后，向南行经大月氏、大夏（今阿富汗）、罽宾（今克什米尔斯利那加）还可到达身毒（今印度）。

● 北道

北道由敦煌西北行，出玉门关（今甘肃敦煌西马圈湾）经白龙碓，越过北山（天山）南麓，途经尉犁、乌垒（今轮台）、龟兹（今库车）、姑墨（今拜城）、温宿等地，在达疏勒与南道会合。然后越葱岭，向西北经大宛、康居，到奄蔡等国。汉代时期，大宛位于今乌兹别克斯坦的费尔干纳；康居则占据了今阿姆、锡尔两河中下游，其中包括大宛西、北两面之地，西以阿姆河为界；而奄蔡国"临大泽、无涯，盖北海云"，可以被称作是这段线路上的贸易中转站，它们对东方商品向西方国家的输入都起着重要的作用。

丝绸之路东段的南北两道是其线路上的主要干线，在很长的一段时间内增强了新疆及中亚地区的联系，具有十分重要的意义。

三、文化遗产

举世闻名的丝绸之路，是一条自古迄今横亘于亚欧大陆间的商贸大道，也是一条东西方文化交流的大道，它汇集了北方草原游牧民族、江河流域定居农业民族，连接了大河流域的世界几大古老文化圈，对历史的演进和文明的进步都有着深远的影响。如果将其比喻成一张广布世界的文化网，那么丝绸之路上的文化遗产便像是点、线、面般交织拼贴，在其近2000年的发展历程中，见证着活跃在欧亚大陆上不同文明间的贸易活动，以及由此带来的各个民族文化的相互影响与融合。散落于7000多公里道路沿线的旅舍、商业据点、贸易城市和要塞构成了这条人类历史上最长的文化之路，它们是彼此贸易的货源地、目的地和中转站，汇聚了不同民族的音乐、艺术、宗教和生活习惯，推动了科学、技术、建筑等古代的文化发展与价值交流。

丝绸之路现存文物遗产数量众多，可以分为驿路遗存、宗教文化设施、墓葬地以及作为商贸经济文化汇聚点的重要历史城镇四大类。这些曾经承担着运输、中转、聚散等功能的物质遗存，是长途贸易活动得以长期维持的重要保障。

（一）驿路

丝绸之路线路漫长且沿途地形地貌复杂，跨越戈壁、沙漠、雪山与大河。完善的交通设施为其长期的贸易往来和交通运输提供保障，同时也是古代政权对丝绸之路进行控制的手段。在古代的通行条件下，丝路交通设施包括道路、关隘和驿站。

1. 道路

中国自古就十分重视道路交通的建设，早在夏朝就设有"车正"，秦朝修有"驰道"和"直道"，《史记》中记载与中亚各国的频繁交往以及张骞两次出使西域，都表明通往西域的道路已经基本畅通。到汉武帝时期曾大规模修筑长城，远修至酒泉、玉门、敦煌和盐泽，又进一步保证了丝绸之路的安全通畅。

特殊的地理环境对丝绸之路道路的走向有重要的影响，翻越山地时尽量利用天然的河谷或者孔道作为道路，穿越沙漠时则选择边缘的小片连续的绿洲作为道路。两京故道是丝绸之路上沟通西安与洛阳两个中心古城的线路段，而崤函古道、新安函谷关、日月山古道是现存的三处重要的遗迹，为研究丝绸之路及两京之间的交通线路提供了实物资料。

● 崤函古道

崤函古道是古代长安与洛阳两大都邑交通道路，历来为中原与关中之间的咽喉，现存遗址是崤函古道东段的一部分，北距黄河60公里，东距洛阳市区23公里，西距西安市392公里，是崤山北路至今唯一保留的道路遗迹。

古道为西北—东南走向，全长230千米，依据古道走向，从北到南分为三段，宽窄不等，最宽处达8.8米，最窄处5.2米。古道路面为石灰岩质，留下深浅不一的车辙印迹，有一车道、二车道和三车道。其中一车道是主车道，二、三车道为会车辅道。道路上有壕沟，是人们以自然形成的山沟为基础，加之人工刻凿、自然风化冲刷和长期的车轮碾压而形成的。当地人们又巧妙地利用自然形成的坑凹地形，略加修筑形成特色的蓄水池，又称"坡池"。既可借其蓄存自然雨水，又可供往来的行人及驾车、驮货的牲畜饮水。人们往往在北坡及山顶路东侧各修蓄水池一座，以此来解决古道因地势较高、坡陡路险而缺乏水源的问题。

1956年，考古人员在古道附近发掘了223座墓葬，主要为汉墓和唐墓，少数为宋、金墓葬，极少数为元明以后的墓葬，这也从侧面反映出古道在汉唐时期的兴盛，以及在其后的衰落。

日月山

● 日月山（赤岭遗址）古道

日月山（赤岭遗址）位于今青海省湟源县日月乡日月村，东距湟源县城40公里，距西宁92公里，是北魏和吐谷浑、唐和吐蕃的界山。日月山海拔最高点为4877米，它是青海省内外流域水系的分水岭，是农业区和牧业区的天然分界线，历来有"草原门户""西海屏风"之称。日月山是西通柴达木等地，南接唐蕃古道，东连西宁、兰州，北往张掖、敦煌的交通枢纽，属于丝绸之路河南道的重要孔道。

古道沿线今存多处设守驻防的军事遗址，如石堡城遗址、营盘台遗址、北京台遗址、定戎城遗址、临羌城遗址、绥戎城遗址、下山城遗址及其烽隧、哈喇库图城遗址等。遗址多以自然地势、河流水系为屏障，均砌筑城墙，设烽火台、瞭望台。日月山山口南北两侧立有唐玄宗开元二十一年（733年）的"唐蕃赤岭分界碑"两通。根据相关记载，吐蕃王朝在唐西域的活动曾一度阻隔了东西方之间的"丝绸之路"，而同时开辟了"草原之路"的黄金时代。

2. 关隘

关隘，又称"关卡"，是在交通要道上所设立的防务设施，一般都位于地势险要之处。丝绸之路沿线的关隘，不仅为贸易往来和交通运输提供了安全的保障，同时也是政府对边疆地区的管控手段之一。

● 新安汉函谷关

新安汉函谷关遗址始建于汉武帝元鼎三年（公元前114年），北距黄河60公里，西距今河南省新安县500米，东距洛阳市23公里。它是两京故道上重要的军事关隘之一，对保护两京安全，维护东西方商贸、文化交流发挥着重要保障作用。

历年来经多次修缮，遗址现基本保持原有的建筑格局，遗产要素包括人工遗迹和环境要素两部分。人工遗迹主要有关楼遗址、鸡鸣台遗址、望气台遗址、夯土墙垣遗址、古道路和城墙遗址及窑场遗址。经考古勘探可知，汉函谷关南依青龙山、北依凤凰山修建城墙，中为关楼及其附属建筑。关楼建筑遗址为一长方形城阙，东西长约160米，南北宽约80米。关楼与鸡鸣台、望气台的平面呈"H"形分布，关楼在西边，鸡鸣台、望气台在东边。南北两侧的青龙山和凤凰山成对峙状，皂涧河从关南绕过关楼东侧与涧河交汇东流，在此形成一个间距50米的天然峡谷，是为修筑关隘的理想地点，二者之间为通关古道路。

● 玉门关

玉门关位于今甘肃省敦煌市西北小方盘城西马圈湾，北望马鬃山，南面阿尔金山，因西域美玉经此关输入中原而得名，是目前我国现存最完整的汉代关隘建筑群之一。汉武帝征服河西走廊后，曾"列四郡，据两关"，其中四郡指武威、张掖、酒泉、敦煌，两关为阳关和玉门关，可见玉门关在西汉时期的重要地位。

玉门关现存遗址主要为关城遗址、坞墙遗址、道路遗址以及长城遗址。关城平面呈方形，黄土夯筑而成，南北长26.4米，东西宽24.4米，残高9.7米，总面积约633平方米。关城北墙坡有一条东西走向的大车道，联系了中原和西域诸国，是古代丝绸之路的重要干线。现存坞墙遗址历经多年风雨侵蚀，损毁严重。其中北面坞墙与长城相连，残高0.5米，宽2米，向南延伸至阳关，中间有四座烽燧，与阳关形成掎角之势。

此外，玉门关及附近烽燧遗址还出土了大量简牍文书、丝织品以及兵器等文物，它们清晰地展现了汉晋时期丝绸之路经营发展的历史。

3. 驿站

道路网络上的驿站往往是军事位置上的重要地点，它们的选址和设计与周边的环境密切相关。在政权稳定之时，它们是保障丝绸之路安全通畅和商贸征税的关键节点；在政权动荡时，则作为兵家必争之地而格外受到统治者的重视。

早在周朝，政府便于主要道路上设置不同等级的驿传馆舍，有的相距30里，有的相距50里。随着丝绸之路的开通，驿站的建设也由中原地区随之向西延伸。据古书记载，到唐朝鼎盛时期，政府在西域地区设置了多个驿站，如交河、天水、酸枣、石雷石、神泉等，且每个驿馆都设有一名"投馆官"负责管理，为来往的商旅、官员供给饮食，提供休憩之地。此外，还在西域交通要道驻扎军队，在安西（今库车）、疏勒（今喀什）、高昌等重要地区都设有屯田，以保障线路上行人的安全。

● 悬泉置

位于今甘肃省敦煌市的悬泉置遗址是汉代政府建立在丝绸之路沿线的驿置机构之一，其东有汉代敦煌郡冥安县故址锁阳城，西有汉代敦煌城，北隔河流与汉代长城相望，南通悬泉谷悬泉水，泉水从崖壁悬空渗出，四季长流。汉代设驿于此，正是依托这一水源。

悬泉置遗址为广阔的戈壁坡地，有坞堡、马厩、魏晋烽燧遗迹等完整的建筑群落，遗址内出土了大量的简牍、文书、生活器具、骨骸等文物。这些文字记载和留存的遗物，可以反映出当时驿站里货物充沛、宾客来往之频繁，以及汉王朝时期邮驿制度的全貌，真实地展现了丝绸之路一度繁荣的盛况。

表1 丝绸之路代表性遗存——驿路类

类型	遗产名称	年代	路段	省份
道路	崤函古道	西汉—唐(公元前206—公元907年)	两京故道	河南
	日月山古道	唐—清(公元前620—1739年)	青海道	青海
关隘	新安函谷关	西汉—唐(公元前206—公元907年)	两京故道	河南
	玉门关	两汉(公元前111—公元220年)	秦陇段	甘肃
驿站	悬泉置	两汉(公元前111—公元113年)		

（二）古城

丝绸之路沿线的都城以及大型贸易城市之间，经过长期的往来形成了完整的交通网络，是构成古代丝绸之路的重要支撑点。这些古城既是提供安全保障、交通补给和货物来源、贸易市场的基础设施与生产场所，同时也是古代政治变迁与文化艺术交流的产物。古城的遗址、出土文物及其相关的历史文献和传说共同构成了丰富绚烂的文化遗产。

● 隋唐洛阳城遗址

隋唐洛阳城遗址位于今河南省洛阳市内，是隋、唐时期的都城之一，曾在7至11世纪期间几度发展为全国政治、文化和经济中心或副中心，是当时享誉世界的大都市。作为丝绸之路东方起点之一，隋唐洛阳城西通关中平原，东连华北、淮河、长江流域等地区，在地理交通和国家文化经济方面具有突出地位。

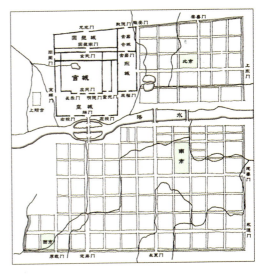

隋唐洛阳城遗址平面图

隋唐洛阳城遗址可分为城址、西苑遗址、漕运水系和墓葬等遗址遗迹四大部分，其中隋唐洛阳城城址占地面积约47平方公里，历史格局主要由宫城、皇城、外郭城、东城、含嘉仓城及上阳宫构成，现存重要的遗址包括定鼎门遗址、应天门遗址、明堂遗址及圆形建筑遗址。

定鼎门遗址是隋唐洛阳城遗址郭城南面正门。遗址由平面呈长方形的墩台、三个门道、两道隔墙、东西飞廊、东西两阙和左右马道所组成。在盛唐前期、盛唐后期、唐宋之交和北宋时期等四个阶段，定鼎门的平面布局各有特点。

应天门遗址是隋唐东都宫城的重要建筑之一，始建于隋大业元年（605年），在300余年的历史中经历了焚毁和重建，仅有夯土台基得以一直保留下来。其历史建筑布局大致为：以

隋唐洛阳城遗址公园夜景

城门楼为主体建筑，两侧辅以垛楼，向外伸出阙楼，其间以廊庑相连。

明堂遗址南距应天门遗址405米，为深浅厚度不同八边形的夯土地基，中心有一圆形大柱坑，自口至底逐渐内收，坑底为四块大青石构成的巨型柱础。

圆形建筑遗址是对宫城居中的洛城政务区次辅轴线上（即武安殿故址）一座重要建筑基址的临时称谓。它的形制与明堂遗址十分相似，皆由八边形台体和台体居中的巨型圆柱坑组合而成。

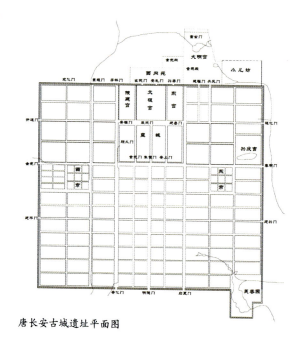

唐长安古城遗址平面图

● 唐长安城遗址

唐长安城遗址位于今陕西省西安市市区，是在隋大兴城的基础上发展而来的。唐王朝都城长安是当时中国政治、经济和文化的中心，也是闻名世界的国际大都市。唐长安城平面呈长方形，面积达83.1平方公里，按中轴线对称进行布局，主要由宫城、皇城和外城郭三大部分组成，城郭每面设有三座城门。

唐长安城内许多见证了丝绸之路繁盛时期的重要文物遗迹仍留存至今，如宫城遗址、礼制建筑遗址、佛塔建筑、坊市类遗址、门址类遗址及出土的大量钱币、器皿、石刻文字等，它们与中西文化、商贸的交流有着密切联系。

大明宫，又称"东内"，是唐代所有宫城中规模最大、建筑最为壮丽的一座宫城。唐朝皇帝自高宗后大多居住、听政于此。根据考古发掘，其宫城遗址的平面为不规则形态，南部呈东西向长方形，北部呈直角梯形，面积约3.2平方公里。已建成的大明宫遗址公园使得遗址不仅得到了保护，而且能对公众进行展示。大明宫城内目前大部分建筑遗址都湮没于地下，

大明宫遗址公园标志建筑丹凤门

兴庆宫公园

地面仅保留部分，其中包括含元殿、麟德殿、三清殿、大福殿、蓬莱岛上的蓬莱山、望仙台等遗址。

兴庆宫又称"南内"，与太极宫、大明宫并称为唐代三大宫室。兴庆宫原为隆庆坊，百姓居于其内，是唐玄宗称帝前的旧居，后几经扩建，成为玄宗皇帝起居听政的正式宫殿。目前，在兴庆宫的部分遗址上建成了西安第一座皇宫遗址公园，即"兴庆宫公园"，面积718亩，为原有宫殿面积的三分之一。

天坛又称"圜丘"，是隋唐两代皇帝进行祭天活动的礼仪建筑，也是唐长安城的重要组成部分。据考古发掘，天坛遗址的主体部分为一座四层圆形高台式坛体建筑，由黄土筑成，通体抹饰白灰面。坛体每层由下往上逐层内收，各层高1.5至2.3米不等，推测其较早时总高7.1米，后增加至7.4米，总高最大可达8.1米。每层圆坛都设有十二陛（即上台的阶道），向四周呈放射状分布，象征着十二辰。

大雁塔又名"大慈恩寺塔"，属于唐代皇家寺院建筑，是唐代长安城中的标志性建筑之一，具有重要的建筑、绘画和雕刻艺术价值。大雁塔的建造起源于丝绸之路上的宗教传播，用于保存玄奘法师由天竺带回长安的经卷佛像，这不仅是古代东西方建筑文化借鉴融合的范例，又具有特殊的佛教史和文史意义。大雁塔为四方楼阁式砖塔，目前立于方形塔基之上，

大雁塔

塔身七层，通高64.1米，四面开券洞，其中南门洞两层嵌有石碑两通，为唐太宗与唐高宗亲笔撰写的《大唐三藏圣教序》和《大唐三藏圣教序记》。

小雁塔又名"荐福寺塔"，亦属唐代皇家寺院建筑，传闻因其形似大雁塔但规模较小而得名，为存放唐代高僧义净从天竺带回的佛教经卷而建。小雁塔所在的荐福寺是唐代佛经"长安三大译场"之一。义净法师历时25年，游历天竺等30余国。他带回的400余部经卷及著作为研究古代中西交通提供了非常宝贵的资料，小雁塔也因而成为唐代丝绸之路宗教传播的现存实物。小雁塔为密檐式方形砖构建筑，塔身从下往上逐层内收，初建时为15层，经多次地震和整修后，现存13层，高43.38米，由塔基、塔身和塔顶三部分组成。

隋唐"西市"，有"金市"之称，是隋唐两代京城即隋大兴和唐长安城中**最大最主要**的贸易市场之一。这里不仅汇聚了城内最为繁华的商业和经济活动，更是7至9世纪享誉世界的经济贸易中心和商品集散地。根据考古发掘，遗址现埋藏于地表下1.8至2.5米深处，平面呈长方形，其中发现一处保存较好的遗址为"十字街"（即东北"十字街"），面积约2500平方米。

明德门是唐长安外郭城的正南门，与皇城之"朱雀门"和宫城之"承天门"同处于唐长安城的南北中轴线上。据考古发掘，门址建筑已不复存在，仅留有门址墩台基址。墩台基址

平面呈长方形，东西长55.5米，南北宽17.5米，由黄土版筑，外砌包砖。推测共设五个门道，且各门道建筑形制相同，中有门槛和门砧石，两壁立排柱，形成木构架"过梁式"门道。

延平门是唐长安城外郭城西城垣最南端的一个城门，也是唐人从长安城出发前往西域的门道之一。延平门通过横街与东垣的延兴门相通，这条宽达55米的街道属于"六街"之一，是长安城内的主干街道。据考古发掘，延平门遗址埋藏于地下0.5至0.8米深处，现仅残存夯土墩台基址。门址平面呈长方形，墩台基址南北长42.8米、东西宽19.5米，设相同形制的东西向门道三个。

含光门遗址是唐长安城考古发现保存最完好的一处城门遗址，其内原为隋唐时期政府机构所在地。据考古发掘，含光门遗址平面呈长方形，东西长37.4米，南北宽19.6米，门墩以黄土版筑，外砌包砖。门道两侧为东西对称排布的正方形青石柱础，72至78厘米见方。含光门有三个门洞遗址，同时发现有门洞石质门槛遗物与门柱遗迹。含光门夯土遗存达8米以上，三个门道尺寸清晰：东、西两门道宽5.35米，中间门道宽5.72米，城门进深为19.6米。

● **河西四郡**

武威、张掖、酒泉、敦煌是丝绸之路秦陇段上的重要贸易城市，被合称为"河西四郡"。设立于汉朝的河西四郡使河西地区逐步由游牧区变成了农业区，同时也在抵御匈奴入侵的过程中起到了重要的战略作用。此外，这个新兴的农业带还将中原农业带与天山以南的农业区连接起来，在丝绸之路的形成中起到了至关重要的作用。

武威，位于河西走廊东部，古城在姑臧（今甘肃省武威市凉州区），是丝路秦陇段进入河西走廊的第一大城。自汉武帝至西汉末年间，武威和平繁盛，一度成为与西域经济、文化交流的中心。《后汉书·孔奋传》有载："时天下扰乱，唯河西独安，而姑臧称为富邑，通货羌胡，市日四合。"

张掖，位于河西走廊中部祁连山北麓，是丝绸之路上著名的商埠和军事要塞，因"断匈

酒泉鼓楼

奴右臂，张中国之掖”[①]而得名。古城地处河西走廊中心地带，西临弱水（今黑河），南连祁连山，北接合黎山，是南北交通"居延古道"和东西交通丝绸之路的交汇点，因此自西汉以来，便成为了中西经济、文化交流的重镇，"（隋）炀帝时，西域诸国悉至张掖交市"[②]。

　　酒泉，位于河西走廊西部，阿尔金山、祁连山与马鬃山之间。古城在福禄城（今甘肃酒泉），据说在河西战役期间，霍去病将汉武帝赐予的美酒倒入此地的一眼泉水中，让全军将士共饮，后来此泉就被称为酒泉，而"酒泉"这个地名也因此而来。酒泉因地居绝塞，东迎华岳，西达伊吾，南望祁连，北通沙漠，是中西交通的要冲，西域诸国及中亚西亚商贾通往中原的必经之地，同时也是当时丝绸之路古道上商旅频繁、贸易兴盛的城市。

　　敦煌，位于河西走廊西部，西通葱岭，东接河西走廊，西汉时为中西交通总枢纽，是丝绸之路秦陇段的终点，东段的起点。汉武帝元鼎六年（公元前111年）间建制，设阳关、玉门关以扼守。西周中期吐火罗人南迁至今祁连山西端南面的疏勒河、党河流域一带，与昆人后裔族国乌孙毗邻，这一带因此被命名为"敦薨"。西汉时改写作"敦煌"，是西域和中亚的使臣和商人进入河西的第一站，这里贸易繁荣，文化艺术发达。因此，敦煌不仅是中西交通

---

① 《汉书·地理志》。
② 《新唐书·裴矩传》。

左上图：武威天梯山石窟
左下图：张掖大佛寺

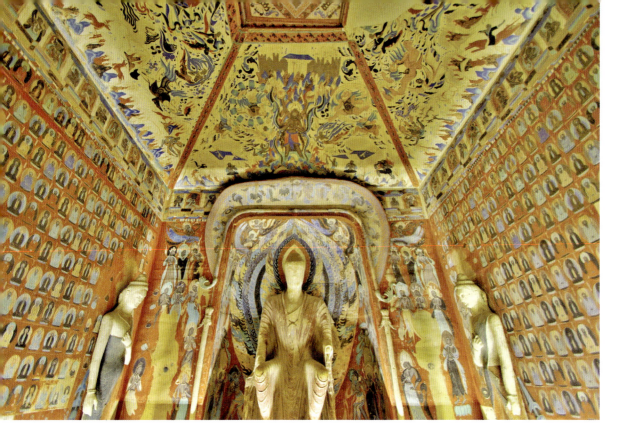

敦煌壁画

的门户，同时也成为沟通中西方政治、经济的一人都会。

● 楼兰古城遗址

途经沙漠的城市经常选址在绿洲地带，它们是商旅在沙漠中长途跋涉后必须停留、补给的必经之处，也由此形成了贸易城市的繁荣。然而自然环境的剧烈变化导致了一些商贸城市后来的废弃，楼兰古城便是其中一例。

楼兰古城遗址位于今新疆维吾尔自治区若羌县境内，处于塔里木盆地东部，罗布泊西北岸的荒漠地带。古城始建于西汉之后，是东汉至魏晋时期为实行行政管理、维护丝路安全而于丝绸之路"楼兰道"设立的城池，其内长期驻兵屯粮，是当时东西方交通的重要枢纽，在630年突然遭到废弃，又于1900年被瑞典探险家斯文赫定偶然发现。

古城遗址分布范围近20平方公里，地势平坦开阔，周围遍布风蚀沟壑、台地及风成沙丘。城墙为夯筑而成，大部分都已风蚀、坍塌，仅保留基础。现存遗址主要由楼兰古城和郊外建筑遗址组成。古城内的建筑根据其形式、功能与布局，可分为官署区、住宅区和佛寺区三部分，其中官署区的"三间房"最为特殊、醒目，住宅区内多为木构院落式建筑群，而城

楼兰古城遗址

内10.4米的高耸佛塔则为佛寺区的主要建筑。郊外建筑遗址主要分布在古城的西北方向和古城四周，包括小佛塔、烽火台、瞭望台和几处木构建筑、土坯建筑遗存。

　　楼兰古城遗址出土了包括玉器、陶器、铜铁器、木和丝、麻等生产、生活用具在内的数千件文物，还出土了具有历史研究价值的纪年汉文木简、纸文书等重要文物。这些文物遗存是东西文化交融的产物，同时也见证了沙漠里曾经繁盛一时，最后又衰落废弃的商贸城市。

● 尼雅遗址

　　尼雅遗址位于今新疆民丰县北约150公里处的沙漠之中，是汉代丝绸之路上的"精绝国"故地，在公元前1世纪至5世纪初繁荣昌盛，之后即遭废弃，又于1901年由英国考古学家斯坦因发现，是目前发掘的保存规模最大的塔里木盆地古代聚落遗存。地处今新疆和田地区尼雅河下游古三角洲上，现在已深处塔克拉玛干的沙漠腹地。在南北狭长的河流三角洲地带，以著名的佛塔遗址为标识中心，内有百余处房屋建筑遗址，寺院、佛塔、手工业作坊区、墓地等。各类型遗址群组呈现"大分散小聚居"的分布格局，将若干不同类型遗迹组合构成视作一个聚落单位，可将尼雅遗址分为19个群组。

佛塔位于遗址群中心，显示了其重要的标识地位。它的建筑形制下为方形基座，上为圆柱形塔身，具有较早期佛塔的特征，整个塔身南部已自然坍塌。遗址内现存的木构建筑遗址规模宏大，布局规整，由廊檐式院落、大厅、寝室、厨、畜舍等组成。位于遗址南部的古城，大部分被红柳沙包覆盖，城内不见任何遗迹、遗物。古城呈带状分布，周围零星分布有小规模的住宅遗址，城墙由淤泥泥块堆积而成，南墙中有门，经发掘为过梁式的木构门洞。位于遗址区北部沙丘之上的墓地，周围散布零星枯死的红柳及胡杨。历次考古调查，发掘出土了大量的佉卢文文书、汉文文书、雕刻精美的建筑构件、钱币、丝绸以及艺术品等珍贵文物。

尼雅遗址地处丝绸之路南道的交通要冲，是古代东西方文化交流融汇之地，最早的佛教经典之一《法句经》就在此地发现，典型的犍陀罗艺术影响下的艺术作品也多有发现。

● 高昌故城

高昌故城位于今新疆吐鲁番市的三堡乡哈拉和卓村、吐鲁番盆地北缘与火焰山南麓戈壁滩接壤的冲积平原地带，向北1.5公里处有台藏塔遗址，3公里处为阿斯塔那古墓群，7公里左右为火焰山南麓。

高昌故城曾是汉朝后、元代前西域地区政治、经济、文化的中心，是西域地区面积最大的都城、宗教中心以及亚洲的印刷中心之一，同时也是中国古代与西方进行文化交流的枢纽。作为重要的宗教中心，它既是佛教流入中土的必经之地，又是内地佛教流布的要途。故城肇始于西汉时期的屯垦戍堡，历经高昌壁垒、高昌郡城、高昌国都、唐西州城及高昌回鹘国都五个历史时期。至明初城址废弃，共沿用了1400余年。

整个故城的建筑皆为生土建造，其规模之宏大、保存之完整堪称少有。这些因地制宜采用夯筑、土坯砌筑、土木结合等建造的方法，具有浓郁的地方特色。至今城内还保留着佛教遗址、城墙、城门，以及众多出土的文物，它们都是东西方文化交流和丝路上贸易往来的见证。

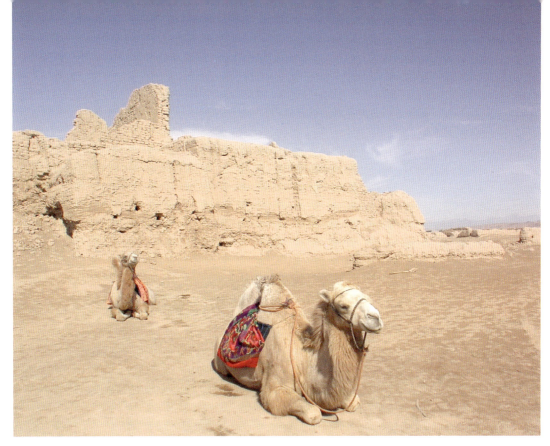

高昌故城

　　高昌故城平面呈不规则正方形，分为外城、内城和宫城，面积约198公顷。外城城墙长5430米，最高处11米，为夯筑和土坯垒砌，大多残损。其北部建筑遗址分布密集，普遍残损严重，高在2米以下；西北部存少量土台基址；西南部主要为一座寺院遗址及其北东南三面的连排式房址，平面布局相对完整。寺院基址平面呈长方形，四周为高墙，于东侧开门，门道两侧有高大的建筑遗址。庭院的正面为佛殿遗址，现存佛龛位于殿内中心柱之南；庭院右侧为方形穹隆顶建筑遗址，现存下部墙体及东北隅墙体交角上部的帆拱。

　　内城周长约3420米，由夯筑墙体围合而成，面积约80公顷。其中东墙残缺，西墙北段仅存数段残墙，南段有墩台状遗存，残高约8米，占地面积2500平方米。内城现存的建筑遗址类型丰富，其中也尚存较大规模的建筑遗迹，但普遍残损严重。

　　宫城（小城）位于内城内的北部，仅存南、西、北三面城墙。城内北部有一土台，面积约900平方米，上建有塔形建筑遗址。土台西侧为下沉式庭院遗址，南侧正中和西北角有台阶，南侧现存大片建筑遗迹。地面上疏密地分布着大小不一、深浅不等的圆坑，因墙垣不复存在，已无法推测其布局。

表2 丝绸之路代表性遗存——古城类

类型	遗产名称		年代	路段	省区
都城型	洛阳汉魏故城		东汉—北周（25—579年）	两京故道	河南
	洛阳隋唐故城		隋—宋（605—1141年）		
	汉长安城遗址		西汉（公元前206—公元25年）	秦陇段	陕西
	唐长安城遗址		唐（618—907年）		
贸易型	河西四郡	武威	西汉—唐（公元前101—公元768年）		甘肃
		酒泉	西汉—唐（公元前104—公元758年）		
		张掖	西汉—唐（公元前104—公元781年）		
		敦煌	西汉—十六国（公元前88年—公元3世纪）		
	伏俟城遗址		北朝—隋（540—618年）	青海道	青海
绝迹古城	楼兰古城		西汉—十六国（公元前206—公元420年）	东段	新疆
	尼雅遗址		西汉—十六国（公元前1世纪—公元5世纪初）		
宗教型	高昌故城		西汉—明（公元前48—公元1318年）		
	交河故城		西汉—明（公元前138年—公元14世纪末）		

（三）宗教遗存

作为古代亚欧大陆上贸易往来的主要通道，丝绸之路在推动东西方经济、文化交流的同时，也将佛教、犹太教、伊斯兰教、景教、祆教和摩尼教等宗教信仰传入中原地区，对沿途地区的宗教交流与发展产生了十分深远的影响。在这些宗教中，佛教的传播和影响最为深远，为时也最长。南北朝以降，丝绸之路沿线（尤其是秦陇段）涌现了众多具有极高艺术价

莫高窟

值的佛教建筑与佛教石窟寺（壁画、造像）。这些历史遗存反映了在近2000年的历史中，佛教及其艺术由中亚、西亚传入中原，与本土宗教、艺术风格相互影响，而后又重新传回到西域并产生影响的过程和变化轨迹。

1. 佛教建筑

丝绸之路沿途的佛教建筑，具有多种不同形式和多样的建筑特征，这种突出的佛教建筑风格的转变正是外来宗教与中国本土文化彼此影响的结果，是东西方民族建筑形式、装饰风格与艺术相互融合的产物。其中，白马寺、法门寺地宫和鸠摩罗什舍利塔为较具代表性的佛教建筑遗存。

● 白马寺

白马寺位于今河南省洛阳市白马寺镇，是佛教经丝绸之路传入中原地区、被统治阶级接纳，进而在全国推广的代表性佛寺建筑。寺院现存遗迹主要为唐代窑址、白马寺寺院和齐云塔，总面积约为4万平方米。寺院内迄今共发现两处唐代窑址，一处位于寺院西侧院墙内，一处距寺院东墙125至140米。整个窑址基本保存完整，仅各个窑室顶部缺失，由一个操作道、一个操作坑和四座烧窑组成。窑内出土多件文物，如砖瓦建筑构件、瓷器、三彩器、陶器、石器等。

白马寺始建于东汉永平十一年（68年），是佛教传入中国后兴建的第一座寺院。唐朝时期规模恢宏，后逐渐变小，于明嘉靖三十四年（1555年）重修，规模保留至今。现存天王殿、大佛殿、大雄殿、接引殿、清凉台和毗卢阁等建筑，其中天王殿、大佛殿初建于明代，民国时重修，均为单檐歇山式建筑，东西面阔五间，南北进深四间，建于石砌直壁式台基之上；大雄殿建于元代，明清时重修，为悬山式建筑，东西面阔五间，南北进深四间，亦建于石砌直壁式台基之上；接引殿内置3尊立像，又称"立佛殿"，为硬山式建筑，面阔三间，进深两间；清凉台上以毗卢阁为中心，周围环绕配殿、僧房和廊房等，构成封闭式院落。各殿内藏有珍贵的元代夹纻干漆造像三世佛、二天将、十八罗汉，以及元、明、清代泥塑，唐、宋、元、明各代经幢碑刻。

齐云塔为一四方形密檐式砖塔。根据寺内碑文记载，原塔建于东汉永平十二年（69年），北宋末期被毁，此塔为金大定十五年（1175年）重建，为洛阳一带地面现存最早的古建筑。齐云塔现位于白马寺东侧，上下共13层，通高25米左右，底部束腰须弥座为正方形。塔身外轮廓略呈抛物线状，塔顶置宝瓶式塔刹。

● 法门寺地宫

中国古代著名的四大佛教圣地之一——法门寺地宫，位于今陕西省扶风县法门镇宝塔村的法门寺内。法门寺是我国境内安置释迦摩尼真身舍利的著名寺院，始建于东汉末年桓灵年间（146—189年），拥有1800多年的历史。法门寺地宫作为佛教舍利崇拜与中国丧葬制度结合的佛教建筑产物，见证了丝绸之路鼎盛时期东西方间密切的交流往来，出土了世界上罕见的佛指舍利以及大量相关的金银器、琉璃器、纺织品、秘色瓷器等文物。

法门寺遗址包括法门寺塔、地宫及其他建筑遗址，其中法门寺地宫位于法门寺塔塔基正中部。地宫全长21.12米，最大深度为6.25米，面积约31.48平方米。地宫为盝顶窑洞式石质建筑，模拟帝王陵墓而建造，俯视呈"甲"字形。地宫以石条砌筑，由斜坡漫道、平台、隧道、前室、中室、后室和密龛七个部分构成，各室以悬锁石门相隔，共四重，后室天井直通

塔心，前室安置石雕彩绘四铺菩萨阿育王塔，内置铜经舍。地宫的整个地面皆以大理石或青石砌成，台阶和前室撒满开元通宝等各式铜钱，黑色内壁上刻有多处文字、题名。

● 鸠摩罗什舍利塔

鸠摩罗什舍利塔位于今陕西省西安市鄠邑区草堂营村的草堂寺内，是公元5世纪龟兹高僧、中国古代最伟大的译经法师之一鸠摩罗什圆寂后所葬之处。因此，鸠摩罗什舍利塔成为了佛学高僧的重要纪念地，同时也是佛教沿丝绸之路由西域传入中原的重要见证。

鸠摩罗什舍利塔是我国现存时代较早也较为鲜见的唐代亭阁式石塔，是印度的覆钵式塔与中国古代传统的亭阁建筑相结合的一种古塔形式。全塔由玉白、砖青、墨黑、乳黄、淡黄、浅蓝、赭紫及深灰八色大理石和玉石分段拼雕而成，俗称"八宝玉石塔"。塔上下共12个层次，通高2.46米，底座呈方形，周围有16组浅浮雕图案。座上设圆台，四周浮雕须弥山，三层云台分别雕以水波及流云，呈圆盘状。云台之上，是八面亭阁式塔身，高0.54米，边长0.265米，雕出倚柱、板门（正南面）、直棂窗及束额，"姚秦三藏法师鸠摩罗什舍利塔"十三字刻于塔身正北面。四角攒尖式塔顶，雕出椽头、屋脊和瓦垄，檐下四面线刻飞天供养图案，与莫高窟飞天一致，带有西域文化特点，为研究唐塔的形式以及塔的历史沿革提供了实物证据。塔刹由刹座、莲瓣形花叶及扁圆宝珠构成，刹座以上部分已被后世改补。鸠摩罗什舍利塔属于唐代风格，比例匀称，辅以适度雕刻，呈现出端庄典雅的艺术造型。

2. 石窟寺

丝绸之路沿线的石窟寺具有各自时代风格的典型特征，共同反映了自佛教传入中国以来，石窟寺的窟形、壁画、造像等艺术风格由西渐东又反传回西域的影响过程和交流成果。其中秦陇段上的须弥山石窟、麦积山石窟与马蹄寺石窟群具有一定的代表性。

● 须弥山石窟

须弥山（梵文音译，意为"宝山"）石窟位于今宁夏回族自治区固原市原州区西北山

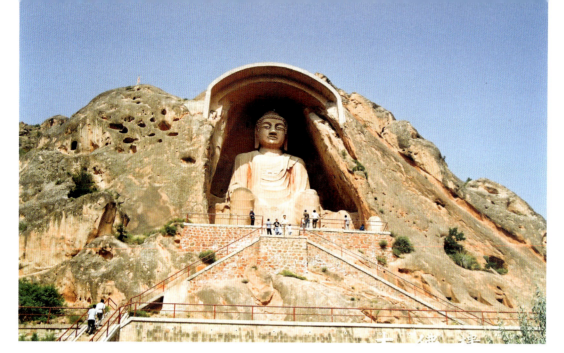

须弥山石窟

区，是我国开凿较早的石窟之一，始凿于北魏（386—534年）晚期，历经西魏、北周、隋、唐四代的连续营建，以及之后宋、元、明、清各代的改凿与修葺，历时1500余年。须弥山石窟也是宁夏境内最大的石窟群，目前沿着山峰东南崖面分布着窟龛162座，其中有洞窟70余座，造像500余身，汉藏文刻记、题记55则，碑刻3方，残碑11块，共绵延2公里，保存了大量的古代石雕、泥塑、壁画等艺术品。这些佛教艺术品不仅记录了印度佛教和西域文化经丝绸之路传入我国后的交流与变化，也同时反映了佛教建筑融合中西方风格后的发展与演变。

西魏33号石窟的主室平面为方形，边长为8.2米，高3.3米，斗顶。设内、外两层礼拜道，内层三壁上部各开五龛，通过下部三个长方形、帐形顶门道，与外层礼拜道相连，外层西、南、北壁各开三龛。另外，石窟外崖面上部有人字形排水沟槽。这个洞窟的形制既与印度支提窟相近，同时又有龟兹、敦煌等地支提窟的特征，是内地石窟中的独有形制，也是本土地域风格与外来民族特色相结合的产物。

北周46号石窟的主室平面为方形，面宽4.2米，进深3.9米，高2.9米，斗顶，中心柱窟。方形平顶窟门开于南壁，两侧各开一龛，北、东、西壁各开三龛，中心柱四面各开一龛。龛内共立6处题记，雕一佛二菩萨或单身立佛：佛像身着褒衣博带式袈裟；菩萨头戴花蔓冠，双肩敷搭披巾和璎珞，上身祖，下身着裙。其对地方宗教、民俗及服饰史等方面具有重要的研究价值。

唐代5号石窟内的佛像雕刻体现了唐代造像艺术风格，同时也反映出较强的西北地区色彩。

其主室平面为圆角方形，面宽15.5米，进深16.5米，高21.5米，穹隆顶，敞口大像龛式。主室北壁前雕一倚坐式大佛像，造型设计精美，形象刻画细腻，且规模宏大，高达20.6米。大佛像左肩上方，壁面凿一长方形圆拱浅龛，龛内塑一铺七身像，其右侧为"大中三年吕中万"题刻。

● **麦积山石窟**

麦积山石窟位于今甘肃省天水市境内，地处秦岭山脉西段北麓小陇山丛林，于群山之中拔地而起，具有独特的自然景观，在北朝到宋朝的9个多世纪间，麦积山石窟作为丝路沿线僧人和佛教徒的重要修行地和停留点，见证了佛教在中国发展与演变的过程，也是南下入蜀的通道之一。

麦积山石窟的洞窟具有强烈的地域特点，以自成体系的中小型单室洞窟为主，方形崖阁式，平顶，并于前壁开门，两侧开龛。麦积山石窟始凿于后秦（384—417年），北魏、西魏、北周、隋、唐、宋、明各代均有建造、重绘或改塑。现存北魏至明代窟龛194个，绵延分布在东西长200多米，高约50多米的东、西两崖峭壁上，其间以栈道相连。窟龛内置有雕塑造像7000余身，壁画1300多平方米。雕塑造像遗存主要为泥塑和石胎泥塑，雕刻技艺精湛，整体保存完好。不同时期的雕像也各具特征，人物形象俏健或体态饱满，造型优美生动或挺拔有力。石窟内壁画主要集中在北魏晚期和北周时期（557—581年），其构图、用笔与色彩都对后期的壁画创作产生了很大的影响。石窟以南200米处为瑞应寺，始建于东晋（317—420年），清代重修。瑞应寺为中轴对称的三进式佛寺建筑，坐西北朝东南，占地约2500平方米，建筑面积约为360平方米。麦积山顶立有一八角密檐舍利塔，原为隋文帝仁寿元年（601年）敕建的佛舍利塔，后于清乾隆八年（1743年）重建。现存塔为实心砖砌，上下五层，通高9米，立于林木之中。

麦积山石窟是集雄伟的自然景观与古朴精美的人文景观于一体的宝贵遗产，经历长期的发展与变化后，两者相互融合、相互衬托，绝壁孤峰之上的洞窟与寺院成了一处绝美之景。

麦积山石窟

马蹄寺石窟佛像

马蹄寺石窟全景

● 马蹄寺石窟群

马蹄寺石窟群位于今甘肃省张掖市肃南裕固族自治县马蹄藏族乡境内的临松山下，由金塔寺，千佛洞，上、中、下观音洞，马蹄南寺和北寺七个部分组成，散布于祁连山北麓的山崖溪谷中。其中金塔寺、千佛洞石窟最具价值和代表性，它们是丝绸之路河西走廊上典型的"凉州石窟"，是北印度、西域的佛教艺术与中原佛教艺术相结合的产物，其洞窟形制、造像和壁画既受到外来文化影响，又极具地方特色。现存洞窟7个，始建于十六国北朝时期（304—581年），以方形平面中心柱窟为主。窟内有北凉、北魏、唐、元等时期的彩塑近300身，北魏、西魏、西夏、元、明等时期的壁画800多平方米。

金塔寺石窟开凿于马蹄藏族乡李家沟村南刺沟内的崖壁上，高约60米，坐北朝南，周围林木茂盛，山谷幽静。石窟分为东、西两窟，平面呈横长方形，为中心柱窟形制，窟内中央立方形塔柱，前部人字坡顶塌毁，后部覆斗顶。两窟内均置佛像，身躯健壮，面相丰圆，细眉大眼，头顶磨光高肉髻。佛像服饰为早期的通肩袈裟和偏袒右肩袈裟，刻有燕尾状分叉衣纹。东窟内石刻为印度艺术风格，同时呈现出浓厚的早期造像特点，运用圆雕或高浮雕的手法悬塑众多佛、菩萨、飞天，造型丰富多变、层次分明。

千佛洞石窟开凿于马蹄藏族乡政府驻地东北洪水河谷口崖壁上，高约20米，分为西、中、东三区。西区和中区均为洞窟，东区则为91座浮雕的舍利塔龛。千佛洞石窟洞窟多为中心柱窟形制，中央凿方形塔柱，又或是大像窟或三壁三龛窟。洞窟内人物造像多"胡貌梵相"，衣饰的西域特色显著，如第1窟中心柱西面身着西域特色、饰有孔雀花纹的圆形摆裙的供养菩萨，以及第3窟内背光绘火焰纹带及禅定小坐佛带的结跏趺坐佛，都具有浓郁的犍陀罗风格与部分中原佛教艺术特色。众多圆拱形的石雕塔龛内部均置一喇嘛塔，在元、明期间曾大量开凿，可见当时这一地区藏传佛教的繁荣兴盛。

石窟寺不仅是宗教场所，有些也同时作为丝路上的驿站，为来往的商旅提供停留与补给的场所，吐峪沟石窟、柏孜克里克千佛洞、库木吐喇石窟、克孜尔千佛洞等石窟寺都兼有驿站的功能。

表3　丝绸之路代表性遗存——宗教类

类型		遗产名称	年代	路段	省区
宗教建筑	佛教建筑	洛阳白马寺	东汉—唐(69—907年)	两京故道	河南
		张掖大佛寺	辽—清(1098—1911年)	秦陇段	甘肃
		法门寺地宫	唐(618—907年)		陕西
		兴教寺塔	唐—北宋(669—1115年)		
		鸠摩罗什舍利塔	唐(618—907年)		
		台藏塔遗址	北朝—明(6—14世纪末)	东段	新疆
		苏巴什佛寺塔	北朝—唐(420—907年)		
	伊斯兰教建筑	西安清真寺	明(1392—1644年)	秦陇段	陕西
	景教建筑	大秦寺塔	北宋(960—1127年)		
宗教艺术	石窟寺	巩义石窟寺	北魏—宋(471　1101年)	两京故道	河南
		彬县大佛寺石窟	唐(628—907年)	秦陇段	陕西
		须弥山石窟	北魏—晚唐(386—763年)		宁夏
		麦积山石窟	西秦—明(384—1644年)		甘肃
		拉梢寺	北周—清(559—1644年)		
		炳灵寺石窟	西秦—清(385—1862年)		
		马蹄寺石窟群	十六国—清(397—1911年)		
		榆林窟	唐—明(7世纪—1524年)		
	石窟寺兼驿站	吐峪沟石窟	十六国—明(401年—15世纪)	东段	新疆
		柏孜克里克千佛洞	北朝—明(499年—15世纪中叶)		
		库木吐喇石窟	北朝—辽(5—11世纪)		
		克孜尔千佛洞	十六国—唐(3—9世纪中叶)		
		森木塞姆千佛洞	十六国—元(3—13世纪)		

3. 墓葬

贸易往来与文化交流密切的丝绸之路在部分地区集聚了大量的人口，从而逐渐形成了居民集聚区，甚至是城镇。许多政治事件与民间传说都与这些城镇相关。在这些城镇沿线分布着众多具有重要影响的族群以及历史人物的墓葬，它们作为中国古代重要的祭祀场所，不仅埋藏了大量珍贵的历史文物，而且能从侧面反映出其所处时代社会、经济的面貌。

● 茂陵

茂陵是汉武帝刘彻的陵墓，是西汉十一帝中规模最大的一座。茂陵位于今陕西省兴平市南位镇，地处咸阳塬的最西部，东邻咸阳市秦都区，与昭帝平陵陵区接界，南与郑国渠遗址相邻。汉武帝在位期间（公元前140—前87年）开辟了"丝绸之路"，极大地促进了中原与西域、中亚经济文化的交流。茂陵的随葬品则真实地反映了西汉王朝对外沟通交流的历史。

茂陵总占地约25平方公里，主要由陵园、陪葬墓、外葬坑、建筑遗址、陵邑五大部分构成其基本的空间格局，整体保存较完整，出土文物十分丰富。陵园平面呈方形，分为内城和外城，外墙已不存，现存内墙残高3至3.5米，为夯土所筑。陵园中央为茂陵，覆斗顶，封土底边长约220米，东、南面中部各有一条墓道。陵邑位于陵园以东司马道北侧，平面为西南一东北向长方形，长约1830米，宽约1537米。陪葬墓主要分布在茂陵东部司马道南北两侧及陵邑的东西两边，有卫青、霍去病、金日磾、霍光、宠妃李夫人等陪葬墓20余座。另外，在封土之外还分布有外葬坑150座，发掘建筑遗迹10余处，包括陵阙、白鹤馆、集仙台等。陵墓中还出土了多件重要文物，如错金银铜犀尊、鎏金铜马、鎏金银竹节熏炉、四神纹玉雕铺首以及希腊文铅币等，其中霍去病墓中还出土了马踏匈奴等17件大型石刻，为中国现存最早的成组石刻珍品。这些丰富的历史文化遗存，都是丝绸之路上东西文化交流的印证。

● 张骞墓

西汉时期杰出外交家张骞（约公元前164—前114年）之墓位于今陕西省汉中市城固县博望镇饶家营村。由于墓主人是丝绸之路的开拓者之一，因此张骞墓不仅成为历史人物的纪念地，同时也是与丝绸之路密切相关的文物古迹。

张骞墓置于不规则方形台基之上，坐北朝南，占地约933平方米。墓地内现存主要遗迹为墓冢、两尊墓前石兽、四通石碑，以及古柏15棵。墓冢南北长19.5米，东西宽16.6米，高约4.26米。汉朝时轴线为东西走向，因清代毕沅于墓地之南立墓碑而形成了今天南北向的轴线。墓冢封土为覆斗形，位于砖石墓室的正上方，东面设斜坡墓道，墓道内设两重封门，皆为砖砌拱门，其中第一道门由内外两层构成，饰以汉代青灰色绳纹及几何边花纹。1938年出土的一对石兽原本位于墓冢前，东西相对而立，两尊石兽形制相似，采用圆雕手法，粗犷而抽象。石雕整体造型呈"〜"形，通高0.81米，细腰、昂首，形似卧虎，故称"石虎"。张骞在中国历史上具有重要的地位，对中西方政治、经济、文化的交流产生了深刻的影响。其陵前立有石碑4通，分别为"汉博望侯张公骞墓"碑、"增修汉博望侯张公墓道碑记"碑、"汉博望侯墓碑记"碑以及"张氏后裔"碑，都是后世之人对他的凭吊和纪念。

● 热水墓群

热水墓群位于今青海省海西州都兰县热水乡热水沟察汉乌苏河两岸，邻近吐谷浑邦国（313—663年）后期的统治中心都兰，共有2000多座吐蕃时期的古墓葬，绵延分布约7公里。其墓葬的选址颇具考究，依山面水而立，位于山顶、山腰、山梁与平地的接合部或两山之间的平地上。墓葬布局的方式也具有吐蕃民族聚族而葬的特点，多座墓葬集中于一处，有数座中小型墓葬成排布置或同处于一条沟内的形式，也有数十座小墓葬围绕一座大型墓葬的形式。其中部分大型墓葬的地面上还建有祭祀性建筑。墓葬的封土堆分为梯形和圆形两种，于其正下方设墓室，墓室上方由下至上盖以柏木、砾石，同时以石块和木板铺地，平面大多呈长方形、方形或梯形，具有单室、双室、多室等多种形制。

据考古推测，热水墓群形成于公元6至8世纪末，历时300多年，出土了大量反映丝路贸易、文化交流的珍贵文物，主要为大宗的丝绸和器物，其中丝织品种类繁多，图案精美，被认为是现存唐朝时期最为珍贵的丝织品。

表4　丝绸之路代表性遗存——墓葬类

类型	遗产名称	年代	遗产名称	省区
帝陵	昭陵	唐(636—907年)	秦陇段	陕西
	乾陵	唐(684—907年)		
	茂陵	西汉(公元前139—前87年)		
历史名人墓	张骞墓	西汉(公元前114—公元25年)		
	麻赫穆德·喀什噶里墓	辽(1105年—不详)	东段	新疆
古墓群	固原北朝隋唐墓地	北周—初唐(557—712年)		宁夏
	果园—新城墓群	三国—唐(220—907年)	秦陇段	甘肃
	热水墓群	唐(618—907年)	青海道	青海

　　丝绸之路沿线众多的文化遗产有的已经在漫长的历史变迁中销声匿迹，有的正处于消失的边缘。伴随着西部地域生态环境的恶化、资源的流失以及人口的大量外流，很多丝路上的建筑遗存正在一点一点地被磨蚀甚至就此坍塌，而与之相辅相生的传统技艺与民俗也面临着难以传承的困境。科技的发展与现代文明无法阻挡历史逝去的潮流，丝绸之路遗产的保护与研究却为我们提供了揭开它神秘面纱的唯一途径。回望重峦叠嶂的峰谷与寂寥无尽的大漠，曾经硝烟四起，也一度商旅频繁，它们所曾见证并不断启示的，正是东西方文明间永恒的对话。

四、线路价值

　　丝绸之路是一个复杂的交通系统，在近2000年的历史中一直是中西方文化和商品交流的一个重要渠道。1877年这条线路由李希霍芬命名为"丝绸之路"并广为人知——尽管这个名字浪漫而抒情，却具有误导性：中国的丝绸固然是东方输往西方的最重要的商品之一，但是在这条贸易之路上交易的还有其他种类繁多的货物，包括从东方运往地中海的贵金属和宝石、瓷器、香水、纸张、装饰品和香料等，中亚费尔干纳盆地出产的优良马匹也沿此线路销往东西方。不仅货物沿丝绸之路流通，佛教也通过丝绸之路从印度传播到远至东方的中国、朝鲜、日本和西方的土库曼斯坦等地区。通过丝绸之路，犹太教、伊斯兰教和基督教从地中海，祆教和摩尼教从波斯传入中国。此外，科学技术也通过丝绸之路得以传播：中国的造纸术、印刷术、火药、冶铁术、弩箭、指南针和瓷器传到了西方，同时西方的工程技术（尤其是造桥术）、棉花种植和加工、挂毯织造、天文历法、葡萄种植以及玻璃和金属加工技术传入东方。

　　与此同时，丝绸之路书写了人类最具典范性的民族融合历史，展现了中华民族的大国风范和文化自信。"国之交在于民相亲"[①]，丝绸之路影响力的延续，核心在于民族融合机制与多种因素的相互支撑与形成。从张骞两次出使西域到西汉正式在西域设置都护，西域诸国及汉使者和商人在丝绸之路上往来不绝，大量的丝帛沿此路西运，丝绸之路的繁荣也使中国进入兴盛时期。京师长安及丝绸之路沿途城镇呈现一片繁华的景象，周边民族及亚洲、欧洲一些国家纷纷与唐朝建立友好关系，以致形成了"万国来朝岁"[②]"五服远朝王"[③]的空前景象，极大展现了汉唐时期国力的强大与充分的文化自信。丝绸之路传播了中国最具普适性的"和

①《韩非子·说林上》。
②（唐）张莒：《元日望含元殿御扇开合》。
③（唐）宋若宪：《奉和御制麟德殿宴百官》。

谐"理念："和而不同""天人合一""和为贵"，以和谐精神凝聚家庭、善待他人。正是这种文化基因决定了丝绸之路的主题是"和平"和"对话"，而不是"冲突"与"战争"。

丝绸之路作为人类历史最悠久、价值影响最深远、时空跨度最广阔、文化内涵最丰富的珍贵遗存之一，开拓了人类最具影响力的文明交往的通道。这条绵延亚欧大陆持续近两千年的线路，不仅是一条影响巨大、流传广远的商贸带，也是人类历史上最具典范性、文明交往内涵十分丰富的文化带，对亚、欧、非三大文明形态的相互融合与吸收起到了积极的推动作用。即使是今天，探索这种不同文明交往的机制与内在规律，对在以技术与经济为基础的全球化的语境下维护文化多样性仍然具有积极的意义。

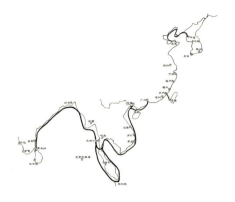

海上丝绸之路：

中西文化交流与融合的见证之路

The Maritime Silk Road:
Testimony to the Communication and Integration of the Oriental and Occidental
Cultures

　　海上丝绸之路（中国段）是丝绸之路的一部分，起始于中国东南沿海，在近20个世纪的时间内，通过海运，往来于太平洋和印度洋，联系着亚洲、非洲和欧洲各国，在政治、经济、文化、社会等方面进行了跨越国界的文明交流，促进了人类文化和文明的共同繁荣。在中国近两万公里的蜿蜒海岸线上，形成了众多的海港城市，它们随着不同朝代水陆环境的变化以及海上航线的变更，经历了长时段的此消彼长。那些海港城市中丰富灿烂的文化遗产是海洋文化、宗教信仰、礼仪制度、审美理念、生活方式等人类价值观念相互交流的产物，见证了1000多年间城市与港口建设、航海与造船技术、宗教与文化融合、对外邦交与贸易等众多方面的发展历程。

一、线路概况与历史演变

　　海上丝绸之路始于公元前2世纪的西汉中期，兴于公元8世纪的唐代中叶，盛于10至14世纪的宋元时期，至17世纪的明代后期逐渐衰落。其交通网络的分布从中国跨海向东至朝鲜半岛、日本，向南、向西绵延至印度洋、阿拉伯海、地中海沿岸各国。自公元前2世纪至公元17世纪近2000年间，亚、非、欧洲沿

左图：光孝寺钟楼

海各国家和民族通过海上丝绸之路进行了政治交往、贸易往来、文化交流、宗教传播、技术交流、民族迁徙、物产交流等全方位的人类交流活动，对世界文明发展进程产生了巨大的影响。同时，留下了一系列保障海上丝绸之路交流的海港基础设施及港口城镇遗存，外贸商品的生产基地遗存，以及因宗教、文化、技术传播和交流而产生和发展的建筑、园林、景观、作物、设施、艺术作品、工艺品等遗存，珠宝、香料、药材等贸易物品遗存，航线遗存（沉船等航线物证、重要地标等），地理环境要素遗存，以及在宗教、信仰、生产技术、科学知识等方面遗留下的丰富而珍贵的非物质遗产等。海上丝绸之路为人类文明和文化发展及共同繁荣做出了重要的贡献。

作为海上丝绸之路起点，中国的东南沿海拥有1.8万多公里长的海岸线。历史上沿海分布有一系列重要的港口，主要包括合浦（今北海）、广州、泉州、福州、明州（今宁波）、扬州、登州（今蓬莱）、漳州等。在汉至明代的不同历史时期中，这些港口因政府设立市舶司等主管对外贸易的官方机构，成为使节和外商云集、贸易往来和文化交流繁荣的商业贸易和文化交流中心。上述各港口城市留存至今的丰富文化遗产，见证了海上丝绸之路对人类文明和文化交流做出的巨大贡献。

汉代以前（公元前2世纪之前），中国人就具备了建造大船进行海上航行的能力，开始进行海上航行。广州发掘出的秦至西汉初年的造船遗址，表明那时起已可建造身宽5至8米、载重25至30吨的大型木船。中国的丝绸同养蚕、缫丝、织绸等生产技术早在周秦时期就已通过海路传播到了朝鲜半岛。

西汉时期（公元前206年—公元8年），官方使者自广东徐闻、广西合浦出发，经过南海、马六甲海峡，抵达印度、斯里兰卡，开通了往东南亚、南亚的南海航线。此后东南亚、南亚各国使者往来不断，黄金、丝织品等众多商品出口，明珠、宝石等物也大量回流，广州成为了这一时期的一大港口。与此同时，自山东半岛的蓬莱出发，与朝鲜半岛、日本群岛进行交往的东海航线也已经开通。

东汉时期（25—220年），南海航线方面，东南亚、南亚各国进一步派使节来与中国通好，欧洲的罗马也通过这些国家从海上与中国取得了联系。这一时期，由于西亚的安息（伊朗）对丝绸之路沙漠线路的阻隔，中西间贸易往来的路线逐渐向海上转移。公元166年，大秦（罗马）安敦王朝国王马可·奥勒留（Marcus Aurelius Antoninus，161—180年在位）遣使经越南送来象牙、犀角、玳瑁等，经海路与中国取得了直接的贸易接触，这是历史记载中中国与罗马帝国的第一次直接往来。这时的海上丝绸之路已基本通畅，东西方间贸易文化交流逐渐频繁。东海航线方面，东汉建武中元二年（57年），日本的倭奴国王遣使来汉，收到光武帝赐予的"汉委奴国王"金印，此后中日交流往来频繁。到东汉末年，中国养蚕织绸等生产知识也已经由朝鲜传入日本。

三国两晋南北朝时期（220—589年），南海航线方面，吴国开拓海路，发展海外贸易。南北朝时期也通过海路进行佛教传播。其中最著名的是印度高僧达摩，他于520年前后渡海至广州登岸到中国传法，被认为是中国佛教禅宗始祖。此时，广州已成为对外贸易的重要海港之一，繁盛的商贸将中国的丝绸大量传播到南亚的斯里兰卡等地。东海航线方面，中国与日本的交流航线分为南北两线：北线自长江口出发，沿山东半岛南部，经百济（位于朝鲜半岛南部）抵达日本；南线自福建福州出发，沿夷州（今中国台湾）北上至日本。这一时期，中日两国不仅进行了大量商品的交换，同时还有成批的中国织工、陶工去往日本，对日本手工业的发展起到了巨大的促进作用。

隋唐五代时期（581—960年），隋唐以前的丝绸贸易大多依靠陆路，东西方间的海上交流以官方扩大对外政治影响的"朝贡贸易"为主，还未注重发展其经济效益，民间贸易也尚未兴盛。同时也由于造船和航海技术有限，无法脱离沿海岸线航行，也没有形成固定的对外贸易港口。及至隋代，海上航运的重心由政治目的逐渐转向经济贸易，唐代东南沿海的造船业、丝织业技术进步，为唐代海上丝绸之路贸易的蓬勃发展奠定了基础。

南海航线方面：唐代南海航线从广州起航，向西南经由以室利佛逝（位于苏门答腊南部）为首的东南亚地区和以印度为首的南亚地区，远航到达波斯湾，连通了以大食为首的阿拉伯地区，成为沟通中西经济文化交流的重要渠道。海外贸易输入商品主要有香料、珍珠、象牙、犀角等，输出商品包括丝绸、瓷器、金银、铜钱等。除此之外，丝绸的生产技术和生产工具已传入阿拉伯国家，其他如瓷器和各种发明创造也随之外传。唐朝时期的广州已经成为最大的南海贸易港口，出现了外侨聚居的蕃坊，泉州港也随之兴起，对外贸易十分繁荣。广州市舶使的设立，不仅加强了对外贸易的管理和税收，也标志着海上丝绸之路发展到一个新的阶段，海外贸易性质发生转变，即从政治上扩大对外影响，发展到作为财政经济上的一项重要收入。同时佛教、伊斯兰教、摩尼教等宗教继续自海上传入中国。自安史之乱（755—763年）后，吐蕃控制了河西走廊，回鹘占据了阿尔泰山一带，唐王朝失去了对西域的控制，陆上丝绸之路受阻并开始走向衰败。取而代之的是贸易中心向沿海转移，海上丝绸之路日渐兴盛，成为东西方贸易的主要通道。

东海航线方面：与朝鲜、日本等东亚国家的海上往来空前密切，华夏文明广泛向外传播，各文化的融合共同促进发展，形成了东亚汉文化圈。日本曾19次派出遣唐使节，大批留学生、学问僧到达中国进行文化交流；同时，使节们携带琥珀、玛瑙、沙金、银等到达中国，换回中国的彩帛、香料。唐代除从登州（今山东蓬莱）、莱州绕渤海湾到达朝鲜半岛及日本外，还开辟了从扬州、楚州（今江苏淮安）、苏州、明州（今浙江宁波）越海东渡日本的跨海航线。随着南北大运河的凿通，扬州港兴起，成为连接南北、沟通海陆的国际交往门户。另外楚州也是通往朝鲜、日本的重要海港，新罗人在此聚居形成了新罗坊。

北宋时期（960—1127年），从一开始便很重视海外贸易，多次主动派遣使节出海，并对招徕的外商给予优待。政府在广州、泉州、明州、杭州、扬州等主要港口城市设立市舶司，负责接待和保护外来商旅。南宋时期（1127—1279年），政府更加重视海外贸易，关税收入已成为政府收入的重要来源之一。这一时期的航海技术有了巨大的进步，开始使用指南针导航，并能充分利用风力越洋远航；同时沿海各地的造船业极为发达，尤以泉州为最，这些都为宋代海上丝绸之路的繁荣提供了根本保障。南海航线方面，形成泉州、交州、广州、扬州四大港口，远航已可达东非沿岸，大食（阿拉伯）是最重要的外贸对象，三佛齐（印尼苏门答腊）和故临（印度奎隆）次之，在大量输出丝绸品和瓷器的同时，进口香料和珠宝。东海航线方面，宋代同日本、朝鲜半岛的海上贸易，除官方的朝贡贸易外，逐步兴起民间贸易。随着两宋时期政治经济中心的南移，北方海港也随之转移到了东南沿海。明州以距日本最近、航线最短的优势，发展成为东海航线中的重要贸易港。

至元朝时期（1271—1368年），海外贸易已十分发达，航运规模达到世界领先的水平，海路贸易的重要性逐渐超过陆上丝绸之路。官方除对民间海外贸易进行管理和征税外，还主动发展官营海外贸易，由朝廷选择商人或直接派出使节入海贸易。中国主要输出丝绸、瓷器等物品，并输入珠宝、香料、药材、布匹等物。在泉州、庆元（今浙江宁波）、上海、澉浦（今浙江海盐）四地设立市舶司，后合为泉州、广州、庆元三处。泉州是当时东方第一大港，航线从泉州起航，远及东非和地中海沿岸。这一时期海上丝绸之路所联系的国家、地区远比前代广泛，海上航线除延续宋代以来的航线外，还发展出一些新的航线。历史上著名的旅行家马可·波罗曾由海路从我国前往西亚，而摩洛哥人伊本·白图泰则从西亚乘船逐渐游历至我国，他们所著的《马可·波罗游记》和《伊本·白图泰游记》是世界航海史上的珍贵文献。我国大旅行家汪大渊也曾两次航行东西洋，并著有《岛夷志略》，记录了他游历的众多国家、地区，反映了这一时期中国与这些国家的友好关系以及海上贸易和文化交流的盛况。

明朝时期（1368—1644年），政府主张对外奉行睦邻友好关系，但同时又实行海禁，禁止民间贸易的往来，海外贸易方式又转变为政治交换色彩的朝贡贸易（又称"勘合贸易"），需持有官方特许的"勘合符"才能进行贸易。永乐年间（1403—1424年），政府主持了世界航海史上著名的"郑和下西洋"，分别于1405—1407年、1407—1409年、1409—1411年、1413—1415年、1417—1419年、1421—1422年以及1430—1433年，先后七次组织船队远航到东南亚、南亚、西亚、东非等地区进行外交贸易，极大地促进了中国与亚非各国朝贡外交关系的发展。同时，明代前中期持续实施海禁，使得宁波港外的双屿岛及漳州等地的走私贸易盛行。隆庆元年（1567年）海禁开放后，漳州的走私贸易被重新纳入政府监管，开"洋市"并设官收税，由此开辟了一条从漳州月港出发经马尼拉通向美洲的贸易路线，中国海上丝绸之路的贸易活动几乎遍及全球。而此后，中国持续实行闭关锁国的海禁政策，海外贸易逐渐衰落，直至近代西方殖民者到来。

二、线路分布及其文化遗产

（一）北海

北海市位于中国南部沿海的广西壮族自治区南端，三面环海，处于联系中国西南内陆地区、南部沿海地区以及海外东南亚地区的枢纽位置。北海合浦是汉代由官方主持进行海外贸易的港口城市之一。西汉元鼎六年（公元前111年），汉武帝平定南越，西汉政府在环北部湾沿岸等地设置了合浦郡等岭南九郡，将岭南地区纳入了汉王朝的版图。南流江于合浦境内入海；往北溯南流江而上，可经南流江桂门关进入北流河，再接西江，溯西江支流桂江而上，过灵渠，便可沿湘江至长江流域。依托通往中原和其他地区的便捷水路，合浦成为汉朝时期该地区重要的政治经济中心。合浦县是汉代合浦郡的郡治所在，汉王朝在此设合浦关，负责管理外事和对外贸易，合浦也因此成为汉朝沿海路对外交流最重要的港口。据《汉书·地理志》记载，汉代官方指派"译使"，从最靠近南海的合浦、徐闻等地出发，入海进行贸易，其航线经东南亚，远至南亚的斯里兰卡。这是历史文献中关于中国古代由官方主持进行远距离海外贸易的最早记载。合浦县现存的众多遗址，如全国最大的汉墓群和出土的大量珠宝、器物等舶来品，相关的汉代城址、码头等遗存，都是其作为汉代海港城市、地区行政中心、人口大量聚集、海上贸易一度繁荣以及城市快速发展的实物见证。北海合浦是中国海上丝绸之路汉代始发港口城市之一，现存遗产主要包括合浦汉墓群、大浪汉城址以及草鞋村汉城址。

● **合浦汉墓群**

合浦汉墓群位于今北海市合浦县，总面积60多平方千米，拥有近万座墓葬，是目前国内规模最大的汉代墓葬群。墓葬群内出土的随葬品既有中原器皿，也有从东南亚、南亚、西亚和地中海等地区输入的玛瑙、琉璃等舶来品，充分反映了汉代合浦地区政治、经济、文化、科技以及海外贸易繁荣的状况，同时也证实了汉代合浦在该地区的核心位置。据统计，墓葬群内地表现存有1056个封土堆，分布于四方岭、风门岭、金鸡岭、狼狗岭、狮子岭、上禁山、大沙洲、脯鱼岭、上高岭和铜鼓岭等处。经考古初步统计，有封土堆残存的墓葬与无封土堆墓葬的比例大致为1：8，因此，根据地表封土堆的数量，可以大致推算出其地下墓葬的数量可达近万座。依据墓葬形式而言，可分为单葬与合葬墓两类；依据构筑材料可分为土坑墓、木椁墓、砖木合构墓、砖室墓等四类；墓主人分别为两汉地方官吏、被贬皇亲国戚及朝廷官员、贩卖丝绸珍珠的商贾和一般平民。

● **大浪汉城址**

大浪汉城址位于今北海市合浦县城东北的石湾镇大浪村，占地面积约为50000平方米，是西汉时期合浦县的大型聚落、码头遗址，西汉中期合浦县县治所在地。城址、城墙、码头遗址、护城河、建筑遗址等见证了中国最早的海上丝绸之路始发港的辉煌历史。

城址基本呈正方形，西面依托周江（南流江下游第一分水口支流），其余三面临护城河，并与古河道相连，城内地表散见几何印纹陶片和刻划纹陶片。四面城墙残高1至5米，夯土筑成，中部有缺口，原为城门。另有一处码头遗址位于西城门外，纯为夯土所筑，东与城墙脚相连，外撇呈弧形直深入古河道中，最宽处约5米。城址中央处还发掘了22处十分规整的柱洞，呈对称布置，推测其为望楼之类的杆栏式建筑。

魏晋时期之后，随着地区经济的发展和航海技术的提高，合浦在对外贸易方面的优势逐渐被番禺（今广东广州）替代。

● **草鞋村汉城址**

草鞋村汉城址位于今北海市合浦县南部廉州镇大浪村，占地面积约为15000平方米，是临近古代海岸线的汉代城址，北门以外因江水环绕形成半岛地带，酷似大型船坞。城址内发现有规模较大的汉代制陶手工作坊和大型建筑遗址，其中制陶手工作坊遗址靠近江边，便于产品就近上船运输，说明草鞋村汉城址的选址和布局都经过了缜密规划，是早期海上丝绸之路的重要始发港。

（二）广州

广州隶属于中国南部沿海的广东省，地处太平洋、印度洋的航道要冲，自秦汉起即为中国重要的对外贸易港口城市，历久不衰，尤以唐宋为盛。

广州古称"番禺"，内临珠江，外接南海，为历代岭南地区的政治、经济、文化中心。数千年来，广州港作为河港兼海港，利用江海联运的方式，既沟通了内陆各地，又对外开辟了通往东南亚和印度洋沿岸的航线。从广州出发入南海，西行经印度洋、波斯湾，可达西亚、北非诸国；南行直通东南亚；东行可至吕宋。

广州是我国沿海最早形成的对外通商港口城市之一，海上交通与文化交流形成于秦汉时期，在三国、两晋时期进一步发展，隋唐时期日趋成熟并达到全盛。经唐末中衰、宋代复苏后持续繁荣，元代则继续保持其发展的态势。明初广州成为官方朝贡贸易的重要港口城市，明中后期随着贡舶贸易逐步被"大航海"商舶贸易所替代，广州港的性质随之变化为商舶港口。

广州是海上丝绸之路中国南部沿海最重要的港口城市之一，历代作为中国海上贸易的官方管理机构所在地，唐代设市舶使，宋、明设市舶司，并长期固定于此。广州港在唐、宋鼎盛时期贸易繁荣，对外贸易榷税收入是国家税收的重要组成部分。在文化交流方面，广州在伊斯兰教和佛教禅宗的传播上具有重要的地位。

"海上丝绸之路"广州段拥有非常丰富的遗产，包括海港设施、生产基地与设施、文明与文化交流的产物三类。海港设施的代表性遗存有唐代外港扶胥港的附属祭祀建筑——南海神庙及附近的码头遗址，唐代内港旁兼作灯塔之用的光塔，明代具有航标作用的琶洲塔、莲花塔，以及尚未形成考古定论的秦代造船遗址等。生产基地与设施现存的有外销瓷生产基地——西村宋代大型窑址。另外，促进文化交流方面的遗存包括印度佛教与中国文化交流地光孝寺以及伊斯兰教传入中国的两处史迹——怀圣寺与光塔、清真先贤古墓；在这个背景下产生的城市功能分区——蕃坊；海外文明传播带来的器物及制造技艺的交流物证，包括广州汉墓、南越王墓以及南越国宫署遗址（南汉、唐代地层）中出土的有海外因素的可移动文物等。在这众多的珍贵遗产中，南海神庙及码头遗址、光孝寺、怀圣寺及光塔、清真先贤古墓、南越国宫署遗址、南越王墓等最具有代表性。

● 南海神庙及码头遗址

南海神庙又称"波罗庙"，位于广州市黄埔区庙头村，南临珠江，是我国古代东南西北四大海神庙中唯一的建筑遗存，也是我国古代海上"丝绸之路"始发地的一处重要史迹。南海神庙始建于隋开皇十四年(594年)，其所在的扶胥镇一带在唐朝时期成为广州的外港，称"扶胥港"，南海神庙作为港口的重要建筑保存至今。如南海神庙内唐代韩愈的碑文所言"扶胥之口，黄木之湾"，三江之水在黄木湾汇聚后流入大海，这里便成为优越的港口之地，是广州出海驶往外域所必经的交通孔道，也是到广州贸易的外国货船进入内港前的停泊检查地。南海神庙是古代皇家祭祀海神的场所，也是中外商客在出航前后祭拜的地方，其作为祭祀建筑是港口的重要组成部分。南海神庙的设立并不断修缮扩建，以及它的多次册封与祭祀都反映了古代国家对海上交通的重视，说明了在出航前祈求海神保佑仪式的重要性。现存遗址主要包括南海神庙、历代碑刻以及相关码头遗址。

南海神庙规模宏大，占地近3万平方米，现存建筑多为清代重建，坐北向南，沿中轴线由南到北有"海不扬波"（康熙御笔）石牌坊、头门、仪门和复廊、大殿等历史建筑。其西侧发掘出宋代殿堂式建筑遗址，出土刻有"庙"字的残陶片，疑为唐宋时期神庙部分主体建筑所在位置。神庙内的历代碑刻数量众多，现存唐碑1块（韩愈《南海神广利王庙碑》）、宋碑2块、元碑1块、明碑17块、清碑4块。碑刻上的大多数碑文赋予了南海神在海上丝绸之路贸易中所起的庇护神的功能，还有海外贸易的内容及外国商人来往贸易、居住的记载，反映了中外客商曾经云集于此的盛况。在神庙西南发掘出一座明代石基码头遗址，全长125米，由官道和小桥、接官亭、埠头构成，边缘以红砂岩石块砌筑，做工考究，属于官用设施。宋代后期扶胥港淤浅后，各级官员仍需到南海神庙致祭，此码头和道路应为此设置。

南海神庙礼亭

● 光孝寺

光孝寺位于广州市越秀区光孝路109号，以历史悠久、规模宏伟而被誉为"岭南第一古刹"，是岭南地区最大最古老的佛教禅寺。光孝寺原是南越王赵佗玄孙赵建德的旧宅。三国时，吴国名士虞翻谪居在此，因院里种植诃子树，时人称为"诃林"，又叫"虞苑"。虞翻死后，他的后人将宅园改为佛寺，称"制止寺"。寺内至今仍存两株宋代以后补种的诃子树。佛寺的规制格局于南北朝时期逐渐完善。唐时东土禅宗的初祖菩提达摩到广州后，曾到光孝寺开讲传教。仪凤元年（676年），惠能（后为禅宗六祖）曾至此听僧人讲经，恰巧风吹幡动，引起"幡动风动"之争，惠能以"非风动，非幡动，仁者心动"一语妙演禅机，震惊满堂，连正在讲经的寺中主持印宗法师都为之折服。此后，印宗法师亲自在菩提树下为他剃度，后人募资建六祖瘗发塔和风幡堂以纪念此事。寺庙名称几经改易，最终于南宋绍兴二十一年（1151年）改定为"光孝禅寺"并沿用至今。作为广州佛教传演的重心，光孝寺与各宗派都有着密切的关系，对佛教文化在中国的演变和传播起到了重要的作用。光孝寺是禅宗发展的重要据点，更是南禅开创的圣地，禅宗无论南北两派，皆由光孝寺为出发点而后推及中原各地。寺内现存有与达摩相关的史迹洗钵泉，与六祖惠能相关的遗迹为六祖殿、瘗发塔与菩提树、风幡堂（民国时重建，现仅遗留匾额）。

光孝寺坐北向南，现状格局分为中、东、西三路布置。自唐代以后中轴线便无变更，建筑格局基本沿袭明清旧制，寺庙内古木婆娑，环境开阔清幽。主要的建筑遗存有中轴线的天王殿、大雄宝殿、六祖殿；东侧的伽蓝殿、洗钵泉、瘗发塔、东铁塔等；西侧的大悲心陀罗尼经幢、西铁塔等。

大雄宝殿位于寺院建筑群中央，面宽七间，进深六间，高13.6米，重檐歇山顶，整体形制古朴，既保留了南宋建筑的风格，又具有岭南特色。六祖殿位于大雄宝殿后东侧，面阔五间，进深三间，梭柱月梁特征明显。其承重构建出沿袭宋代建筑形制外，还具有印度建筑的特点，这个影响说明了通过海上丝绸之路与南印度之间的往来与交流。伽蓝殿位于大雄宝殿东侧，面阔三间，进深三间，歇山顶，建筑风格与大雄宝殿相仿。瘗发塔位于大雄宝殿外的东北角，为七层仿楼阁式八角砖塔，高7.8米。建塔瘗发是印度旧风，六祖惠能于菩提树下祝发受戒，其发埋于树下。西铁塔位于寺内西院，平面呈四方形，仿楼阁式铁塔，原为七级，现存底下三层，是我国现存有确切年代的最早的一个铁塔。塔身下有巨型莲瓣承托，下设双层铁铸须弥座。塔身遍铸千体小佛，每层正中铸一大佛龛，内供坐佛，其形貌特点与南印度人和中国人接近而不同于西北胡人，说明这一时期广州地区的佛教艺术受南印度的影响较大。

● 蕃坊

据地名推测以今之光塔路怀圣寺为中心，北到中山路，南达惠福路和大德路，西抵人民路，东达解放路的区域大致为蕃坊的范围。该区域内多为一层民房，留存至今的主要遗迹包括怀圣寺和光塔。

（三）泉州

泉州隶属于中国东海沿岸的福建省，其海岸线绵延曲折，全长达427公里，海湾多、水域宽、航道深，沿海分布有泉州湾、深沪湾、围头湾等天然深水良港，适合建造各类码头泊位，具有优越的航运条件。

目前关于泉州海外交流往来的最早记载为南朝梁普通（520—526年）中、一说陈永定二年（558年）印度高僧拘那罗陀在泉州译经并从此地乘船回国。泉州以丝绸和陶瓷商品为大宗的海外贸易，始于五代、繁荣于宋、鼎盛于元、衰弱于明，整个历程持续约九个世纪。其中，宋、元的昌盛持续了三个多世纪，为海上丝绸之路的繁荣做出了重大的贡献。

自北宋元祐二年（1087年）朝廷在泉州设立市舶司，泉州港具备了官方通商口岸的地位，并很快进入繁荣阶段。据南宋《云麓漫钞》记载，南宋中期与泉州有频繁往来的海外国家和地区有31个，主要集中在高丽、日本、琉球等东亚地区，印度尼西亚、菲律宾、越南、柬埔寨、马来群岛等东南亚国家和地区，以印度为主的南亚，以及波斯湾沿岸的阿拉伯国家，更有远至东非的各个国家。

宋、元更替时，泉州未遭战火洗礼，泉州港保持繁荣的海上贸易往来及文化交流，并成为元代中国乃至整个远东地区的第一大港。据元代《岛夷志略》记载，元代与泉州贸易往来的国家和地区增至近百个，交换的货品十分丰富，以帛、布匹类衣料及陶瓷器和金属器等日用品为最多，盐、酒等食用品及生活杂物等次之。同时，随着使节和商人往来，中外宗教、艺术、民俗等文化因素也在泉州进行直接交融并发展传播。作为因海外贸易和文化交流而繁荣发展的典型海港城市，泉州在城市建设及东、西多元文化共存方面有突出的代表性，体现了海上丝绸之路交流对文明和文化发展的巨大影响力。

泉州现遗存主要分为海港设施遗存、外贸商品生产基地与设施遗存以及海上丝绸之路文化交流产物遗存三大类。

海港设施遗存主要包括航标建筑、码头、桥梁、城门、祭祀建筑、官方管理机构等。其中，六胜塔、姑嫂塔作为航标建筑，为指引船只进出泉州港、维护航线运行起着重要作用，是泉州港繁荣的象征。石湖码头、美山码头及文兴码头为船只靠岸和货物的海陆转运提供了设施基础。以洛阳桥为典范的石桥在加强港区、码头与城区的联系，以及与陆上交通干线的联系方面，都起到了至关重要的作用。九日山摩崖石刻、天后宫、真武庙是沿海地区祈风、祀奉海神以求航行平安的民间传统，经由官方认可、形成一套完整的航海祭祀体系的重要物证。宋代设立的市舶司遗址见证了泉州曾为中国官方对外通商口岸的政治地位。来远驿是明代实施海禁以后，朝廷专为招待琉球使者和客商而设的驿站，其遗址是泉州与琉球特殊友好关系的体现，见证了泉州港最后的辉煌。

外贸商品生产基地与设施遗存主要包括窑址、丝绸练染设施。晋江市磁灶镇金交椅山窑址，是远销海内外的磁灶窑的重要产出地；清白源井，作为泉州染局的取水用井，见证了泉州纺织品工业的发达。

海上丝绸之路文化交流产物遗存主要包括各类宗教寺院以及城市设施遗存。清净寺、伊斯兰教圣墓见证了伊斯兰教在泉州的传播；草庵石刻体现了摩尼教与中华文化的结合；开元寺的殿、塔等建筑遗存，见证了婆罗门教、佛教在中国的传播，以及其与中华文化的融合与发展。德济门遗址是宋元泉州城的南城门，紧靠海岸码头，北邻天后宫，南接"蕃坊"，体现了泉州的"蕃汉共处"。另外，泉州还出土了大量的伊斯兰教、基督教墓碑石刻，反映了外国人在泉州频繁的活动。

● **姑嫂塔**

姑嫂塔位于福建省晋江市石狮镇宝盖山巅峰，背靠泉州湾，面临台湾海峡。原名"万寿宝塔"，因其有镇守东南的气势，故又被称作"关锁塔"。据《闽书》记载："昔有姑嫂嫁为商人妇，商人贩海久不至，姑嫂登而望之，若望夫石然"，姑嫂塔名称由此而来。

石塔始建于南宋绍兴年间（1131—1162年），后遭雷击，于清乾隆四十年（1775年）按原形制重新修建。1961年，又重修姑嫂塔，并将其列为福建省文物保护单位。1979年，省文物主管部门在塔顶安装避雷设施。1981年，全面整修，并凿山石161根，增建石亭一座。1996至1997年复修。2002年，修复两条登山石阶。

姑嫂塔系花岗岩石砌筑，平面八角形，五层，高21.65米，占地面积325平方米。各层迭涩，两层出檐，底层向西开一拱门，两层以上各辟两门，转角倚柱作梅花形，顶置斗拱。

各层有回廊围栏杆环护四周。塔内空心，有石阶可登塔顶。第二层西面刻有"万寿宝塔"字样。塔顶为葫芦宝刹，顶可点灯，为古泉州港的重要航海标志。

● 石湖码头

石湖码头位于石狮市蚶江镇石湖村半岛，是泉州11至14世纪海上商贸的重要码头，担负着泉州港水陆运转枢纽的重任。因码头所在位置东北正对泉州湾主航道的出海口岱屿门，扼泉州湾南岸，地势险要，故又在此建石湖寨做防御用，与石湖码头相结合，形成海防前线。

石湖码头实为海边巨大岩石，形成于唐代开元年间（713—741年），相传为唐代航海家林銮所建，故又称"林銮渡"。北宋元祐年间（1086—1094年），又在岩石北面修建顺岸平梁桥"通济桥"，连接海岸，成为一个"顺岸码头"。桥呈南北走向，由花岗岩石板条并排砌筑而成。巨石临海的石壁上又开凿了多条石阶道路，以便装卸货物。石湖寨墙遗址始建于北宋熙宁元年（1068年），现存30多米长，2至3米高的遗址。其在保障石湖码头的安全运作和泉州湾海域的航线安全方面起过关键作用。

● 磁灶窑系金交椅山窑址

磁灶镇金交椅山窑场遗址位于泉州南门十公里处的晋江市磁灶镇，是已发掘的12处宋元窑址中规模较大且保存较完好的一处。此窑场创建于五代（10世纪），鼎盛于宋元时期（10—14世纪），衰败于明初（14世纪），是宋元时期泉州乃至福建最重要的外销瓷窑之一。近年来，在东亚的日本，东南亚的菲律宾、新加坡、印度尼西亚等地都发现了许多磁灶窑瓷器，表明泉州沿海地区的瓷器曾经远销海外。金交椅山位于磁灶镇沟边村北的一座小山丘上，南北长东西窄，考古发掘的面积约为1550平方米，包括四座窑炉遗址遗迹、一处作坊遗址。四座窑炉遗址均系斜坡龙窑，沿山势而建，大致呈东西走向，东高西低，总占地面积约为1300平方米。窑尾建在山坡高处的平台或坡顶，山坡斜度形成的天然抽力可将烟抽出。窑顶结构的券顶部分采用横砖错缝立砌。作坊遗址分布于二级台地上，占地250平方米，地势西高东低，呈高差不等的六级梯状台地，遗迹、遗物均分布于这些平台上。发掘的遗迹、遗物包括陶缸、储泥池、沉淀池、柱洞、路面、灰坑等。此外，窑内还出土了一批青瓷和酱黑釉瓷器，以及零星的绿釉器、青白瓷、青釉褐彩器等。

● 开元寺

开元寺位于泉州市鲤城区西街，是福建省内最大的佛教建筑群，也是中国最重要的佛教寺院之一。始建于唐垂拱二年（686 年），初因传说寺内桑树开白莲花，故名"莲花寺"。长寿元年（692年)，改名"兴教寺"，开元二十六年（738年）诏以年号改"开元寺"，经历代不断修葺扩建，才形成了今日的规模。如今的开元寺占地78000平方米，主体沿袭了明代修缮的形制，从唐至今的建筑特色都有所体现，更因其融合了多种西方文化，特别是印度婆罗门教寺庙装饰构件和狮子与人面狮身石刻的使用，反映出泉州历史上在宗教、艺术、文化等方面与海外的密切交流。

寺院的主轴线由南至北依次为紫云屏、山门、拜亭、拜庭、大雄宝殿、甘露戒坛、藏经阁。大殿东侧有檀越祠、准提禅林，西侧有功德堂、尊胜院、水陆寺等。大殿东、西两侧，峙立镇国塔和仁寿塔。其中以拜庭、大雄宝殿、甘露戒坛和双塔最具价值。

大雄宝殿柱头斗拱附刻带翅飞天乐使二十四尊，为国内古建筑所罕见。双塔为镇国塔和仁寿塔，分立大殿前的东西两廊外，相距200米。仁寿塔始建于五代梁贞明二年（916），初为木塔，因其在南宋绍兴乙亥（1155年）和淳熙年间（1174—1189年）两次失火，故改为砖塔，后又改用石材砌筑。镇国塔始建于唐咸通年间（860—873年），为九级木塔，后屡毁屡建，最终于南宋嘉熙二年（1238年）改用石建。双石塔皆为八边形楼阁式塔，双塔均采用外壁筒体内带塔心柱结构，仿木结构，上下共五层。塔心柱为石砌实心柱体，无塔心室，仅在正对塔门的一面设长方形佛龛，内置佛像。塔心柱与外壁之间形成内回廊。这两座塔皆施金属刹，由覆钵、七层相轮和火焰、宝珠等构成，由于铁刹高大，在塔顶八角的垂脊上系铁链八条拉护，以使之稳固。仁寿塔高45.066米，须弥座高1.2米，边长7.6米，对角长22米，一层

外围周长44.8米，塔身上下有收分。镇国塔高48.27米，须弥座对角长18米，边长7.5米，一层外围周长46.4米，塔身收分做法与仁寿塔相同。寺内甘露戒坛为我国三大戒坛之一，据说唐时此地常降甘露，僧人行昭在此挖了一口甘露井，北宋时在井上建坛，遂称"甘露戒坛"。

● 德济门遗址

德济门遗址位于泉州城南的鲤城区天后路，正对天后宫，是泉州罗城的南城门遗址。德济门作为罗城南宋扩建部分，始建于泉州海上贸易鼎盛的宋元时期（1230年），并沿用至清。其现存遗址文化层互相叠压，较完整地体现了11至20世纪泉州城拓建、重修的历史。

遗址面积近2000平方米，由壕沟、城门、城墙、门道、残存门洞、门道两侧墩台以及瓮城和瓮城门等组成。壕沟位

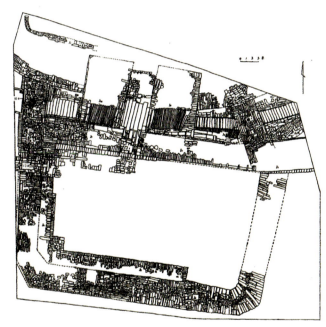

德济门遗址平面图

于遗址中部偏北，基本呈东西走向，城墙走向与其基本一致，为石筑墩台，现残高0.2至1.07米。德济门城门位于遗址中北部，由门道和残存门洞壁面组成，门道南宽北窄。门道路面以长条形、方形及不规则石板铺就，并凿以防滑凹槽。门道残存墩台，分为东西两侧，长约10米，宽约7米。遗址内出土了13至14世纪的印度教、基督教、伊斯兰教、佛教的石刻和明清时期（14—19世纪）的铁炮，还出土了相当数量的各类瓷器及瓷器残片，如碗、盏、碟等。

左上图：开元寺
左下图：开元寺弘一法师纪念馆

根据当时在泉州的外国人的游记记载，每个城门附近均伴有一个市场，每个市场主要出售的货品各不相同。因此，德济门附近可能是一个陶瓷器市场。

（四）福州

福州隶属于中国东南沿海的福建省，港口地处福建省海岸线的中点、闽江下游的河口段，港域自闽江口向内陆逶迤，航线除通省内外各港外，还可达日本、朝鲜等东亚港口，印度、菲律宾等南亚、东南亚地区以及西亚阿拉伯地区。

福州对于东亚沿海的商贸格局与经济繁荣具有肇始和推动作用。早在汉代福州便开始了海上交通与文化交流，之后随着海上丝绸之路的日渐成熟，福州港在唐五代时期已可通达全省，并与广州、扬州、明州并列为唐代的四大贸易港口。同时，为规范东南沿海的经济格局与商贸秩序，于福州设"税科司""榷货务"等对外贸易管理机构。宋元时期福州港的地位逐渐被泉州港取代，直到明代郑和下西洋时期，其船队在此驻泊与扬航，福州港的商贸地位才得以迅速提升，至成化年间（1465—1487年）甚至将泉州的市舶司迁于此地。

作为自古以来我国东南沿海的重要通商口岸，福州现存众多与海上丝绸之路相关的遗址，包括海港设施以及外贸商品生产基地。

与福州港相关的海港设施主要包括迥龙桥及邢港码头、东岐码头、怀安码头、登文道码头以及圣寿宝塔，这些交通工具与维护设施的遗存见证了福州港海上贸易的港口地位与重要作用。

外贸商品生产基地主要为怀安窑址，是福州地区在海上丝绸之路中的重要外销瓷器产出地，也是海上丝绸之路的重要节点之一。此外，天妃灵应之记碑、恩赐琅琊郡王德政碑（闽王祠）记载了当时的海上贸易盛况和当朝对外贸易政策等历史信息，是海内外民族生活习俗及东西方文化交流的代表。

● 迥龙桥及邢港码头

迥龙桥又名"飞盖桥""沈公桥"，位于福州市马尾区亭江镇闽安村，是我国最早的多跨神臂平梁桥之一。唐末（901年）闽王王审知为发展海上贸易、巩固江海防，于闽安建造通海大石桥——迴龙桥，成为海外贸易的必经之地。南宋郑性之重修，改名飞盖桥。清康熙十六年（1677年）协镇沈公再修，改名"沈公桥"。嘉庆、道光年间（1796—1850年）及1922年再次重修。桥为五孔石梁桥，南北横跨邢港。柱头雕琢有宝奁、莲花、海兽等唐代原构，也有刻狮子戏球等明代构件。桥南端有玄帝亭，亭与迴龙桥联为一体。亭为四角，木结构，占地53平方米。桥北端用方整石砌驳岸，上建有圣王庙。圣王庙坐北向南，重檐歇山顶，土木结构，占地405平方米，依次由跨街亭、圣王庙、观音阁组成，亭内立3通石碑，其中《沈公桥》碑立于清道光二十四年（1844年），记载沈公慷慨捐修与道光年间乡绅重修之事。庙前有跨街亭，将桥、庙连为一体。

邢港码头位于马尾区亭江镇闽安村，其东侧连接迴龙桥，分布于该桥南、北两侧，呈内八字形排列。该码头南北走向，长30.68米，伸出水面部分宽为1.43米。码头条石铺面，石面下出挑金刚石依次向西侧收分，各出挑分别由两层条石铺成，高度约为0.65米，底层为横向条石出挑，上层为纵向条石压顶。此种砌法对岸边趸船十分便利。

● **怀安码头及窑址**

怀安码头位于福州市仓山区建新镇怀安村北侧，北距怀安窑址约100米，南距怀安接官道码头仅数十米。该码头是唐五代时期，怀安窑外销瓷器输出的主要码头。坐东朝西，长为15.19米、宽为6.62米，占地面积为100.56平方米。该码头为突堤式结构，由东侧石平台向西沿11级石踏跺至码头的主体部分石堤，由大小不等的条石横铺，重点部位设丁头。怀安古接官道码头位于仓山区建新镇怀安村北侧，距怀安窑址约150米。该码头是唐五代时期，进口货物及闽江上游物资重要的中转码头，闽江流域的产品通过此地源源不断销往日本、东南亚各地，海外的货物经此地辗转运达内陆。怀安窑址是唐五代时福州重要的外销瓷窑址，公元9至10世纪福州港以怀安窑外销瓷器搭建了一条古代连接东北亚、东南亚的"海上丝绸（瓷器）之路"。窑址主要分布在石山南端，包括后门山堆积区、翁墓山堆积区和石山—顶坪岭堆积区，面积达8万多平方米。窑址所烧造的瓷器大量外销日本、东南亚等地，在日本北九州福冈市鸿儒馆遗址、博多遗址群和太宰府市太宰府遗址等地均有出土。

（五）宁波

宁波隶属于中国东南沿海的浙江省，地处东海岸线中段，向北、向东可到朝鲜半岛、日本列岛及东南沿海，向南经闽广沿海可远航到南洋、西洋等地区。宁波因其优越的地理位置与交通环境，是中国古代海上丝绸之路的重要始发港之一，自公元9世纪起成为我国海上丝绸之路东海航线始发港，以唐至元代为最盛。

宁波古称"明州"，与海外的贸易和文化交流始于东汉晚期（2—3世纪），舶来品和佛教通过海路传至宁波地区。唐明州港、朝鲜半岛芜岛港（清海镇）、日本博多港（博多津）三大贸易港形成东亚贸易圈，明州港是连通朝鲜半岛、日本列岛的东海航线上主要贸易城市之一，大量瓷器、茶叶、丝绸通过明州港输出海外。两宋和元代（10—14世纪），明州的海上贸易及文化交流臻于繁盛，宋元时期的明州（南宋升为庆元府，府治鄞县，即今宁波市鄞州区）港为中国三大国际贸易港之一。北宋淳化二年（991年）设置"市舶司"，促进了东亚贸易圈海上贸易的繁荣鼎盛，从明州港运出的货物种类丰富，建筑技术、制瓷技术、佛教文化等通过明州东传至朝鲜半岛和日本，至明代，宁波港仍是中日贸易的重要港口。

宁波海上丝绸之路的重要遗产包括了保国寺、永丰库遗址、天童寺、阿育王寺等地方，分布在宁波的江北区和鄞州区。其中永丰库遗址是宋元时期宁波港口城市的重要仓储设施，出土的大量外销瓷见证了宁波曾作为重要的外销瓷器产出地，是海上丝绸之路的重要节点之一。保国寺、天童寺、阿育王寺是佛教文化自宁波港传播的重要实物见证，同时保国寺作为中国江南地区最古老的木构建筑之一，其所代表的建筑技术被认为是历史上带动日本建筑发展的重要来源。

● 永丰库遗址

永丰库遗址地处宁波历史文化名城的核心区域，位于中山西路北侧，府桥街之南的唐宋

永丰库遗址

子城遗址内的鼓楼以东、蔡家弄以西的区域。2001至2002 年，宁波市文物考古研究所在此进行抢救性考古发掘，发现了该遗址，遗址总占地面积约9500平方米，被评为2002年度全国十大考古新发现之一， 2006年被公布为第六批全国重点文物保护单位，现已开发为遗址公园。

　　永丰库遗址是我国首次发现的古代地方城市的大型仓库遗址，经考证是史料中记载的元代"永丰仓"，建在南宋"常平仓"的基址之上，表明这里自南宋至元代一直是官方的仓储设施。永丰库遗址南宋至元代的文化层和遗迹距地表平均深约1.5 米，地层和遗迹保存较好，为研究元代仓储类建筑提供了极为重要的考古实例，但因遗址北侧被居民楼占压，尚无条件整体揭示元代永丰库的完整格局。现有的考古发掘仅揭露了其南部遗存，主要包括：两座大型单体建筑基址、砖砌甬道、庭院、排水明沟、水井、河道等。距遗址地表平均深约1.5米的南宋至元代的地层和遗迹保存较好。

● 保国寺

　　保国寺位于浙江省宁波市西北10公里的灵山，依山而建，处在灵山、马鞍山之间的山岙中，寺幽而势阻，山下南面为东西向河流慈江，被誉为"东来第一山"。寺院三面青山环抱，一面朝向大海，平均海拔85米，占地面积13280平方米，建筑面积6000平方米，寺外为山林生态风景区。西与鞍山村、东与灵山村接壤，相距各半公里。

　　保国寺在两宋时期核心部分规模不大，由于地形的局限，建筑分布在高低不同的地段，

保国寺宋代格局图

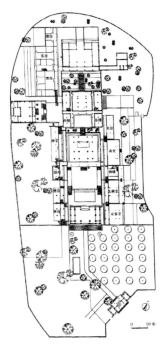

保国寺清代格局图

山门、净土池、大殿、法堂逐步抬高，却严格按照一条中轴线排列，成为寺院的核心部分，两侧因地就势排列。明代对寺院建置改动不大，清代发生较大变化，主要包括大殿殿貌改观、寺院建置变更、两厢建筑增多，形成现有的寺院规模。现存近百间房屋的建筑群，坐落于半山腰的一块缓坡地上，东南低、西北高，建筑物随着地形高低错落分布。寺院坐北朝南，中轴线上布置了三进院落，四座建筑依次为天王殿、大殿、观音殿和藏经阁，后又在天王殿前建山门。大殿前有净土池，月台左右有钟楼和鼓楼。依次抬高的格局，将中轴线的建筑群凸现出来，两侧无配殿，均为僧房、客堂等附属建筑，并以围墙与轴线上的主要建筑分隔开。寺院中现存建筑中仅大雄宝殿主体结构为北宋木构，其余均为明清建筑。保国寺大殿作为中国木构建筑的优秀代表，体现了11世纪最先进的木构建筑技术，也是中国木构建筑技术通过海上丝绸之路对朝鲜半岛、日本古建筑产生影响的实物例证，具有非常重要的意义。

（六）扬州

扬州隶属于中国东部沿海的江苏省，地处长江下游北岸、中国东海岸线中段，约在公元8世纪发展成为中国南北水路交汇的枢纽、海上丝绸之路的著名港口。海路主要方向包括东海航线和南海航线，东海航线连通朝鲜半岛、日本列岛等东亚地区，南海航线通往东南亚和印度洋、波斯湾等地区。扬州因其国内漕运和南北物资集散中心的交通地位，在唐代成为海上贸易最重要的港口城市之一。

扬州与海外的贸易和文化交流始于东晋（317—420年）高僧法显搭乘商船循海岸航行归国。伴随大运河等交通大动脉的发展与兴隆，扬州"海上丝绸之路"在唐代达到鼎盛，成为唐代四大港口之一，是南北粮、草、盐、钱、铁的运输中心和海内外交通的主要口岸，不仅在江淮之间"富甲天下"，而且是中国东南第一大都会，时有"扬一益二"之称。唐代扬州贸易范围广阔，其出土的9至10世纪的贸易陶瓷品类，与南亚、西亚、东非、北非国家同时期一些著名城市和港口遗址出土的中国外销陶瓷标本的类别非常近似或是完全一致。同时扬州是当时造船技术领先的港口之一，城内聚集了很多的"商胡"与"蕃客"。宋元时期（960—1368年），扬州作为港口城市，其海上贸易及文化交流的作用依然十分重要。南宋时期（1127—1279年），由海上丝绸之路来访的阿拉伯人特别是伊斯兰教传教士大都直接航行至扬州传教。至明代（1368—1644年），长江河口日益东移，扬州海外的港口地位逐渐衰落。

扬州"海上丝绸之路"的主要遗产包括仙鹤寺、普哈丁墓园、扬州城遗址、大明寺，分布在扬州市的广陵区与维扬区。其中仙鹤寺融合了伊斯兰建筑和中国古代建筑的风格特点；普哈丁墓园是伊斯兰教传教者在扬州传教的实物见证；扬州城是扬州港口城市海上贸易繁荣与文化交流兴盛的保障；大明寺是鉴真主持讲学并发愿东渡的寺院，与"鉴真东渡"这一佛教传播重大历史事件密切相关。

● 仙鹤寺

仙鹤寺位于扬州市区南门街111号，原名"礼拜寺"，因寺院整体布局如鹤形而得此名。因附近曾有"清白流芳"石牌坊，故又称"清白流芳大寺"。该寺始建于南宋德祐元年（1275年），由西域人普哈丁募款创建，与广州怀圣寺、泉州清净寺、杭州凤凰寺并称为我国沿海伊斯兰教四大名寺。明洪武二十三年（1390年）重建，其后经多次重修。仙鹤寺现为全国模范清真寺，亦是扬州市区伊斯兰教重要的活动场所，除正常星期五主麻日礼拜外，每逢伊斯兰教的三大节日——开斋节（又称肉孜节）、宰牲节（又称古尔邦节）、圣纪节，穆斯林都要到寺参加庆典活动，也是扬州伊斯兰教协会的办公地点。

寺院整体呈南北向，寺门朝东，占地面积1740平方米，建筑面积690平方米。与广州狮子寺（今怀圣寺）、泉州麒麟寺（今清净寺）、杭州凤凰寺一样，扬州仙鹤寺以瑞禽命名，并以仙鹤的形体来布局、建造：其中寺门为鹤头，南北两井为鹤眼，寺门至大殿的甬道为鹤颈，大殿为鹤身，南北两厅为鹤翅，院中两棵柏树为鹤腿，大殿后临河的一片竹林为鹤尾。伊斯兰教传入中国后，在建造清真寺时，往往采取伊斯兰建筑与当地建筑风格相融合的办法，仙鹤寺即是两种建筑风格融合的典型代表，呈现出"内雄外秀，内伊外中"的特点。

仙鹤寺在平面布置以及建筑手法的处理上，除按照伊斯兰教仪规外，还吸收了扬州当地的民族建筑风格。寺庙的总体布局运用中国传统设计手法，形成几个封闭的院落，缀以花木、山石，而建筑组合则严格遵循伊斯兰教的礼仪制度。其中主体建筑礼拜堂穹隆式的内部结构具有浓郁的伊斯兰教宗教色彩，外观则具有当地民族建筑宫殿风格，见证了海上丝绸之路对不同民族文化之间的传播、交流和融合所产生的巨大作用。

寺院现存主要文物建筑包括门厅、礼拜殿、望月亭、诚信堂，以及古井、石刻等附属文物，此外还有水房、附房、客座等附属服务建筑。院内存古银杏一株，已有700多年树龄。

● 普哈丁墓园

普哈丁墓园位于扬州市区解放桥南侧、古运河东岸的土岗上，俗称"巴巴窑"，又称"回回堂"。普哈丁为伊斯兰教创始人穆罕默德的第十六世裔孙，于南宋末年（1265—1275年）在扬州传播伊斯兰教，并在城内营建礼拜寺（今仙鹤寺）。德祐元年（1275年）普哈丁在扬州仙逝，教徒遵其遗嘱，将其葬于扬州城东古运河畔高岗。

普哈丁墓园大门面对古运河，西向依冈而筑，意为不忘西域故土，门上嵌"西域先贤普哈丁之墓"石额。墓园由墓区、清真寺和园林区三部分组成，清真寺位于土岗下运河边大门的南侧与墓区紧邻，东侧为园林区，互以花墙相隔，又以石阶或门相连，占地15600平方米。清真寺西侧临运河，河边筑石堤，现存门厅、礼拜殿、水房等建筑。迎大门为石阶甬道，石阶两旁有浮雕石栏，上雕狮子戏球、鲤鱼跳龙门等图案。甬道直通墓园门厅，上嵌"天方矩矱"石额，意为"来自天方（即阿拉伯）人的楷模"。通过门厅即入墓区。普哈丁墓亭呈方形，砖石结构，四面开拱门，边长3.75米，四角攒尖顶。南门东壁上嵌清雍正四年（1726年）立桃形图案竖碑，上镌"西域得道先贤补好丁之墓"。亭内为阿拉伯式砖砌穹隆顶，正中悬阿拉伯文方匾，亭中有伊斯兰教徒塔式墓盖顶石，南北向，青石五级矩形层叠式，每层平面浅雕牡丹花纹，浮雕缠枝草和如意云纹。墓区内除普哈丁墓外，其四周有撒敢达、马好的、展马路丁、法纳等阿拉伯人的墓葬，另有明、清两代中国穆斯林的墓葬，计29座。由普哈丁创建的仙鹤寺和教徒为他建造的普哈丁墓园，是扬州伊斯兰文化现存最早最完整的遗存。

（七）蓬莱

蓬莱隶属于中国东部沿海的山东省，地处山东半岛的最北端，濒临渤、黄两海，北距辽东半岛66海里，东与朝鲜、韩国、日本隔海相望，扼渤海海峡之咽喉，是中国古代海上丝绸之路的重要港口。

古登州地区在史前时期就已通过庙岛群岛，经辽东半岛，与朝鲜、日本产生了一定的联系。《三国志·魏书·东夷传》明确记载了曹魏政权（213—266年）古登州与朝鲜半岛和日本的往来线路，"从郡至倭，循海岸水行，历韩国，循海岸水行……至邪马台国，女王之所都"，将古登州地区与辽东半岛、朝鲜半岛、日本列岛诸岛航行的路线完整地呈现出来。

蓬莱自唐神龙三年（707年）成为登州治所以来，在中国与朝鲜、日本等国家的对外邦交、文化交流、商业贸易等方面均发挥了重要作用，是海上丝绸之路中国北方最重要的港口。据《新唐书·地理志》记载，唐德宗贞元年间（785—804年）宰相贾耽曾记述当时中国与周边各国交流的主要交通线路有七条，而海路只有两条，其中一条就是由登州出发，联系新罗和渤海国的"登州海行入高丽、渤海道",即从蓬莱出发，通过庙岛群岛岛链，连接辽东半岛，转至朝鲜半岛的航线，这条航线被后世称作"登州水道"。因登州所辖区域在山东半岛的最东端，距这条航线最近也最安全，登州港遂崛起为中国北方第一大港。登州在中唐以后，遍布着许多对外的港口，除登州港外，还有成山头、赤山浦、邵村浦、青山浦、乳山浦等，都是停泊新罗、渤海、日本船只的重要港口。从贞观四年（630年）至乾宁元年（894年）的近300年间，日本先后派出遣唐使19批，有7批从登州港中转。而唐朝与新罗官方往来更为频繁，双方共遣使160次，其中新罗向唐派出使节126次，唐王朝也曾向新罗派出过34次使节。

自宋代以后，因战乱和经济中心的南移，蓬莱作为民间贸易港口的作用减弱，但作为与朝鲜半岛官方贸易往来的重要港口的地位依然没有改变，且元、明时期一直是朝鲜使节登陆之地。朝鲜使臣出行中国，多有使行记录，元朝叫《宾王录》，明朝叫《朝天录》，其中共有28次走海路在山东半岛登州（今蓬莱）登陆的记录。在登州水道中，登州岬、老铁山等是重要路标和避风港，建于清同治七年（1868年）的蓬莱阁普照楼，是古代登州水道和登州港中为航船夜间导航用的航标灯，也是我国自己修建的沿海最早灯塔之一。同时，其军事基地的作用也大幅提升，明代修建的"蓬莱水城"就是这样一个与"海上丝绸之路"相关的文化遗产。

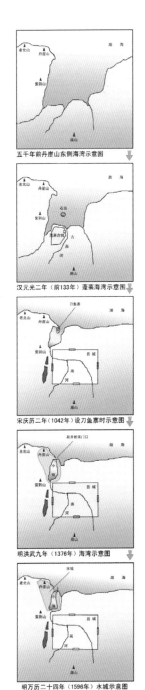

五千年前丹崖山东侧海湾示意图

汉元光二年（前133年）蓬莱海湾示意图

宋庆历二年（1042年）设刀鱼寨时示意图

明洪武九年（1376年）海湾示意图

明万历二十四年（1596年）水城示意图

海湾变迁示意图

73

蓬莱水城

● 蓬莱水城

蓬莱水城位于蓬莱市北部临海的丹崖山东麓，其地背山面海，陡壁悬崖，天险自成。北宋庆历二年（1042年），为防御契丹，在此设"刀鱼寨"。明洪武九年（1376年），为防御倭寇，于"刀鱼寨"旧址修筑水城，称"备倭城"。此后又曾有过几次大的修整，现在的形制定型于万历二十四年（1596年）。水城为土、石、砖混合结构，沿丹崖绝壁向南构筑，蓬莱阁即坐落在水城西北角城垣之内。平面呈不规则的长方形，出于军事需要，仅开南北二门：南门是陆门，城外为护城河，由迎仙桥、来宾桥与陆路相通；北门为水门，由此出海。

蓬莱水城集军事防御设施、海港基础设施和海神信仰文化史迹于一体，是海上丝绸之路（中国段）上遗存类型较为丰富、体系较为完备的港口文化遗产，其中军事防御设施包括城墙、城门、敌台、炮台、护城河等。小海（"港湾"的俗称）位居蓬莱水城正中，平面略呈长袋形，用于停泊舰船、操练水师，整个水城由小海、水门、城墙、炮台、空心台、码头、灯楼、平浪台、防波坝等部分组成，负山扼海，进可攻退可守，在选择港址、规划港湾布局、军事防御设施配置和许多工程建筑技术上，都表现出了明代工匠的高超技艺和设计规划的科学性。明代抗倭名将戚继光曾在蓬莱水城训练水军多年。蓬莱水城的主要遗存包括平浪台、防浪堤、码头遗址和沉船遗址等。另外，与海神信仰有关的文化史迹主要是指丹崖山上

清顺治《登州府志》卷首《备倭城图》

清道光《增修蓬莱县志》卷一《水城图》

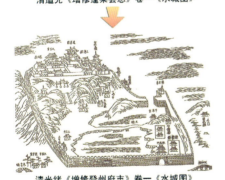

清光绪《增修登州府志》卷一《水城图》

蓬莱水城清代历史演变图

的天后宫、龙王宫等古建筑群。

（八）漳州

漳州市隶属于中国东南沿海的福建省，海岸线全长680多公里，分布有诏安湾、东山湾、旧镇湾等海港湾，具有良好的航运条件。在明代实行海禁，仅允许部分开放沿海港口（16世纪后半叶），漳州月港是合法的民间对外贸易港之一，拥有7条通往西洋和3条通往东洋的直接航线，与东南亚、印度支那半岛以及朝鲜、琉球、日本等47个国家和地区有直接贸易往来，是我国东南沿海的对外交通贸易中心以及当时从中国经吕宋（今菲律宾马尼拉）至美洲海上丝绸之路的主要启航港。

宋元以来，我国东南沿海民间贸易有较大发展，带动了漳州港口的建设、贸易的兴起和经济的繁荣发展。明代初期，由于政府厉行海禁，泉州刺桐港走向衰落，而漳州月港因其位于九龙江入海处，水陆交通便利，经济腹地广阔，民间贸易活跃，逐步取代泉州港成为贸易商港。隆庆元年（1567年），明朝政府正式在月港开设"洋市""准贩东西洋"，月港成为唯一合法的民间海外贸易口岸。明朝政府在海澄（今龙海市海澄镇）设县，并在月港设置了督饷官吏，负责收税，收获颇多。由漳州起航的海上丝绸之路除延续传统航线外，还新开辟出了一条由漳州月港出发经吕宋通向美洲的贸易路线，中国海上丝绸之路贸易也因此几乎遍及全球。以月港为中心的漳州一带成为明代中后期至清代前期中国东南沿海地区海外交通贸易的中心，是这一时期中国海上丝绸之路的重要港口城市。

月港的发展，推动了漳州与海内外的生产技术、科技成果、农产品的相互交流传播。漳州窑业借助月港这一重要的对外贸易口岸而蓬勃兴起，以平和南胜窑和华安东溪窑为代表的漳州瓷窑在明代极为兴盛，不仅继承了同时代景德镇的工艺传统，而且还以自身的独特产品特色，抢占了海外各国市场，成为我国民间海上贸易中的重要输出商品。漳州作为明末清初中国最重要的海外贸易港口城市，现存遗产包括了月港遗址及帆巷、南胜窑址和东溪窑遗址。

● 月港遗址

月港位于漳州市下辖的龙海市海澄镇豆巷村九龙江岸，是指九龙江下游入海处由港口（地名）沿南港顺流往东，直至海门岛外的一段港道。它"外通海潮，内接山涧""溪水萦萦如月"[①]，故名"月泉港"，简称"月港"。月港是明代中后期至清代前期中国东南沿海海外交通贸易的中心，是这一时期中国海上丝绸之路的重要港口。自明隆庆元年（1567年）开海禁以来，漳州月港成为官方唯一认可的民间外贸口岸，并开创了经吕宋至美洲的"海上丝绸之路"新航线。漳州月港现尚存码头七处，为饷馆码头、中股码头（又名"箍行码头"）、容川码头、阿哥伯码头、溪尾码头、路头尾码头和店仔尾码头。七处码头分工明确、功能合理、流程清晰，反映出当时月港码头作为中心港口繁荣发达的通商情况。此外，月港以南的港口桥至容川码头街段，是明代著名商市——海口市所在地，现仍保存有古街巷、店铺建筑等历史遗迹，是月港海外贸易活动的实物见证。

● 帆巷

帆巷位于海澄镇豆巷村五社，为明万历年间（1573—1620年）所建，是明清月港一带的

---

① 《（乾隆）海澄县志》卷1《建置》。

重要商业街区。整个古街道为南北走向，长约60米，宽5米左右，东西两排相向街道首尾相连，皆木质结构，大门在中间，两边开店窗。房屋全部向南倾斜，形似船帆，故称"帆巷"街。帆巷等明清店铺建筑及街巷遗存是明清时期重要海外贸易港口——月港的重要组成部分，也是月港一带繁荣的海外贸易的珍贵见证。

三、线路价值

（一）海上丝绸之路沿线海港城市中建筑技术、纪念性艺术、城市规划或景观设计的发展，是某一时期或地区内人类价值观念的相互交流的成果体现

海上丝绸之路展现了持续近两千年的东西方人类价值观念的跨海交流。从公元前2世纪至公元17世纪，以中国为起点，通过海上交通往来，在横跨西太平洋和印度洋的东亚、东南亚、南亚、西亚、东非和欧洲之间，有关海洋文化、宗教信仰、礼仪制度、审美理念、生活方式等人类价值观念的相互交流，极大促进了沿线海港城市及设施建设、佛教建筑及寺院形制、园林景观设计模式、城市建造形制、墓葬形制以及造船技术、航海技术、制瓷技术、漆器制作、纺织技术等众多方面的发展。

（1）海上丝绸之路沿线的各民族在进行商业与政治和平友好往来的同时，通过海洋知识、航海技术、航海相关的信仰崇拜等海洋文化的交流，促进了海上丝绸之路沿线海港城市及设施建设的繁荣和发展。

中国有着曲折漫长的海岸线，包含了很多优良的港湾。中华民族已经有数千年的航海历史，积累了丰富的海洋知识，发展出独特的海洋文化。在海上丝绸之路的交流过程中，中国从世界各地获得了新的海洋知识，同时也将本国的海洋文化传播到世界各地，促进了当地海洋文化的发展。

中国古代具有领先世界的航海技术，与中国海洋文化相关的信仰崇拜也沿着海上丝绸之路传播到世界各地。例如，中国沿海渔民的妈祖信仰，随着海上丝绸之路的传播，遍及东南

亚和东亚，并且远渡重洋，达到欧、美、非各大洲。

海上丝绸之路与许多重要的历史事件相关联，如航海史上的"郑和下西洋"，佛教传播史上的鉴真东渡，伊斯兰教传播史上的"四贤东来""普哈丁来华"以及马可·波罗及伊本·白图泰等世界旅行家的伟大跨海旅行壮举。

海上丝绸之路贸易与交流的繁荣极大促进了沿线海港城市建设和航运设施体系建设，在中国东南沿海兴起了一系列港口城市如合浦（今广西北海）、广州、泉州、福州、明州（今宁波）、扬州、登州（今蓬莱）、漳州等。这些港口城市在基本格局、功能分区、城市建筑等方面均具有与海上贸易、交流相关的特征。如城区与港口间以水路连通、便于货物运输；城内设有集中的贸易市场、外国人聚居区等。这些具有典型港口城市特征的城市格局，通过海上丝绸之路与周边国家和地区进行交流，促进了东南亚同期的港口城市的建设发展。

同时，随着官方主持的海上贸易及文化交流的发展，支撑航运及交流的保障——航运设施也逐步发展完善、形成体系，主要包括港口设施、路域交通运输设施、管理设施、祭祀建筑、交易市场、海防设施等。这些航运设施构成的体系具有管理和运行方面的高度系统性，并融入了独特的海洋文化、地域文化特色，充分展现了古代中国航海技术、海港建设的发展水平，以及中华民族发达的社会制度、管理机制和文化水平。作为东亚地区的国际性港口和当时世界上最先进的航运设施体系，中国东南沿海的港口将其建设技术与体系，通过海上丝绸之路与周边国家和地区进行交流，促进了沿线海港城市规划与航运设施体系建设的共同发展。

（2）佛教及其建筑、艺术经海上丝绸之路传播，与中国固有的文化和建筑技术、艺术结合，形成了完整的佛教仪轨体系和有中国特点的佛寺、佛塔等相关建筑形式，并继而经海上丝绸之路传播到朝鲜、日本，发展出自成体系的东亚佛教建筑风格；东南亚各国也不同程度地受到中国佛教建筑风格的影响。

（3）中国的礼制文化及其所派生的城市规划模式与墓葬制度等经由海上丝绸之路传到日本、韩国、越南等东亚、东南亚地区，是华夏儒家文化、礼制文化外播的结果。

（4）基于中国的山水审美意识传统所形成的园林与景观设计艺术，经由海上丝绸之路传播到日本、韩国、越南等东亚、东南亚地区，推动了这些地区景观设计艺术的发展。

随着唐宋以来海上丝绸之路文化艺术的频繁交流，山水风景题材的诗画作品大批东传，中国讲求"道法自然"，追求诗情画意、意境之美的山水审美意识也经过海上丝绸之路传入周边国家和地区，被广泛地接受、推崇和发展。兼之文人画家、造园艺术家和工匠的东渡，以江南古典园林和杭州西湖为代表的中国园林景观设计艺术经由海上丝绸之路传播到日本、朝鲜，深刻地影响了这些地区的造园艺术，促进了其景观艺术的发展。"西湖景观"对日本的影响主要表现为一种对西湖景观意境和堤岛格局等景观元素的象征性的运用。据现存的园林遗产统计，受"西湖景观"影响的日本园林景点多达19处。"西湖景观"对朝鲜半岛的传播影响在"题名景观"方面表现得较为突出。朝鲜半岛的风景名胜命名方面主要来自中国北宋"潇湘八景"和南宋"西湖十景"的影响，如：韩城府的"汉城十咏"、忠青道的"公州十景"、庆尚道的"大丘十咏""密阳十景""巨济十咏""庆州八景"、平安道的"平壤八景"等。越南河内也有受杭州西湖影响的景观，并且直接以西湖命名。后期中国的《园冶》等造园理论著作的传入，进一步促进日本、朝鲜的园林艺术发展。

（5）中国的制瓷、丝绸制造、漆器制作等技术经由海上丝绸之路传播到朝鲜半岛、日本、欧洲、非洲等地，并深刻影响了各地的生活方式甚至价值观念。

（二）海上丝绸之路沿线海港遗存与出土文物见证了中国自古以来通过海路与世界各国进行政治、经济、文化交流的传统

海上丝绸之路（中国段）的海港航运体系遗存（包括海湾、码头、航标建筑、造船场、仓库、祭祀建筑、贸易管理机构、驿站、桥梁、道路、海防设施、商业街）、外销物品生产基地与设施遗存（外销瓷瓷窑、丝绸织造工场），以及文明及文化交流产物（宗教建筑、外国人聚居区及墓葬区、贸易市场）、贸易物品遗存（珠宝、香料、药材等）、航线遗存（沉船等航线物证、重要地标）等，见证了自公元前 2 世纪以来，中国经海路与亚、非、欧各国进行外交往来、文化和技术交流以及贸易活动的传统。

（1）包含了海湾、码头、航标建筑、造船场、仓库、祭祀建筑、贸易管理机构、驿站、桥梁、道路、海防设施、商业街等遗存的海港航运体系遗存为中国古代系统的航运、贸易管理和运行机制，成熟的航运设施建造技术和航海技术，丰富的海洋文化，繁荣的海上交通、贸易及文化交流提供了直接物证。海上丝绸之路（中国段）遗存包含了合浦（今北海）、广州、泉州、福州、明州（今宁波）、扬州、登州（今蓬莱）、漳州等一系列自公元前2世纪到公元17世纪不同时代的港口，保存了完整的海港航运体系，包括古代码头遗址、作航标之用的塔、古代造船厂、货运仓库、祭祀海神与祈求航海平安的庙宇、古代市舶司遗址等贸易管理机构遗址，联系港口和城市、保障货物运输的桥梁和道路，保障港口安全的海防设施等，这些是航运和跨海交流的物质基础，完整地呈现了海上丝绸之路繁荣时期的基础设施体系。

（2）瓷窑、织造设施等外销物品的生产基址与设施遗存见证了古代东西方海上贸易的货品内容与规模。

（3）多种宗教建筑及遗存、外国人聚居区及墓葬区以及海港城市出土的舶来品等交流产物，见证了东西方经海上丝绸之路进行的宗教、艺术、技术、物产等多方面交流，以及民族迁徙与融合对社会发展的贡献。

海上丝绸之路主要海港城市保存了丰富的10至17世纪的佛教、伊斯兰教、摩尼教、基督教等多种宗教建筑及构筑物遗存，见证了海上丝绸之路促成的宗教传播。发源于世界各地的不同宗教，随着商人和僧侣的到达而传到中国。在政府的宽容对待下，各个宗教派别不仅建立了各自的庙宇等建筑，而且得以传播，获得了新的信众。这些庙宇与构筑物，既带有浓郁的原产地建筑风格，又融合了中国建筑的技术和艺术特点，成为海上丝绸之路文化交流与融合的珍贵见证。

（三）海上丝绸之路的发展历程是海港城市发展、人类使用海洋资源以及航海技术进步的真实写照

位于亚洲大陆东部的中华民族是一个以农耕为主的民族，中华文明的性质是以农耕为主的。但是，中国南北、东西地理条件差异巨大，在中原农耕文明之外，同时还形成了北方游牧文明和东南沿海的海洋文化。东南沿海的百越民族，自古以来就善于从海洋汲取"鱼盐之利、舟楫之便"，孕育出灿烂的海洋文化。自公元前2世纪（秦汉）以来，中国的海外贸易逐渐展开，在条件优良的海湾、河口附近，逐渐积聚往来商旅，与当地的渔业聚落、地方行政经济中心结合，成为一方都会，形成因海外贸易而兴的"海港城"这样一种特殊的聚落。

这类国际贸易港形制的聚落呈现出截然不同于内地商业都会或行政中心的聚落形态：在地理上一般都位于海湾或河口附近；在聚落组织上呈现出以海港为中心的贸易区与以政府衙署为中心的行政区并行发展分布的形态；居住区可明显区分出两种类型，本地居民居住区与海外侨民居住区——蕃坊；在聚落建筑特点上，拥有比内地城市更多的外来元素，包括阿拉伯元素、印度元素等；在聚落文化上，不同于一般聚落的文化一致性，而呈现出习俗和信仰多元化的特点。

航海技术方面，早在公元前2世纪（秦汉），中国人就利用发达的天文知识以观星来确定海上方向，这一方法到14世纪（元明时期）发展为"牵星术"，通过计算北极星的高度来确定地理纬度。中国从11世纪（北宋）开始将指南针使用于航海中，发明出航海罗盘，还发明了一系列航行仪器，如计程仪、测深仪，并在世界上最早使用针路和海图。同时，中国人还有先进的造船技术，很早就能够造大型的海船，并发明了密封舱等设施，另外还掌握了关于洋流和风向的知识，善于利用季风和洋流来使航行更加便利。这些先进的航海技术不仅将中国人带到海外，而且还被带到了所到之地。蓬莱古港出土的朝鲜古船，就明显借鉴了中国东南沿海的造船技术。13世纪初，以指南针的使用为代表的中国航海技术从海上传到阿拉伯，15世纪，罗盘被欧洲人加以发展作为导航仪器而广泛使用。中国南海及周边海域发现的众多中外古代沉船、船中的大量文物，充分见证了中国各历史时期的海上航行路线、远洋航行能力以及贸易的范围和规模。

西南丝绸之路：

穿越高山密林的中华文化传播之路

The Southwestern Silk Road:

A Route Spreading Chinese Culture through Mountains and Woods

在中国境内的三条丝绸之路中，西南丝绸之路开发得最早，在公元前4世纪时便已开通，到汉代时已有"蜀身毒道"之名。"蜀"指四川，而"身毒"是印度的古称，"蜀身毒道"则指从四川出发，经过云南、缅甸直至印度的商路。这条位于中国西南部的丝绸之路在中国境内由灵关道、五尺道和永昌道三大干线组成，全长2000多公里。这是一条深藏于高山密林间的商贸与文化通衢，也是中印两个文明古国最早的联系纽带，对中、缅、印之间的社会、经济、文化交流做出过重要贡献。宋、明之后，由于海上丝绸之路的勃兴，西南丝绸之路渐趋沉寂。然而，古道上的民族迁徙、商业贸易、宗教传播以及军事活动从未中断。在第二次世界大战期间，沿古道干线修筑的中、缅、印公路，一度成为当时中国唯一的国际通道，在反击法西斯战争中发挥了极其重要的作用。可以说直到今天，这条古老的西南丝绸之路仍然在中华民族的对外交往中发挥着作用。

一、线路概况与历史演变

丝绸之路（the Silk Roads）这个名称最早是由德国学者李希霍芬男爵于

左图：大理古城

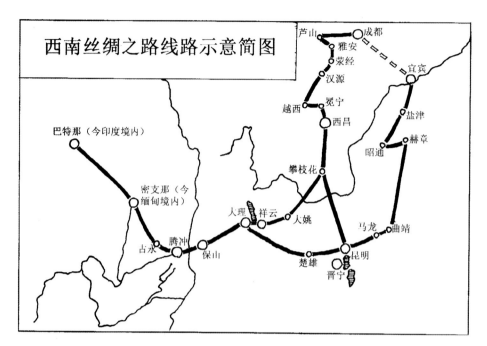

西南丝绸之路线路示意图

1877年在他的《中国》一书中命名的。男爵把"从公元前114年到公元127年间中国与河间地区（指中亚的阿姆河与锡尔河之间的地带）以及中国与印度之间以丝绸贸易为媒介的这条西域交通线路"称为丝绸之路。在中国以丝绸之路冠名的文化线路，目前来说主要包括三条：第一条指起点位于西安（一说为洛阳），穿过中国西北部和中亚沙漠到达地中海沿岸各国的**北方丝绸之路**，这条道路是目前在中国乃至全世界最为有名的丝绸之路，也称"北方丝绸之路"；第二条丝绸之路是指中国南方的**海上丝绸之路**，也称为"陶瓷之路""香料之路"。**海上丝绸之路**形成于宋元时期，是陆上丝绸之路的延伸，随着水下文化遗产关注度的不断提升，**这条丝绸之路**也越来越被人们所知晓。在这三条丝绸之路中历史最为悠久、文化价值承载最厚重却长久鲜为人知的第三条则是位于中国西南部的一条隐藏在崇山峻岭和原始森林中的**西南丝绸之路**。其开辟时间之早、开辟难度之大是前两条丝绸之路所无法比拟的。

在《史记·西南夷列传》中记载："元狩元年（公元前122年），博望侯张骞使大夏来，言居大夏时见蜀布、邛竹杖；使问所从来，曰'从东南身毒国，可数千里，得蜀古人市'；或闻邛西可二千里有身毒国。骞因盛言大夏在汉西南，慕中国，患匈奴隔其道，诚通蜀，身毒国道便近，有利无害。于是天子乃令王然于、柏始昌、吕越人等，使间出西夷西，指求身毒国。"以上这段史料说明在蜀、身毒、大夏之间必然存在一条商贸通道，使得蜀布、邛竹杖可以经身毒流通到大夏。这条商贸通道途经蜀（今四川）、身毒（今印度），故而在汉代这条商贸通道又被称作"蜀身毒道"，这也是西南丝绸之路的前身。后随着各个朝代政治、社会、经济的发展，途经云南、四川、贵州的道路不断增加，蜀身毒道也逐渐发展成为西南地区中西经济、文化交流的主要通道，西南丝绸之路逐渐形成。

事实上，西南丝绸之路最初形成于春秋战国时期，比北方丝绸之路还要早两个世纪。当时的北方战祸不断，各国互相倾轧、吞并，而在南方，特别是西南蜀地社会安定，经济发达，因而最早与缅甸、印度等国发生贸易往来，开辟了西南丝绸之路。而北方丝绸之路则是在秦始皇统一中国以后，直到汉武帝打败匈奴，社会经济逐步稳定以后才开始形成。

位于东亚腹地的河谷自然通道——蜀身毒道，本不是用来进行商贸活动的，而是古氐人、羌人南迁的道路。后来随着西南地区社会日渐稳定，经济逐步发达，出于对商业的需求，这条人口迁移通道逐步演化、发展，成为巴蜀与身毒、大夏之间的一条民间"走私通道"。蜀身毒道开始形成，并开启了后来西南丝绸之路的序幕。西南丝绸之路形成的历史演变为：僰道——五尺道——西南夷道——博南道。

(一) 僰道、五尺道

公元前316年，秦将司马错从石牛道上纵横千里，相继灭掉蜀国和巴国。秦惠王在成都设立蜀守，在今四川宜宾设立了僰道县，管理周边僰人聚居区。秦孝文王在稳定了对巴蜀的统治后，便开始经营巴蜀以南的地区。秦的势力在向西南夷推进的过程中同当地的土著居民僰人发生了激烈的冲突，修通巴蜀进入滇东北的道路就成了当务之急。因修筑都江堰而名传千古的蜀郡太守李冰承担了开修僰道的任务，沿着杜宇入川的路线修筑古道，古道从成都循岷江而下，达僰道县，此路因此也被称为"僰道"。公元前221年，秦始皇扫灭六国，建立了统一的帝国，中原地区第一次实现统一，此时秦始皇也开始加强对西南夷地区的控制。于是派"常頞略通五尺道，诸此国颇置吏焉"[1]。常頞在"僰道"的基础上将道路延伸修筑到了味县（今云南曲靖），以沟通滇与巴蜀的关系。由于云南、四川两地山高水险，不易开凿，道路宽仅五尺，因此这条道路又被称作"五尺道"。五尺道是官方修到云南的第一条道路，它成为以后各代王朝深入西南夷腹地并对其进行统治的第一步。

汉武帝统治下的西汉王朝是中国历史上的一个鼎盛的时期。武帝北击匈奴、南伐南越、东伏诸夷，同时也加强了对西南夷的控制。西汉对西南夷的开发大致分为两个阶段：第一阶段为"西南夷道"的开通。第二阶段为"博南道"的开通。随着后者的开通，西南丝绸之路完全形成。

（二）西南夷道

"西南夷道"是"南夷道"与"西夷道"的统称。西汉初年，中央王朝忙于巩固内部统治，无暇顾及边疆，故而对巴、蜀边境交通实行封闭策略。待至汉武帝时，汉王朝已经发展到了鼎盛时期，随着国力的强盛，对边疆的开发又重新成为统治的重点之一。当时西南夷地区是汉武帝"北伐匈奴，南击南越"方针的战略要地，统治西南夷不仅可以向西开通一条入身毒（今印度），达大夏（今阿富汗）的交通线，以联合西域诸国共击匈奴，而且向南可以从夜郎沿牂牁江（今北盘江）下番禺（今广州），得到夜郎国的笮马、僰僮、髦牛，并加强对南越（今广东、广西一带）地区的控制。在这种情况下，汉武帝决定首先开凿"南夷道"，即通今川南、贵州及云南东部牂牁、夜郎等南夷地区。因此在建元六年（公元前135年）他派遣都尉唐蒙整修李冰开凿的僰道，扩宽常頞之五尺道，并主持开凿南夷道（亦称之为"唐蒙道"）。南夷道开通以后，便在僰道县（今宜宾）设置犍为郡，并将夜郎诸部置于犍

---

[1]《史记·西南夷列传》。

为郡所辖。这是中央政府在西南夷地区设置的最早的一个郡县，其范围主要在今四川宜宾、黔西北与滇东北地区。南夷道的线路亦分为两条，从僰道县（今宜宾）出发，在南广（今高县）与五尺道分路，一条向东南过云南芒部、镇雄至贵州之平夷（今毕节），直至两广；另一条为秦朝五尺道，途经盐津豆沙关（入滇第一关）后至昭通，经贵州赫章、云南威宁达味县（今曲靖），后转而向西抵达谷昌（今昆明）。

随后，汉武帝又派遣司马相如于元光六年（公元前129年）积极开凿通往川南雅安、西昌及云南大姚之邛、筰、井等西夷地区的西夷道。因此道通过四川省凉山州越西县境内的零关，故又称"零关道"。西夷道从成都出发，过雅安至西昌，过金沙江，至元谋、大姚最后到达大理。元朔三年（公元前126年）西夷道的开凿因为汉王朝与北方匈奴的矛盾激化，以及西南夷各族群的抵触情绪加大而被迫停止。在此阶段，经唐蒙与司马相如主持修建的西南夷道，虽未完全开通，但通过开道和设置犍为郡及后来的越嶲郡接近内地的地区置县，为汉王朝进一步深入西南夷腹地奠定了良好的基础。

（三）博南道

元朔三年（公元前126年），张骞出使西域归来，向汉武帝汇报了蜀郡商人私下通商身毒、大夏等国的情况，强调了大夏国愿与汉王朝共同抗击匈奴的想法，并进一步建议打通从蜀地与身毒、大夏之间的道路，"以骞度之，大夏去汉万二千里，居汉西南。今身毒国又居大夏东南数千里，有蜀物，此其去蜀不远矣。今使大夏，从羌中，险，羌人恶之；少北，则为匈奴所得；从蜀，宜径，又无寇……"[①]，这引起了汉武帝的高度重视，开通西南夷道遂成为汉武帝此后一段时间的工作重心之一。同时，为了防备西南夷各部族的骚扰，汉武帝以军队为先驱强行开道。大将郭昌于"元封二年（公元前109年），发巴蜀兵击灭劳浸、靡莫，以兵临

---

① 《史记·张骞列传》。

滇"，迫使滇王"举国降……于是以为益州郡"①。经过三次战争，西南夷广大地区基本纳入王朝版图，郡县制度在西南夷地区基本得以确立。西南夷道开凿至洱海地区，并以洱海为基础进一步向前延伸。《华阳国志·南中志》云："孝武帝时通博南，度兰沧水、渚溪，置嶲唐、不韦二县……行人歌之曰：'汉德广，开不宾。渡博南，越兰津。渡兰沧，为他人。'渡兰沧水以取哀劳地。"这样，从大理至中缅边境的博南道得以开通。及至东汉明帝永平十二年（公元69年）永昌郡设置（永昌道因此而得名），整个"西南夷"地区完全纳入中央王朝的版图。

至此，西夷道、南夷道、博南道三条交通干线连成一线，缅甸境内诸小国使臣便可经永昌道进入灵关道或五尺道入蜀，再往北抵洛阳。至此"西南丝绸之路"全线开通。

二、线路分布

西南丝绸之路在中国境内是由灵关道、五尺道和永昌道组合而成的，途经四川、云南两省。灵关道由蜀（今成都）南下，经临邛（今邛崃）、灵关（今芦山）、窄都（今汉源）、邛都（今西昌），渡金沙江到清蛉（今大姚），然后经大勃弄（今祥云）抵达叶榆（今大理）；五尺道由蜀（今成都）南下，经僰道（今宜宾）、朱提（今昭通）、味县（今曲靖）至滇池（今昆明），然后往西经安宁、楚雄、云南（今祥云县云南驿）至叶榆（今大理）与灵关道会合；灵关道和五尺道在大理会合后一路往西，称为永昌道，永昌道从叶榆（今大理）往西，翻博南山，经永昌（今保山）、滇越（今腾冲）到缅甸、印度、巴基斯坦等地。

（一）灵关道

灵关道以成都西南为起始点，以大理为终点，是西南丝绸之路上历史较悠久、道路最艰险的一段，民间称之为"诸葛鸟道"，又称"牦牛道"或"西驿道"。今四川芦山西北的灵关，是蜀国杜宇时代的西南门户，灵关道因道经灵关（即零关）而得名。

---

① 《史记·西南夷列传》。

芦山一带最早生活着羌族和旄牛族，古为青衣羌族和旄牛国的属地。灵关道不仅是一条经济贸易之路，同时也是一条文化传播、交流的通道——穿过川滇之交的大片干热地区的金沙河谷——把邛都文化中心西昌和昆明文化中心洱海，以及滇池文化中心滇池连接起来。在灵关道上，四川攀枝花市大田村是最北端的驿道聚落，云南祥云县云南驿村则是最南端的驿道聚落。

蜻蛉县（今大姚县）是汉代在金沙江以南所立的第一个县治，管辖范围北达江岸，西抵祥云。蜻蛉县城关的唐代"棒槌式"白塔，是这一带至今留存的唯一古代建筑。从考古发掘所获得的信息判断，此白塔是南诏王朝所建，其无尖的塔式属国内孤例。

元代以后，四川渡金沙至元谋一带的道路开通，大姚县（元以前称蜻蛉县）一线便衰落了。1940年川滇公路沿古西南丝绸之路而建，大姚才又"复兴"，但短途运输仍以落后的畜力为主。自大姚向南，一些浅丘间的坝子逐渐大起来，道路也愈趋平缓，直抵交通枢纽南华。从南华往西经过一片物产丰饶的大坝，即可直抵云南驿，今天云南的省名就来自这一小小的古代驿站。

（二）五尺道

五尺道又称"滇僰古道"。僰道，从成都东南出，沿岷江水路过乐山在大理与灵关道汇合。五尺道最初是战国时代修筑的一条连接中原、四川和云南的通道。秦始皇统一中国后，为了有效地控制西南夷地区，派遣将军安颀率军筑路，这条路就是历史上有名的五尺道。五尺道从成都南下经僰道（今四川宜宾）、朱提（今云南昭通）到滇池，由于道路宽仅有五尺，故得名"五尺道"。安颀开通的五尺道，多数地方是对西南丝绸之路上的僰道至味县（今云南曲靖）段的拓宽、修整。道虽仅宽五尺，但由于沿途山势太险，凿通实在不易。当时尚未发明炸药，只能在岩石上架柴猛烧，然后泼冷水使之炸裂。这条道路尽管狭窄，却和秦始皇在全国其他地方兴建的宽达五十步的"驰道"具有同等重要的意义。五尺道自秦以来就是滇川的必经之处，其连接的重要城市主要有宜宾、曲靖、盐津、大关、昭通、鲁甸、宣威等。

（三）永昌道

五尺道、灵关道在大理汇合后，往西就踏上了永昌道的途程，永昌道因经过商贸重镇永昌府（今云南保山）而得名。从永昌道翻上博南山，就进入了马帮控制的地带。时至今日，还能在沿途的石板上看到串串马蹄印。下了博南山，便到了兰津古渡，这里最初是舟筏渡口，后以木为桥，明代建铁索桥。

西南丝绸之路过去从腾冲出境，而近代逐渐从德宏出境。由于受历朝政区设置的变更影响，使得这些出境的通道口岸陆续在边界一线呈扇形分布。永昌是蜀身毒道上通往缅甸和印度的重要门户，为汉晋时期中、缅、印经济文化交流的主要站口。这里中外交流十分频繁，有"汉置永昌郡，西通大秦，南通交趾，奇珍异宝，进贡岁时不阙"[1]之说。

滇越地处高黎贡山地区，永昌西去滇越，必经高耸的怒山、汹涌的怒江和陡峭险峻的高黎贡山，道路之险，无与伦比，但此路为通往印度的近路，因此滇越很早就发展成为蜀身毒道上的中国出境门户和西南重镇。而且秦汉时期就有蜀地和身毒国的商人长途贩运，取道滇越进行交换，这也使滇越发展成为云南最早的对外贸易中转站和西南门户。

三、文化遗产

西南丝绸之路作为中国最具价值的古代文化线路之一，其价值远远超过很多人的既有认识。西南丝绸之路历史之悠久、融汇文化之丰富可以通过现存的沿线文物遗存窥见一斑。这些文物遗存主要类型包括驿路、铺驿、渡口、桥梁、聚落、马店、民居和古城等。

（一）驿路

永昌道东段的博南山道是西南丝绸之路驿路遗存中的代表路段。博南山道由今云南漾濞县过顺濞桥，进入今永平县境的黄连铺，登叫狗山，经老北斗铺、万松巷、杉松哨、梅花铺

---

① 《旧唐书·张柬之传》。

至永平县城，然后从西南方向行进，到桃源铺，上博南山，经铁厂、花桥，过永国寺梁子，下杉阳镇，再由西山寺、湾子，上江顶寺，过霁虹桥进入保山市。

博南山道（今云南永平一道）由东到西横贯永平县境，全长100公里，叫狗山和博南山两段部分石砌路面尚存，路宽2至2.5米，有深达15厘米的马蹄踏印；土路面宽3至4米不等。博南山海拔2704米，山高林密，箐深路陡，是古道上最难通行的一段，也是工程十分浩大的一段。当年我国商旅通过此道，用丝绸等名产换取缅甸、印度等国的宝石、木棉、犀角、象牙等奇珍异宝，其贸易活动至唐代仍极活跃。如今博南山道沿途还有永国寺、金浪巅神祠、土堆古墓群、凤鸣桥、江顶寺门楼等遗址，均与古道一起被列为全国重点文物保护单位。

水寨段是永昌道最为精彩之处，有我国最古老的铁索桥——霁虹桥，有平坡铺遗址，还有险峻的梯云路。水寨段自澜沧江边至长湾，长约10公里，原设平坡铺、山达铺、水寨铺等驿站。现存的平坡铺小街宽3米，长50米，两端有券洞、街门等遗迹。平坡紧贴在陡峻的罗岷山腹，名虽称"平"，其实仍是坡，不过坡度稍缓而已。

由平坡西上罗岷山至水寨，山腰水石坎长三四公里的路段系就悬崖峭壁开凿而成，两山夹峙，一径陡绝，崎岖回环，500级台阶犹如天梯，故称"梯云路"。下坡的第一段，称"倒马坎"，据说是因山路陡险，"马蹄高下处，一步一心惊"，跋涉艰难而得名。沿途螺径迂回，蹬道盘空，时间一久，由于长年累月马踏人行，青石阶上留下一个个深深的蹄印，有的竟达13厘米深。这些蹄印像特殊的"文字"，记录着古道悠远漫长的岁月。

三个半世纪前，徐霞客途经这里曾写道："路从广叠蹬夹缝间，或西域北，曲折上脐甚峻；两崖夹石如劈，中垂一窗，水捣石而下，蹬依壁而上，人若破壁扪天，水若争道跃额，两不相逊者。夹中古木参霄，虬枝悬蹬，水声石色，冷人心骨。"这段古道的奇险至今仍旧。

（二）铺驿

● 云南驿

云南驿是我国古代西南丝绸之路的重要驿站。西汉元封二年（公元前109年）设置的云南

云南驿

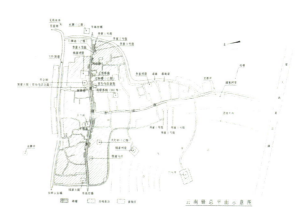

云南驿总平面示意图

驿是境内最早的县治驻地；蜀汉建兴三年（225年），置云南郡，治理机构即设在云南驿，云南驿成为云南郡治与云南县治的同驻地，云南驿作为蜀国南中七郡之一，在长达358年的时间里都是滇西北地区的政治、经济、文化中心。南诏时期，云南驿为云南睑所在地，并设置有军事机构云南节度。唐武德四年（621年）至天宝九年（750年）的129年中，云南驿为西宗州与宗居县的州、县治同驻地。唐贞元年间（785—805年）是云南驿的鼎盛时期。此后，在唐元和元年（806年）至南宋宝祐三年（1255年）共449年的时间里，云南驿一直是南诏国及大理诸国的云南睑治驻地，政府在云南驿设置云南州，当时的云南驿是滇西第二大治。明洪武十七年（1384年），云南县治由云南驿迁往洱海卫城南，另筑新城于今祥云县城，结束了云南驿从西汉至明初近1500年间作为行政管理机构所在地的历史。民国七年（1918年），因省县同名才改称祥云，但是云南驿的名称却一直保留了下来。

从时间上来说，云南驿最早将"云南"作为地名，是云南省省名的起源。"云南县"一名改作"祥云县"以后唯有云南驿把"云南"一名保留至今，时间跨度达2000多年。云南驿站现虽已荒废，但仍然保存了不少作为驿站时期的历史遗迹和人文景观：由民居、商铺、旅店、马厩等组成的古朴城镇风貌，古代丝绸茶马驿道的道路遗迹，抗战时期美国飞虎队驻守的云南驿机场及遗物等。

云南驿在建筑布局上受汉文化中风水理论的影响。古人认为"气"是构成自然万物的基本要素。重浊的气属阴，轻清的气属阳，阴阳结合则生宇宙万物，所以民间认为最理想的地方是那些蕴藏山水之气的地方。云南驿地处坝区，被众山所环抱，聚落前还有大片良田，地理位置突出，这在风水上能充分"聚气"，成为一块风水宝地。此外，云南驿不但四面环山，而且山又包田，田中包水，被古人认为遵循了传统的选址原则。

云南驿的建筑类型以合院建筑

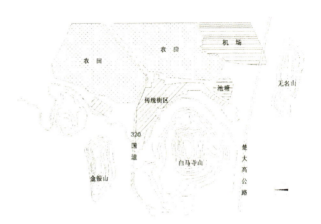

云南驿环境平面图

云南驿古驿道传统街区示意图

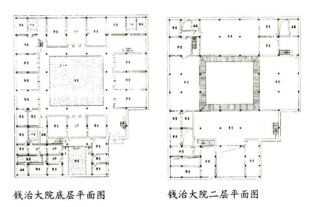

钱治大院底层平面图　　　钱治大院二层平面图

为主，而其中保留较好、比较有特色的是钱治大院、郭家大院、高级客栈、马店建筑。其中钱治大院位于云南驿建国路西端，是马店创始人钱治的私宅，主入口位于建筑的东北角，次入口正对着建国路，为马匹的主要出入口。建筑形制为合院式建筑，其格局明显体现出汉文化的影响，但院落内又体现出大理本土文化元素。

建筑内部分别用三个大小不同的院落来组织空间，院落内套着院落，空间渗透着空间，根据空间的等级来划分内部功能的级别。最大的院落为主人居住和接待客人使用，而稍小的院落供客人休息之用，最小的院落则为厨房和马夫使用。院内种满花草，有水井一个。此外，在建筑的西北和西南角有两个小天井，供厨房使用。这种布局空间清晰，使用合理，不得不归功于汉文化影响的功劳。

从建筑的主院落向东，穿过过厅到达建筑内的第二个院落，此院落布局采用大理地区的三房一照壁模式。围绕院落，周边布置生活用房。再往南进入第三个小院落，说是院落，但实为天井，这个院落为长方形，周边布置厨房、过厅。在端头处开门，可直接通向外边的建国路。院落原为圈马之处，马夫牵马而入，置马休息。内部狭长的小天井不但可以解决采光问题，还增加了空间的趣味性，改善通风采光条件。

（三）渡口、桥梁

● 兰津古渡与霁虹桥

兰津渡口开辟于战国时期，是澜沧江上的一个古渡口，位于今滇西保山城东北40余公里处，夹在澜沧江上的罗岷山与博南山之间。据史料记载，西汉前就有人通过我国西南的保山、永平、昆明这条线往来于中国与缅甸、印度诸国之间，那时就必须穿越澜沧江才能实现我国内地与中南半岛和印度次大陆间的沟通联系。数千年来，人们为了穿越这一天险，在江上修造开辟了无数渡口，兰津古渡就是其中之一。

古渡之上，唐代即建竹索桥，名曰"澜津桥"。元贞元元年（1295年）改建成木桥，波

霁虹桥

涛汹涌的澜沧江上，铁桥飞架似霁虹卧波，故更名"霁虹桥"。明成化十一年（1475年）首建铁索桥。此后该桥屡毁屡建，现存铁索桥为清康熙二十年（1681年）所建，康熙曾为此桥亲题"虹飞彼岸"，东岸为此特建"御书楼"。霁虹桥全长113.4米，桥面宽3.7米，全桥由18根钢索组成，高悬于澜沧江上，西岸为陡崖，东岸是险峰，桥下江水汹涌澎湃，一桥飞跨，气势壮观。霁虹桥被大旅行家徐霞客誉为"迤西咽喉，千载不能改也"，在我国桥梁建筑史上有着重要地位。

兰津古渡最令人肃然起敬的是悬崖石刻。在渡口两岸峭壁千仞的普陀崖上，布满了千人留下的诗、联、词等石刻作品。这些石刻从数尺到如拳大小，字体雄浑刚健，内容意蕴深邃，文采横生，古气袭人。石刻分别为明、清、民国三代文人学者和政府官员所题。

● 双虹桥

清乾隆五十四年（1789年）由永昌府（今云南省保山市）知府陈孝升组织修建、民国十二年（1923年）重建的双虹桥是西南丝绸之路上的重要桥梁之一，位于古道西端芒宽乡的怒江之上，是一座保存完好、坚固而秀美的铁索桥。双虹桥利用江心礁石为分水墩，分东西两段架设，东段由15根铁链组成，桥面宽3.1米；西段由12根铁链组成，桥面宽2.8米。双虹桥总长162.5米，现存的桥头东关楼为穿斗式木结构飞檐建筑。

怒江双虹桥

● 龙川江桥

龙川江桥位于今腾冲市上营乡桥街的高黎贡山西麓，横跨龙川江东西。龙川江桥为悬吊式铁索桥，西构于危崖峭壁，东筑于平衍田畴。龙川江桥东岸有引桥和桥台，桥孔为面石结构，宽6米，引桥长10米，直连桥台。桥身跨径52米，宽23米，承重底索33根，两侧护栏索各3根。龙川江桥自元朝以来，一直是永昌古道上的重要交通设施，保腾公路开通后，龙川江桥仍是两岸各族人民来往的重要通道。

（四）聚落、马店

● 大田村与杨家马店

大田村人口组成以汉族为主，是古驿道翻越方山后的一个必经村落，属于典型的山地型驿道聚落。大田村所在地是大田镇镇政府所在地，建筑类型已凸显出集镇化倾向，侧墙挨着侧墙。大田村的街巷格局除了古驿道具有强烈的导向性和秩序性外，其余街巷基本杂乱无序。根据当地老人回忆，以前古驿道两侧遍布店铺，二层和内院作居住之用。这些店铺中也有一些马店供驿路上繁忙往来的马帮住宿歇脚，它们通常都是门户敞开，迎接经过大田村的客商。

　　杨家马店是大田村现存唯一的一家马店，马店经营一直到1958年人民公社运动时才终止。杨家马店入口三开间，明间做主入口，供人和马通行。杨家马店在建筑格局上的一大特色是其入口临街的一段廊式结构形成了一个过渡空间。至今在杨家马店入口明间木柱上还保留着以前拴马用的马钉。杨家马店的平面布局为一个四合院和一个三合院纵向拼联而成。马店内部一进院落的标高低于室外古驿道，下七级台阶后抵达一进院落。一进院落两侧厢房供赶马人生活做饭之用，二进院落两侧厢房底层关马，二层住人，如今都已经变更了功能。

（五）古城镇

1. 黑井镇

　　号称"千年盐都"的黑井镇是西南丝绸之路上的重要聚落之一，位于今云南省楚雄彝族自治州禄丰县西北92公里的龙川江畔，距昆明200公里，距楚雄75公里，成昆铁路、龙川江纵穿全境。历史上的黑井镇是云南的纳税大户，但在汉代以前，黑井的历史还近乎空白，仅有一些当地的土著居民日出而作，日落而息。后来随着人们在黑井大山的崖液中发现盐卤，这座古镇灿烂的历史篇章才逐渐打开。到元朝时，黑井已经成为占云南地丁之半的赋税龙头。到了明朝，黑井镇上缴的赋税更占到云南总量的67%。清朝时占云南总赋税的50%，民国初年仍占46%。20世纪30年代以后才因制盐业的衰败而下降。

　　黑井的行政制度也体现了其特殊性。历代中央政府在云南一带一直实行一种相对稳定的安边政策：三江之内宜土不宜流。这就是说在金沙江、澜沧江、怒江以内的地方保留土司制度，各自为王，给朝廷纳税，也就是"以夷治夷"。三江以外宜流不宜土，即指在三江范围以外，官员不宜就地选拔，而需外派，以便推行强制性驯化。而黑井地理位置虽在三江之内，但自有这个地名之始就没有一个土官，历史上的67任盐课司提举全由外地人担任，可见历代中央政府对黑井的高度重视。历代王朝如此重视黑井，原因皆在于盐。

　　"两山夹一川"的黑井镇的地理位置颇具特色，"一川"是指龙川江，而"两山"则是

黑井古镇

指龙川江东西两岸的玉碧山、凤岑山。黑井古镇夹在龙川江两侧狭长连绵的峡谷之中，形成两处带状街区，其间由跨越江水的五马桥相连。当地人用"山出屋上，水流屋下，四塞险固"来形容古镇的地理环境，是再恰当不过的了。同江南水乡城镇一样，黑井镇街坊的布局与河道在结构上产生了紧密的联系，形成了东西短南北长的矩形街坊，同时街坊边界线与江岸线相互呼应，基本上保持着平行的关系。沿街建筑为了适应商业的要求，多是以东西向的条形平面垂直于南北向的道路，布置成小面宽、大进深的形式，力争每户临街面宽最小，这样各户左右比邻排列起来可以沿一条街布置最多的住户或店铺，使大多数店宅获得前街后河、前店后宅的便利。在这一紧凑的布局之中，相邻建筑之间也都不设间距或间距很小，一般隔上一段距离后才有窄小的巷道供内部住户进出。

● **节孝总坊**

黑井镇著名的"节孝总坊"位于一街街尾靠五马桥头处，建于清光绪二十七年（1901年）。据说是慈禧太后为表彰本地节烈妇女而下旨兴建的。节孝总坊是一座牌楼式全红砂石质牌坊，为四柱三间结构。中门宽3.6米，高6米，两个侧门宽2.8米，高4.2米。中门额枋上镶嵌的大理石板上镌刻着"节孝总坊"四字。牌坊周身均布满浮雕，正中为"四龙戏珠"图案。三道门楣上用三层龙头、象鼻等部件组成斗拱，构成12座石阙托起牌坊顶部。整座牌坊共有龙头68个，象鼻54条。牌坊的斗拱之间雕刻着以神话传说与民间节孝故事为主题的装饰

武家大院

作品，包括"八仙过海""牛郎织女""二十四孝"等。节孝总坊雕刻的奇异之处在于龙上雕有凤凰，形成凤在上龙在下的反父权社会现象，应与慈禧太后当年垂帘听政，控制中国实权的历史背景有关。

● **武家大院**

武家大院建于清道光十六年（1836年），占地2187.85平方米，于咸丰七年（1858年）扩建完工，户主武维扬为民国年间黑井灶绅第一大户。武家大院位于玉碧山下，四街旁，坐西向东，大门朝北，正对武庙南角的风水塔。由于黑井人祖籍多在应天府，所以武家大院等民居的建筑观念受中原影响很大。最典型的就是入口的处理基本上是扭转了角度，有风水龙口。武家大院的整体设计包含了"六位高升、四通八达、九九通久、王隐其中"的意味。大院的平面布局为"王"字形结构，由上院、下院和花园组成，形成由高渐低的院落。院内共有4个天井，99间房，其中下院66间，上院32间，大门楼1间，楼上楼下相互贯通，分二进院落。大院在木工雕刻与彩绘等装饰方面也承袭了中国古代建筑装饰的传统风格。

● **大龙祠**

大龙祠全称"大井龙祠"，始建于明代，现存建筑为清代重建。位于距黑井镇200米的万春山麓，坐西向东，雄踞于七星台上，由山门（下为门，上为大戏台）、大殿、南北厢房等部分组成。大殿面阔五间，为单檐歇山顶式木结构建筑。大殿内原有一组塑于清康熙元年（1662年）的男女龙王及神明大士像，后毁于"文革"时期。塑像上方高悬一块匾额，上有雍正皇帝亲笔书"灵源普泽"四个大字。山门上层内侧为戏台，面积约40平方米，台下是600平方米的观众席，曾是近300年间黑井镇的公共娱乐场所。这是西南地区最大的戏台，也是云南唯一保留下来的拥有包厢的古戏台。包厢位于戏台前左右两厢房的二楼，共8间。

● **石龙火葬墓群**

石龙火葬墓群位于黑井镇石龙村西侧山坡上，墓群面积5000平方米，共有墓葬400余冢。墓群以数十冢为一群，墓距1米左右，均无封土。据考证这一墓群的修造从元初开始，延续至明初。1968年，石龙火葬墓群曾出土近千个火葬罐，其材质分别为黑陶、绿釉和青花瓷等，罐表面多绘有人物、山水、花鸟等图案。石龙火葬墓群现存100余座刻有元大德至明宣光等年号的墓幢和墓碑。

2. 大理古城

大理古城又称"叶榆"或"紫城"，位于云南大理白族自治州府驻地下关以北13千米处，为汉代叶榆县故地。古城背靠苍山，面临洱海，风景秀美壮阔，是云南最早的文化发祥地之一，也是西南丝绸之路上最重要的一个站点。公元前4世纪，四川的商队就赶着马队不断经过这里。公元8世纪，南诏建立，大理不仅成为云南政治、经济、文化的中心，而且是中原王朝从南方通往中南半岛直至欧洲诸国的最大口岸，成为中国内地与印缅诸国物资交流的最大集散地，是西南丝绸之路上最大的贸易枢纽。

古城的历史可以追溯到唐天宝年间（742—756年）由南诏王阁罗凤修建的羊苴咩城，而现在的大理古城则是洪武十五年（1382年）明军攻占大理后修筑的。大理古城平面近方形，周长6公里，城墙高约8.3米、厚约6.7米；东西南北各有一个城门，上有城楼，城的四角还有角楼。大理古城内市井布局呈棋盘状，从南到北横贯着5条大街，从东到西则纵穿有8条街巷，街道纵横交错，有"九街十八巷"之称。从古城的布局来看，大理很早就接受汉文化，城市的建造也受到《周礼·考工记》的影响。

大理古城内部至今仍保持着纵横交错、棋盘格局式的街道和雄伟壮观的南北城楼，一条主街贯通南北古城门。街道两旁青瓦屋面，民居、商店、作坊相连，白族民居古色古香。这些白族民居一般为"三房一照壁、四合五天井"式的结构，均为青瓦屋面、鹅卵石砌壁。在当地的民居中，白族与汉族的建筑特点得以完美融合。大理古城在1982年2月8日被国务院公布为中国首批24个历史文化名城之一。

● 文献楼

文献楼位于大理古城南门外1公里处，始建于清康熙年间（1662—1722年），号称"古城第一门"，是大理古城的标志性建筑。由于悬挂云南提督偏图于康熙四十年（1701年）所题的"文献名邦"匾额，因此得名"文献楼"。文献楼横跨于古城南面进城的通道之上，矗立在砖石结构门洞上面，雄伟壮丽。文献楼为两层歇山式土木石结构的镝楼，具有典型的白族建筑特色。文献楼历史上曾经几毁几修，现存建筑为1998年至1999年间重建后的建筑，东西宽60米、南北长30米，主楼高24米，建筑面积1600平方米。"文献名邦"原匾存于大理文化馆大成门。

● 五华楼

号称古南诏"天下第一楼"的五华楼又名五花楼，曾是古代南诏王的国宾馆。五华楼由南诏王丰祐于唐宣宗大中十年（856年）在羊苴咩城内兴建，其后五华楼作为国宾馆的历史长达数百年之久。当时的五华楼周长2.5公里，高30多米，可居住1万多人，建筑极为壮观。相传每年农历三月十六，南诏时期的南诏王以及后来大理国的大理王都会在五华楼会见西南夷各个小国君长和其他一些重要宾客，并以美酒舞乐进行款待。从南诏到元朝灭亡期间五华楼三次被地震中的大火烧毁，又三次得到重建。由于建材的日渐匮乏，五华楼也越建越小。在新建或重建五华楼工程中，剑川白族木雕技艺得到了全面的展示。明朝初年，五华楼在战乱中再次被烧毁。明洪武年间（1368—1398年），在易址重修大理古城时，将城中的钟鼓楼改

称"五华楼"，但其规模格局已远远不如南诏时期的五华楼。同治元年（1862年），清代地方官又集资重修了五华楼。20世纪60年代，五华楼被拆除。1980年，文物部门在遗址中发现了70多通宋元碑刻。1998年，大理州政府拨款重建了五华楼。

● 崇圣寺三塔

崇圣寺三塔又名"大理三塔"，位于大理古城西北1.5公里处，由一大二小三座佛塔组成，三塔曾位于南诏国和大理国时期颇具规模的佛教古刹崇圣寺内，呈三足鼎立之势。崇圣寺初建于南诏丰祐年间（824—859年）。三座佛塔中先建的大塔又名"千寻塔"，当地群众也称其为"文笔塔"，通高69.13米，底方9.9米，塔身分16级，每层四面两两相对有佛龛和窗洞，为大理地区典型的密檐式空心四方形砖塔。塔基座上层的石照壁上有明代黔国公沐英裔孙世阶书写的"永镇山川"四字，塔内有木质楼梯，塔顶为铜铸的葫芦形宝瓶。大塔西边的南北小塔建于大理国时期（10—13世纪），南小塔高约38.25米，北小塔高约38.85米，均为八角形十级密檐实心砖塔，塔身外涂抹一层白色泥皮，每层分别雕券龛、佛像、莲花、瑞云、花瓶等，华贵庄重。塔顶为鎏金塔刹宝顶，有伞形铜铃和三只铜葫芦。南北小塔建后形成三塔鼎立之势。由于是寺中立塔，故得名"崇圣寺三塔"。崇圣寺的壮观庙宇在咸同年间（1851—1874年）已毁，而三塔却在经历了千年风雨剥蚀和多次大地震的磨难之后完好地保留下来，与远处的苍山、洱海相互映衬，展现出古城大理独特的历史风韵。1978年在千寻塔发现和清理出文物600多件，包括金质观音像和写本佛经等，是迄今为止发现的南诏、大理国时期最为丰富的一批文物。

● 元世祖平云南碑

元世祖平云南碑位于云南大理城外苍山龙泉峰下著名的三月街上。碑身立于一座巨硕的石龟背上，石碑高达4.5米，宽1.65米，分上下两节，中有石条挡护，边有石框镶砌，碑额为大理石，雕二戏珠，额篆"世祖皇帝平云南碑"。碑文共有1300字，歌颂了元世祖忽必烈的赫赫功勋，对他平定云南采取的许多政策、策略也多有表述。此碑以正楷大字书写，劲瘦工严，有欧柳遗风，讲述了元宪宗三年(1253年)，时任亲王的忽必烈率蒙古军远征云南，灭大理国政权，统一滇东南37部蛮及此后建立云南行省的史实。碑文称"立中书省于中庆以统之"，这是云南建省的最早记录。元世祖平云南碑历经元、明、清三代至今已700多年，一直保存在原地。碑在"文化大革命"中曾遭损坏，后得到修复与保护。

崇圣寺三塔

四、线路价值

西南丝绸之路是中国西南地区联系南亚的一条异常古老的文明通道和商贸线路，也是人类历史上少见的地形最为复杂的国际通道之一。与北方丝绸之路一样，西南丝绸之路对世界文明做出了巨大的贡献。

在亚洲，中国和印度是最重要的文明古国，而西南丝绸之路正是中印两个文明古国最早的联系纽带。从正式记载来看，至迟自秦汉以来，古道上的民族迁徙、商业贸易、宗教传播以及军事活动就从未中断。第二次世界大战期间，沿古道干线修筑的中、缅、印公路，一度成为当时中国唯一的国际通道，在反击法西斯战争中发挥了极其重要的作用。

从《史记》等书有关"五尺道"的记载看，这条线路很早就被人工修筑，其工程的规模和意义虽然不能和长城相比，但仍然体现了当时的技术水平和工程质量。

作为中国"文化内环线"的西南延伸，西南丝路也是汉文化在西南地区传播的主要渠道，以及西南各民族交流和民族团结的象征和纽带，是迄今我国西南地区文化原生形态保留较好的一条民族文化走廊。

令人遗憾的是，一直以来，国内学界对于西南丝绸之路的关注和研究十分有限，对这条线路的价值挖掘和展示不仅远远落后于丝绸之路、海上丝绸之路、大运河，也落后于蜀道、茶马古道等西部线路遗产。2000多年来，这条穿越群山峻岭的国际文明通道，通过商人、僧侣、各国使节的反复驰骋和艰难跋涉，促进了沿线各国、各地区、各民族的经济、政治、文化和商贸交流，今天我们对西南丝绸之路的研究将延续这种交往，并推动其在当代社会的作用。

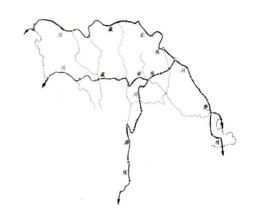

茶马古道：

西南民族大走廊

The Ancient Tea-Horse Road:

A Corridor among Nationalities in Southwest China

　　茶马古道源于中国古代西南边疆的茶马互市，是存在于中国西南地区，以马帮为主要交通工具的民间国际商贸通道。它起始于唐，在北宋得到长足发展，在明代达到鼎盛，在清代前期奠定了主要格局，在第二次世界大战中后期创造了最后的辉煌。茶马古道是一个由多条线路构成的庞大的交通体系，主要干线分为川藏、滇藏与青藏道（甘青道）三路，连接我国的四川、云南以及西藏地区，并继续延伸至不丹、尼泊尔、印度境内，最远直到西亚、西非红海海岸。茶马古道不仅是运送茶货的商道，而且是历代中央王朝以"茶马互市"羁縻西南的通道，更是中国西南地区各民族间文化交流和迁徙的走廊，蕴藏着开发不尽的文化遗产。茶马古道中的川藏线是开通最早、运量最大、历史作用也最大的主要线路，形成于唐代，其线路东起雅州边茶产地雅安，经打箭炉（今四川康定），西至西藏拉萨，最后通到不丹、尼泊尔和印度，国内路线全长3100余公里，已有1300多年历史，具有深厚的历史积淀和文化底蕴，是古代西藏和内地联系必不可少的桥梁和纽带。川藏线上的重镇雅安不仅是茶文化的重要发祥地，同时也伴随着茶马古道的形成延伸而成了汇聚多民族文化的"西南民族大走廊"上的重要节点。

左图：松茂古道

茶马古道线路图

一、线路概况与历史演变

　　"茶马古道"是一个有着特定含义的历史概念，指唐宋以来至民国时期汉、藏之间以进行茶马交换而形成的一条交通要道。茶马古道是世界上海拔最高的文化线路遗存，其所穿越的青藏高原东缘横断山脉地区有着举世罕见的复杂高原地形。在充满崎岖险阻的高原上形成的这条古道起源于唐宋时期边疆地区的"茶马互市"。因康藏地区海拔多在三四千米以上，属高寒地区，当地藏民的主食多为糌粑、奶类、酥油、牛羊肉等高热量、高脂肪食物。由于缺乏蔬菜，加上糌粑又燥热，过多的脂肪在人体内不易分解。正是在这种情况下，既能够分解脂肪又可防止燥热的茶叶成为一剂应对的良方，藏民因此在长期的生活中形成了喝酥油茶的生活习惯。而与此同时，内地的民间役使和军队征战都对骡马产生了大量的需求。因此，藏区和川、滇边地与内地间具有互补性的茶马交易便应运而生了。在这些交易中，藏区和川、滇边地出产的骡马、毛皮、药材等与川滇及内地出产的茶叶、布匹、盐、日用器皿等物资在横断山区的高山深谷间南来北往、流动不息，形成一条影响长达十多个世纪的"茶马古道"。茶马古道兴于唐宋盛于明清，在第二次世界大战中后期也曾一度兴盛。茶马古道既是

川藏线上茶马古道人物马匹塑像

一条内地与边疆之间的商贸之路，也是一条多民族间文化传播与交流之路，古道不仅促进茶叶、布匹、日用品等商品流通，同时也促进了不同民族的生产技艺、宗教与文化艺术的相互交流，是一条人文成就的传播之路。

中国茶叶产于长江流域，四川是中国乃至世界茶叶种植与饮茶传统的发源地。从唐代开始，四川绵州、蜀州等地的茶叶就流入吐蕃，藏文史籍《汉藏史集》、唐人李肇所著《国史补》对此都有记载。唐朝的茶马贸易处于形成和开拓阶段，贸易范围遍及西北、西南广大地区。在当时，青藏道是西藏与中原地区往来的主要通道，唐朝和吐蕃之间的茶叶运输主要是通过青藏道。

汉、藏之间茶马贸易与茶马古道的大规模开通与兴起是在宋代，当时藏区正值吐蕃王朝崩溃以后的分裂时期。此时饮茶习俗在藏区已由上层普及到民间，茶开始成为整个高原藏区人民日常生活中不可或缺的饮用品，为此造成了藏区对茶叶需求量的骤增；而宋朝为对抗北方辽、西夏等游牧政权的侵扰，需要大量战马，这也导致了由宋朝中央政府直接介入的汉、藏之间大规模茶马贸易的兴起。北宋神宗熙宁七年（1074年）设立茶马司，并在西北地区设置了众多买马场和卖茶场，每年由官府将川茶大量运往西北地区与吐蕃等部落交换战马，每年买马的数量达到15000匹以上。自此，汉、藏茶马贸易开始兴起。

元时仍重视茶叶向藏区的销售，曾一度设立"西番茶提举司"，由官府统购茶叶，在碉门（今四川天全县）等地互市。时至明代，汉藏茶马贸易进入极盛期，而川藏茶道也在此时正式形成。为强化茶叶在汉、藏之间的联系作用，明朝政府于天顺二年（1458年）规定"今后乌斯藏地方该赏食茶，于碉门茶马司支给"[①]。成化三年（1467年）又"命进贡番僧自乌斯藏来者皆由四川，不得径赴洮、岷，著为例"[②]。成化六年（1470年）又明令西藏僧俗官员入贡"由四川路入"[③]。自此，川藏道成为入藏正道，并融贡道、官道于一体，正式取代了青藏道，成为茶叶输藏的主要通道。

清代，茶叶输藏规模及汉藏茶道的开拓又有了长足的发展。除川茶外，滇茶也开始大量输藏。雍正时置打箭炉厅（今四川康定），"设兵戍守其地，番汉咸集，交相贸易，称为闹市焉"[④]。这使打箭炉由元朝时的荒凉之地、明朝时的商道村落变身成为南路边茶总汇要地，川藏茶道更加繁荣起来。乾隆年间，松潘也发展成为川西北、甘青乃至蒙古的西路边茶集散地。此外，理塘、巴塘、道孚、炉霍等集镇也都因茶叶集市与转运而迅速兴起、繁荣。尤其是地处川藏茶路与滇藏茶路交会处的察木多（今西藏昌都）扼川藏南、北两路入拉萨之要口，云集各地茶商，也迅速成为"口外一大都会也"[⑤]。从明至清，川藏茶道分别形成了由雅州、碉门越马映山（二郎山）至打箭炉的"小路茶道"和由荥经、汉源越大相岭、飞越岭至打箭炉的"大路茶道"。从打箭炉开始再往西，即有经理塘、巴塘、芒康、贡觉、察雅、昌都至拉萨的南路茶道和由打箭炉经乾宁、道孚、炉霍、德格、昌都至拉萨的北路

---

① 《明英宗实录》卷279。
② （明）王圻纂辑：《续文献通考》卷27。
③ 《明英宗实录》卷78。
④ 王世睿：《进藏纪程》，载吴丰培辑：《川藏游踪汇编》，成都：四川民族出版社，1985年，第62页。
⑤ 林儁：《西藏归程记》，载吴丰培辑：《川藏游踪汇编》，成都：四川民族出版社，1985年，第106页。

茶道。

鸦片战争以后，川藏之间的茶叶贸易还有力地抵制了英帝国主义借倾销印度茶来控制西藏的图谋，川藏茶道也成为一条维护国家统一与民族团结的政治线与国防线。民国时期，由于军阀战乱和川藏纠纷，国家和政府主导的茶叶输藏日益式微，但汉藏之间通过民间商贸形式进行的茶叶贸易却始终活跃，内地茶叶仍畅行于藏区，在当时特殊的历史条件下仍成为沟通内地与藏区的重要经济联系，这一情况一直延续到民国末年。

二、线路分布

历史上的茶马古道实为一个由多条干线与支线共同组成的交通网络，这个网络以川藏道、滇藏道与青藏道（甘青道）三条大道为主线，辅以众多的支线、附线。整个茶马古道地跨川、滇、青、藏地区，向外还延伸至南亚、西亚、中亚和东南亚，最远甚至可达欧洲。在这三条主线之中，青藏道成于唐朝，发展较早，但是否属于茶马古道尚存有争议，因此有人也将茶马古道仅分作南、北两条干道，即滇藏道和川藏道。滇藏道起自今云南西部洱海一带产茶区，经丽江、香格里拉（中甸）、德钦，进入西藏的芒康、察雅、昌都。而川藏道则以今四川雅安一带的产茶区为起点，首先进入康定，之后再分成南、北两条支线：南线从今四川康定向南，经雅江、理塘、巴塘，进入西藏的芒康、左贡、昌都；北线则是从今四川康定向北，经道孚、炉霍、甘孜、德格，进入西藏的江达、昌都，之后与南线合流。川藏道在茶马古道的干道中运量与影响都属最大，也最为知名。支线除了上述的川藏南线、川藏北线之外还有川滇线和川黔线，川藏线上的几条干线与支线以成都为起始点。

● 川藏北线

自今四川成都出发后经都江堰、汶川、马尔康、金川、道孚、炉霍、甘孜、德格，进入西藏的江达、昌都（即今国道317线）。从今天的行政区划上看，它跨越了成都市、阿坝藏族羌族自治州、甘孜藏族自治州进入西藏自治区。

● 川藏南线

自今四川成都出发后经邛崃、芦山、浦江、名山、雅安、天全、泸定、康定、雅江、理塘、巴塘，进入西藏芒康、左贡、昌都（即今国道318线）。它在今天的行政区划上经过了成都市、眉山市、雅安市、甘孜藏族自治州之后，进入西藏自治区。

● 川滇线

从今四川成都出发后经雅安、荥经、汉源、甘洛、越西、喜德、冕宁、西昌、德昌、会理，最后进入云南元谋。川滇线与川藏南线在雅安市分流，向南经过今凉山彝族自治州，进入云南省。

● 川黔线

由今四川成都出发后经资阳、内江、自贡、泸州、叙永、古蔺、合江，进入贵州赤水、仁怀、金沙等县。川黔线在今天的行政区划上看，分别跨越了成都市、资阳市、内江市、泸州市，部分支线经过宜宾市。

三、文化遗产

茶马古道川藏线上在四川境内留存有大量的遗迹，其中川藏北线上的文物遗存包括各长约1公里的松茂古道（龙池）与克枯栈道、全长6.5公里的百丈房古道、朴头山隋唐石刻以及全长17公里的婆雍古道。川藏南线上的文物遗存尤为众多，包括川南第一桥石坊、长约2公里的平乐骑龙山古道、长约1公里的临济拴马岭古道、天台山土溪、长约1公里的紫荆村古道、长约1.5公里的夹关宫殿古道、油榨古火（盐）井遗址、长470米的衬腰岩茶马古道、建修衬腰岩通路石级竣工碑记、全长145.4米的明代大石梯古道、明代飞仙关南界牌坊及古道遗迹、长约700米的宋代马鞍腰古道及石刻、天全县边茶官库、长2公里的唐代甘溪坡茶马古道驿站遗址、长7.5公里的化林坪茶马古道、长约1公里的佛耳崖茶马古道以及长约2公里的鹦哥嘴茶马古道。

川滇线上的文物遗存包括清代公兴茶号旧址、清代重修大相岭桥路碑、全长2公里的羊圈门古道遗址、清代清溪故城遗址、全长1.5公里的二十四道拐古道遗址、唐代清溪关遗址、全长5公里的甘洛青溪峡古道、越西丁山桥及零关题记、喜德登相营古驿站以及喜德冕山营遗址。

川黔线上的遗迹也不少，包括现存路段长1091米的光明古道、现存长约1000米的宝莲街驿道和沙湾驿道、长约1500米的大石川黔驿道、现尚存35公里的官斗村川黔驿道遗址、全长约60公里的赤水河茶马驿道、全长6公里的猴子岭川黔驿道、长约1公里的二郎驿道、长513米的凤鸣驿道、长500米的白鹿驿道、长350米的先滩古驿道、艾叶滩码头、仙市古镇盐码头、现存长约273米的汇柴口古盐道、现存长约200米的松坡上盐道、乐善坊以及长约238米的贡井老街盐道。

茶马古道（雅安段）遗存

由于在川藏茶马交易历史上的特殊地位，雅安也常被认为是川藏茶马古道的重要起点，而茶马贸易时期留下的众多古遗迹成为了让雅安这颗茶马古道上的明珠直到今天还光芒四射的重要原因之一。雅安境内的茶马古道遗存分布在今四川省雅安市下辖的雨城区、名山区以及芦山、天全、荥经、汉源、石棉、宝兴等县。这些跨越了数个朝代的遗址历史悠远、特点鲜明，是茶马古道上自然与人文景观的完美结合，使得雅安堪称一座巨大的"茶马古道博物馆"，古遗存的类别包括了古城、古镇、古村落、古驿站、茶号遗址、古道、古桥、古代关隘遗址、古代摩崖石刻、古碑、古渡口等。

雅安境内的茶马古道遗址有着鲜明的特色，其中的古城、古镇、古村落等保存较为完好，例如拥有1300年历史的汉源清溪古城。雅安境内的古道遗迹也清晰可循，部分路段至今依然发挥着当地居民生产生活用道的作用，例如明代大石梯古道等。同时，古道沿线各个时期的古建筑也数量众多，保存完好，尤其是大量的清代与近代建筑以及部分唐宋与明代建筑，文庙、茶号、仓库等不一而足。此外，雅安境内的茶马古道沿途石刻碑亭数量众多而

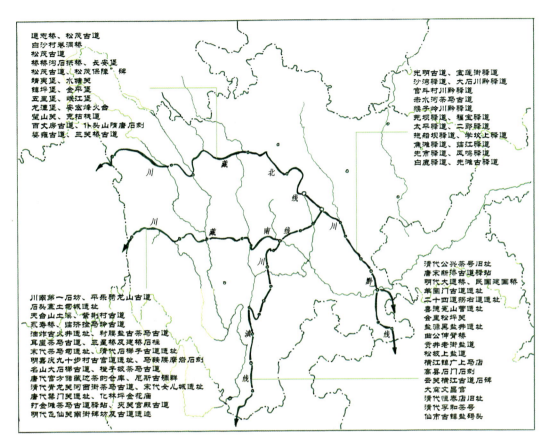

茶马古道文化遗产分布图

且碑记内容丰富，它们分别从不同年代的不同角度记录了古道上的茶路茶史。当然，雅安茶马古道遗址的另一大特点就是它们与当地自然环境的完美结合。古道沿途群山绵延，河流纵横，"茶文化圣地"的魅力凸显。

1. 古道

● 大石梯古道

大石梯古道位于今雅安市名山区马岭镇七星村，为东南—西北走向。古道全长145.4米，

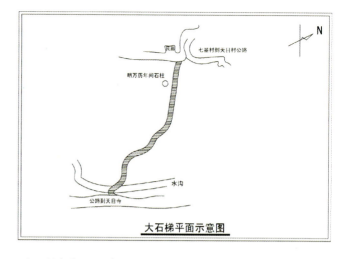

大石梯古道平面示意图

共有313级台阶，由当地所产较硬的红砂石建造，道路两侧有垂带式踏道。古道中段东北面踏道外0.2米处残存一六边形"□目寺分岭边界"石柱，高0.7米，边长0.1米，上刻"□历十六年十一月立"题记，据推断该边界石柱应为明万历十六年（1588年）所立。距古道1200米处还有"天目重修路道碑"一通，碑体坐西向东，圆弧形顶。碑原立于石亭中，现亭已倒塌，大部分构建散落于碑四周，碑正面记叙了修建至天目寺道路的过程，并有"……贡茶官道……"和"大明正德十五年"等字。大石梯古道的遗存一方面体现了其"贡茶官道"的身份，另一方面则说明了名山区作为当时重要产茶区的地位。据文献记载，宋朝鉴于"蕃戎性嗜名山茶，日不可阙[1]"，用名山茶博马最受吐蕃欢迎，因此，又规定名山茶专用博马，不得他用，并定为永法。从北宋神宗熙宁（1068—1077年）至南宋孝宗淳熙（1174—1189年）时期，名山每年运至秦、熙、河州买马场以茶易马的茶叶，多达2万驮（每驮50千克），可见名山茶在茶马互市中占有重要地位。名山茶通过茶马古道，源源不断输送到藏区，在茶马互市贸易中始终占据主导地位，且宋以后一直畅销藏区，直至今日仍是藏族人民首选的饮用茶品。

2. 遗址

● 二十四道拐古道遗址

二十四道拐古道遗址位于今四川省雅安市汉源县清溪镇新黎村。古道遗址南连羊角门，北接草鞋坪，全长1500米。此古道自秦汉时期起就一直是川内丝绸经清溪、九襄、富林通西

---

[1]《宋会要·职官》。

昌，出云南，达缅甸的必经之道，称"南丝路"；荣经、雅安一带的边茶，也经此道，至清溪，经宜东、飞越岭通往康定，又称"茶路"。古道北经王建城（羊圈门）、盘脚、二十四盘、草鞋坪、九折坂、三大弯、老寨、漫坡子、坂房、大关、小关、周公桥至凰仪堡。现在的108国道已从泥巴山通荣经，古道行人较少。

● 九十步村古官道遗址

红砂石砌成的九十步村古官道遗址位于雅安市天全县始阳镇九十步村，相传是由明代时当地的地主刘范氏出资修建。官道建成后即成为由鱼泉通往始阳的重要交通要道。石梯上至今仍清晰可见当年背夫们背煤炭、茶叶经过此处时留下的拐子窝。官道最早是从鱼泉乡磨溪口一直修建到始阳镇三谷庄，原长大约2.5公里，但现存的只剩下九石村五组一段，全长76.8米，宽1.33米，石阶厚0.35米。

● 羊圈门古道遗址

羊圈门古道遗址位于雅安市汉源县清溪古镇东北端新黎村（羊圈门）。东700米为圣钟山，西520米为雾海子。古道为南北走向，全长2000米，南连王建城街尾，北接草鞋坪，光滑石块上还有背夫留下的拐钉歇脚印窝，大站口鸡茅店的断壁颓垣尚存。路面为碎石土面，间有红花岩石块铺垫，平均宽3米。

3. 关隘

● 青龙关

青龙关位于雅安市芦山县龙门乡青龙村北2公里。关城依龙门山之险峻而建，上接陡壁悬崖，下临龙门河，为秦汉时从临邛（治所在今四川邛崃）翻越镇西山进出芦山必经之地，也是古南方丝绸之路西行的首关。青龙关在县志上也被称为"八步天险"，原名"八步关"，是古青衣道上的重要关隘，后在清朝时重建关城并更名为"青龙关"。关门洞坐北向南，为条石卷拱，城墙用条石及砾岩建造。城门宽6米，高5米，厚4.45米，城墙长23米，高2.3米，建筑面积约180平方米。1934年，长征前的红四方面军曾奇袭青龙关，使四川军阀刘湘苦心经营的百里防线全面崩溃，在红军战史上留下了光辉的一页。

● 禁门关

禁门关关隘遗址位于雅安市天全县城厢镇西1公里的碉门峡谷处，古称"碉门关"，为历代通往康藏的咽喉要隘。禁门关关口狭窄，地势险要，下临天全河，水急浪险，夹在大岗、落溪两山之间形成天险，状若碉楼，望之如门。古往今来，禁门关一直是茶马古道上的经济和军事要道。三国时诸葛亮南征凯旋，曾驻守此地，后派高翔管木牛流马，继续驻守。唐开元十九年（731年），藏民请开茶市，朝廷允行"茶马之政"，开设茶马贸易市场，全国茶马市场之一的碉门（今天全城厢镇）开始了"茶马互市"。北宋时，因天全盛产边茶，碉门内也曾设茶马市场。南宋时，碉门关城被毁，元初由天全土司高保四奏请重修。清雍正七年（1729年），废土司改天全州，碉门关旋即改称"禁门关"。乾隆以后，出现了"边茶贸易"制度，历经"茶马互市"和"边茶贸易"的时代变换，禁门关也自然演变成为边茶交易的重要节点。1935年长征途中，红四方面军曾在此击溃川军郭勋其部。

● 飞仙关及南界牌坊

"金鸡飞过走仙家"，名列古雅安八景。"金鸡"指金鸡关，而"仙家"则指的是雅安市雨城区与芦山县交界的飞仙关。飞仙关位于飞仙关镇飞仙村下关组南50米处，距芦山县城18公里，这里两山狭窄，沿青衣江两岸为高山峭壁，关门是唯一通道，是雅安至康定走"小路"的第一座险关。宋代曾在这里设守御司，始建关城，名曰"神禹漏阁"。飞仙关现存城门和南界牌坊，城门始建于明万历十六年（1588年），建筑坐北朝南，建筑面积79平方米，占地面积140平方米。城门由城墙和门洞组成，城墙内为夯土，外部包石条，门洞内部为砖拱卷，外部为条石拱卷。

南界牌坊也建于万历十六年，为两柱一开间界牌，高2.4米,宽2.9米，柱前后施夹杆石支撑，牌坊现存两道横坊,其间镶石板,两面均题刻"芦山县南界"，上款题"芦山县知县陈涌"等姓名，下款题"万历十六年孟冬吉旦"。飞仙关城门和南界牌坊间用红砂石板路连接，是雅安通往康巴地区的重要关口。

4. 茶政与茶商建筑

● 茶马司遗址

始建于宋神宗熙宁七年（1074年）的茶马司位于今雅安市名山区新店镇长春村川藏公路旁，是宋以来专管茶政机构的所在地，专司茶马互市事宜。现存建筑为清道光二十九年（1849年）重修，建筑坐北朝南，面积600多平方米，整个建筑的柱子全是用整块石头凿成并以中轴线对称布局，现仅存大殿及左右厢房，前殿已撤除，保存基本完好，是目前全国仅存的汉藏茶马交易的遗址。大殿建筑为歇山顶穿斗式石木结构，面阔三间，长12.8米，进深12.4米。厢房与大殿相连，同样为穿斗式石木结构，共有三间，长8.7米，进深3.5米，占地面积1300多平方米。

历史上的名山茶马司属成都府路统领，办理筹集边茶上缴成都府路，同时承担了名山区和百丈镇"名山茶"筹措和以茶换马事务。鼎盛时期，达到"岁运名山茶2万驮"之多，占官方统筹总数的一半以上。当时的名山茶马司接待各民族茶马贸易通商队伍人数，多时一日竟达2000余人，盛况可见一斑。建筑保存基本完好，反映了清建筑艺术成就，是研究我国古代建筑难得的实物资料，特别对宋以来茶马互市、名山茶和我国"榷茶"制度的研究具有很高的历史文化价值。

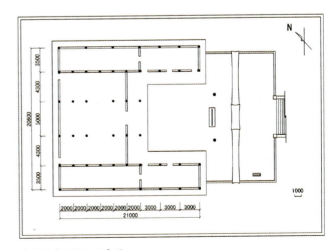

茶马司遗址平面示意图

● 孚和茶号旧址

孚和茶号位于今雅安市汉源县宜东镇茂盛村。茶号遗址周围民房环绕，遗址以北5米为茂盛5组公房，以南200米为天罡村正道，以西50米为老粮站，3组村民房，而以东5米则为街道。该遗址坐西朝东，占地面积约600平方米，建筑历史约150年，现由一户农家居住。孚和茶号遗址正房保存较完整，厢房只剩半间，原有的大院部分保存较好。茶号正房前原有一道门楼，现在已毁。正房为木结构梁穿斗式，单檐悬山式顶，面阔四间20米，进深13米，脊高6.5米，檐高3.3米，上铺小青瓦。

● 公兴茶号旧址

公兴茶号旧址建筑位于今雅安市荥经县严道镇民主路187号。建筑坐南朝北，面积1615平方米。茶号整体建筑前半部分为明代晚期建筑，后半部分为清代早期建筑。建筑整体呈长方形木结构四合院式，面阔五间，进深三间。中轴线两边，分别为左右对称的三进院落，整体建筑具有鲜明的川西民宅特色。茶号中的木制门窗上雕刻有戏剧人物和故事并装饰以花草、动物等图案。图案上覆盖金箔，雕刻工艺精致细腻，造型准确生动。四合院中的天井就是晒茶的晒坝，天井四周房屋依次是踏茶、沤堆、炕茶、拣茶、冲泡、编包（包装）的地方。成品堆放有专门仓库。公兴茶号生产的茶在西藏及广大藏族地区，一直享有很高的信誉。

● 清代官方储藏边茶仓库

清代边茶仓库位于今雅安市天全县始阳镇新中村六组老街边20米，距始阳粮站前门80米，是川藏线必经之路。由乡绅高炳举于清康熙年间修建的这座仓库建筑坐东朝西，占地面积约1500平方米。高家在清朝前期经营茶叶生意，开设有长丰店、恒顺店、泰顺店、清顺店，为当时名号。然而经过几代之后，由于经营不善，家道中落，到中晚期被朝廷收购，成为官方茶仓库。该建筑群为四合院布局，包括正房5栋、厢房5栋、天井5口、院坝1处。前厅、中厅面阔27米，正厅面阔21米，进深分别为10米、9.8米和12米，两侧为厢房，整体建在高0.4米的台基上，青石铺地。仓库遗址内建筑均为木结构穿斗式身架悬山顶，小青瓦盖面，四周是青砖围砌成的防火墙。

天全县从唐末开始形成种茶产业，茶区不断扩大。该地所产粗、散茶畅销各地，并逐步传入康藏地区，成为藏族人民所需边茶生产、供应基地之一。唐开元十九年（731年），藏民请开茶市，朝廷允行"茶马之政"，开设茶马贸易市场。至明朝后期，茶叶由政府经营又开始向民间自由贸易过渡，于是形成官办、私营并行，政府百姓同易的局面。当时蜀汉入藏的另一条路由名山出发过雅安、始阳、天全、禁门关、紫石关，翻马鞍山再入康藏。而始阳地处雅安、名山、碉门之间，各道入藏皆路经此处，所以各地官、商即将茶叶囤积于此，因此始阳也成为了除碉门之外的茶马互市的又一重要处所。该仓库正是当时储存边茶的处所。建筑现在虽然只存梁柱，但从整体结构来看，仍可见当年的恢宏气势。

5. 古城镇

● 上里古镇

上里古镇位于今雅安市雨城区北部，距城区27公里。上里古镇东通名山区、邛崃市，西达芦山县，是四川历史文化名镇，同时也是四川省"十大古镇"之一。古镇最初被称作"罗绳"，是历史上南方丝绸之路临邛古道进入雅安的重要驿站，同时也是唐蕃古道上的重要边茶关隘和茶马司所在地，在近代也曾是红军长征过境之地。上里古镇又因镇内曾有韩、杨、陈、许、张五大家族聚居，故俗称"五家口"。

上里古镇的街道均为石板铺设，古镇中的房屋皆为木制楼阁，房屋布局错落有致，青瓦飞檐流光溢彩。浮雕、镂空雕、镶嵌雕刻等装饰工艺在窗、枋、檐等结构上得到综合体现，其构图手法的精巧凸显着民族文化的精髓。在地理布局上，古镇背靠两山（天合山、罗纯山），二水（黄龙溪、白马河）环绕，围成山间盆地，面向田野小丘，与四周古树、修竹、溪水、古桥相映成趣。古镇居于两河相交的夹角内，民间传为"财源"汇聚的宝地。镇上古朴的建筑高低错落，风格各异，石板铺街，木屋为舍。古镇上的街市主要采用"井"字布局，寓"井中有水，水可克火"之意，以水制火孽，祈愿小镇平安。

上里古镇

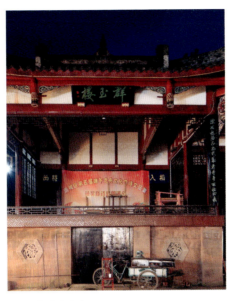

上里古戏台

上里古镇最具代表性的文物遗存包括韩家大院、白马泉、二仙桥及韩氏"双节孝"牌坊等。其中韩家大院有两处，分别位于古镇内以及四家村。镇中的韩家大院始建于清代嘉庆年间，院内雕刻历经三代人方完成，雕刻内容以戏曲和历史典故为题材，其独特的镶嵌式雕刻工艺，实为地方一绝。位于上里镇四家村的韩家大院始建于清道光四年（1824年）。据称是仿照主人在京官邸而建，院内宅深径幽，院中套院，如入迷宫一般，特别是整个建筑由七个四合天井组成，风水中又称为"七星抱月"，以其古朴、精湛的建筑布局与格调，在四川十大古镇中独占鳌头。该大院独具地方建筑特色，采取穿斗式木结构青瓦屋面组成四合天井古建筑群，接近地表处采用石墩做柱基，石板铺地和嵌镶地角枋，此种建筑形式有较高的抗震和防潮性能。另外在雕刻装饰上，韩家大院的门窗、桌台、墙壁隔板、栏板、檐枋等结构上的雕刻装饰也展现了民间雕刻艺术中浓郁的生活气息，堪称当地民居建筑中的代表。

上里镇的白马泉是全国独具特色的十大恒温间隙泉之一，因起潮落潮均能听见马蹄的声音而得名，始建于唐贞观元年（627年），原名"龙渊"，仅是一摊水。相传唐僧西去取经分南、北两路，南路曾经过白马泉。唐僧进庙膜拜，白龙马等候于寺外，因口渴饮用泉水。

此泉水与东海相连，见龙马便涨潮朝拜。当地僧人见状倍感神奇，唐僧一行离开后，立即围泉水建池，原为解决生活用水，后住持高僧得菩萨点化，得知原委，将"龙渊"奉为圣泉，并改名"白马泉"。现白马寺内香炉上，仍雕刻有以唐僧取经为主题的浮雕装饰。南宋乾道元年（1165年）诏封泉池为"渊泽侯"。依白马泉修建的白马寺位于龙头山麓的南丝绸古道旁，与天台山一脉相连。寺内现存的巨石石雕观音、唐代凿挖的古圣井尤为罕见，寺内还存有明代的钟亭、照壁、石雕兽、佛道两家的石刻香炉等。

古镇沿河上溯，短短一公里内竟有10余座古桥，突出反映了当年商道的繁华，其中以二仙桥最具代表性。二仙桥位于古镇西约200米处的陇西河上，是进出古镇的交通要道，为弧形单拱满肩石拱桥，全长22.5米，宽5.8米，高8.5米，拱跨12米，桥面面积约为130.5平方米。桥面以石板错缝铺就，两侧石护栏高0.6米，桥中饰石龙。桥两端各有10余级踏道。桥东北有建桥塔一座，为三层石质空心楼阁式建筑，长方形台基，二重檐，通高5.2米。塔第一层为方形基座，边长0.95米，占地约0.9平方米。塔身计二层，作龛，逐层内收，塔刹为攒尖宝瓶形，塔西南面镌"二仙桥，光绪二十六年五代孙杨应朝培修"，塔西北面书刻《建桥碑序》，述该桥自清乾隆十三年（1748年）始，由杨氏祖公修建，几经水害，终于乾隆四十一年（1776年）由其高祖杨毓柏独成善果一事。塔东南龛内，原供奉神像三尊，现存两尊。二仙桥之名得自于一民间传说。相传当第三次建桥竣工之日，附近州县名士前来祝贺，宴罢人们来到桥头准备踩桥定名，不料有两位乞丐坐在桥头上拦住踩桥人。正在为难之刻，乞丐跃入水中，水里立刻显出两个石包，众人大悟，认定此乃非乞丐，而是两位神仙，于是便将此桥定名为"二仙桥"。二仙桥桥面两侧有石栏，正中雕刻龙头、龙尾，桥头竖一宝塔，正面浮雕神像和"二仙桥"三个大字，塔壁阴刻文字，记述了曾先后三次建桥过程。关于三次建桥，民间还流传着一些传说。相传乾隆初年，为方便两岸居民生活交通，拟在陇西河上修建拱桥。哪知前两次修桥均在建成之日即遭洪灾而冲毁，后经高人指点，得知是河内居住龙族肆意游走造成洪灾，冲毁桥梁。于是当地居民在乾隆四十一年再次建桥，并在桥身两侧分别刻上龙头、龙尾，取"镇龙"之意，以便将龙压在桥下，避免洪灾发生。神奇的是，二仙桥在这第三次建成后就再也没有被洪水冲毁过。

此外，古镇尚存三处牌坊：韩氏"双节孝"牌坊、"九世同居"坊和"陈氏贞节"坊，其中以韩氏"双节孝"牌坊最具文物价值。韩氏"双节孝"牌坊位于古镇南四家村昔日古道之上，建于清道光十九年（1839年）。清廷为褒扬韩家姑媳二人守节，降旨修建节孝牌坊。该坊属石质门楼式建筑，四柱三间，十二翼出檐五脊，镂空石雕彩绘，采用当地优质石英红砂岩石建造。通高11.25米，进深3米，基座宽7.8米，出檐1.1米。三楼坊匾竖写阴刻楷书"圣旨"二字；二楼坊匾横写阴刻楷书"双节孝"三字；一楼坊匾从右至左竖写阴刻楷书建坊记。坊上还雕有戏曲人物24组，100多个人物，还有多组动物、花卉图案窗雕等，多为镂空或半镂空深浮雕，雕刻技艺十分精湛，自然古朴，造型灵巧，栩栩如生，既起到美化牌坊的作用，又作为辅助的信息进一步衬托节孝牌坊的主题，各组图案上至玉皇大帝，下至人间的君王，无不表达普通百姓对朝廷的忠心，宣扬着"忠、孝、节、义"的主题。牌坊前还竖有一对全石双斗桅杆，均高11米，是我国石雕艺术的精品。红军长征经过此地时在牌坊上留下一些石刻标语，所以这尊牌坊具有双重文物价值。

● 清溪古城

清溪古城位于雅安市汉源县北清溪镇，是川西南地区少数形态发展成熟、较少受到现代文明影响的典型边城驿站，也是全国仅存的唐代州城。古城地处高山峡谷中一台地上，西南丝绸古道及茶马古道交汇于此；108国道穿过遗址中心区。东临东门河，南接南门河，西连西门河，北200米为武侯祠。现清溪古城居民均在遗址内生产生活。古城东、南、西三面临绝涧峭壁，北枕大相岭山脉西南麓。城址呈一长方块，高踞东、南、西三面高山河谷地带之上，天险自成。东门名"省耕"，西门名"通化"，南门名"埠财"，北门名"武安"；1958年"大跃进"中城垣全部被拆毁，城壕被夷平，今只有北门城门洞尚存。城门洞为大型青砖砌就的券拱门，高4米，宽5米，深18米，地基全部由矩形红砂石石条砌成。残垣长2000米，高4米，厚3米。清溪文庙是古城中保存最完整的古建筑，位于古城东北隅，始建于清嘉庆四年

清溪古城

（1799年），同治九年（1870年）重建。占地面积5142平方米，呈南北轴线布局，以大成殿为中心，泮池到大成殿间是戟门、乡贤、忠义、官宦、节孝五个祀祠。大成殿为重檐歇山顶，面阔七间，进深六架椽，抬梁式木构架，左右两廊形制相同，对称布局，均为悬山顶，左为先贤祠，右为先儒祠。钟楼鼓楼分列左右，钟楼为重檐六角攒尖顶，平面呈六边形；阁楼屋面铺盖灰色筒瓦，做有脊饰，攒尖顶上置三层葫芦宝顶。整个文庙红墙环绕，古树参天。

6. 蒙顶山古建筑群

蒙顶山古建筑群位于雅安市名山区蒙顶山镇，是一座历史悠久、风景秀丽的名山，它与著名的峨眉山、青城山齐名，并称四川的三大名山。蒙顶山是我国最早种茶的地方，因而

蒙顶山

也被誉为世界茶文化圣山，世界茶文化的发源地。蒙顶山自然风貌与人文景观相互交融，呈现出浓郁的川西乡村风貌。从海拔80至1000米左右的中山地带，由西向东茶园成片，蔚为壮观，其间点缀着古刹永兴寺、天盖寺、千佛寺、净居庵等历史建筑。中山以上是森林地带，常绿针叶、阔叶混交林带绵延至整个后山。蒙顶山古建筑现有遗存、遗迹较为丰富，分布于蒙顶山海拔980至1410米的范围，总面积达10万平方米。

● **天梯古道**

天梯古道位于蒙顶山腰禹王宫至天盖寺之间，为南北走向，总面积1020平方米。此道全长850米，有1374级，其中五分之二为后人修补，路宽1.2米，两侧有条石镶边，从433级至560级为原古道，共有127级。清代诗人称"云梯可登天"，因此得名"天梯"。

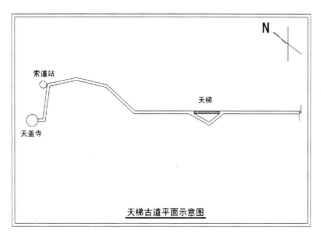

天梯古道平面示意图

● 皇茶园

皇茶园坐落于蒙顶主峰的五个小山头之中，因周围山峰形似莲花，皇茶园正落于莲心而成"风水宝地"。皇茶园坐西向东，占地40平方米。据清代《名山县志》记载，西汉时吴理真手植七株仙茶于此，唐至清时为蒙山贡茶采摘地，南宋淳熙十三年（1186年）正式命名为"皇茶园"。皇茶园四周有条石围栏，高1.2米，宽7.5米，深5.1米，园内有茶树七株。东面正中有一仿木结构石门楼，高1.7米，宽2米。

● 蒙顶山千佛寺

千佛寺位于蒙顶山海拔950米处，占地面积约5600平方米。始建于南宋绍兴十一年（1141年），明

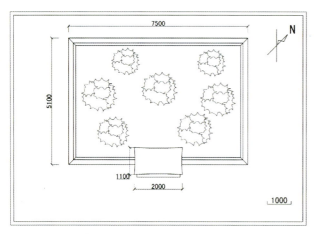

皇茶园平面示意图

嘉靖十一年（1532年）重建，清代维修。分别由山门（新修）、前殿（新修）、石牌坊、厢房（新修）、藏经殿（新修）、大殿、四合院（僧房）及石碑亭（新修亭子保护明代碑刻）等组成。大殿为穿斗式木结构建筑，面阔三间23.2米，进深五间11.8米，通高6.5米，歇山顶，前檐廊，素面台阶，垂带踏道五级。大殿右侧四合院（僧房），为穿斗式木结构建筑，系民国初年修建，有檐廊，素面台基，高0.35米。

● 蒙顶山永兴寺

永兴寺坐落于蒙顶山西侧山腰，占地面积约6000平方米。始建于三国，明代重建，清乾隆四十七年（1782年）维修，共有古建筑8栋，主要由山门、天王殿、石殿、大雄宝殿、观音殿等建筑组成，四合院布局。山门由木结构山门、石牌坊、石屏风、石围栏组成。山门面阔三间10.9米，明间3.9米，次间3.5米，进深三间6.9米。石牌坊宽2.9米，深0.35米，上有精美人物、动植物和书法雕刻。石屏风正面为建南观察史黄云鹄题刻，后为寺庙题记。大雄宝殿为明代构件，面阔五间17.47米，明间4.47米，次间2.6米，稍间3.9米，进深四间13米，垂带踏道，有廊。清代建筑石殿一楼一底，全石结构，屋面为青瓦，梁架上有彩绘，面阔三间15.3米，明间4.45米，次间4.42米，进深4间9.3米，有廊。殿前有垂带踏道，殿后有二垂带踏道可登二楼。寺内有建南观察使黄云鹄多处题记。

● 盘龙石刻

盘龙石刻位于蒙顶山山脊东侧，占地面积约11平方米。据清代《名山县志》记载，为明代建山乡修建止观寺时所刻。1986年石刻由止观寺搬迁于此。该龙雕刻在一直径2.97米、高1.48米的六边形石柱上，由40块石块组成。龙头长1.07米，高1.4米，尾部为蛇形，龙头与尾交织在一个画面上，龙爪均为四爪。雕刻简洁而又不失雄伟，上下均有边并刻不同纹饰。整体雕刻粗犷，刻工精湛，根据其雕刻工艺可确定为明代。

四、线路价值

茶马古道是人类历史上海拔最高、通行难度最大的高原文明交流古道，是汉、藏等多民族关系和民族团结的象征和纽带，也是迄今为止我国西部文化原生形态保留最好、多样性呈现最为显著的一条民族文化走廊。它在历史上不仅扮演了地区间政治与经贸纽带的角色，同时也促进了沿线各地的经济发展，促进了西藏地区的兴起，并且带动了多民族间的文化交流。

首先，茶马古道是汉藏两个民族间的重要政治与经济纽带。它通过巩固藏汉人民唇齿相依、不可分离的亲密关系促进了祖国的和谐统一。在经济上，这条古道不仅使藏区人民获得了茶和其他内地出产的物品，弥补了藏区所缺，而且让长期处于比较封闭环境的藏区通过这一经济动脉将藏区的各种特产介绍给内地，进而在双方间形成了一种持久的互补互利关系。与此同时，经贸上的往来也进一步推动了藏、汉民族的团结，促进了中国在政治上的统一，这其中茶马古道的重要作用不容忽视。

同时，茶马古道的开辟还带动了藏区社会经济的发展。通过茶马古道，不仅大量内地的工农业产品被传入藏区，而且内地先进的工艺、科学技术以及各行业的能工巧匠也得以进入藏区，推动了当地经济的发展。例如因商贸发展的需要，内地的蔬菜种植、建筑、淘金与金银加工等技术和技工大量输入，推动了藏区农作技术、采金技术和手工业的发展。又如因茶叶运输的需要，内地的制革技术传入藏区，使藏区的皮革加工业发展起来。同时，在茶马古道经贸发展的带动下，藏区商业活动也迅速兴起，出现了一批著名的藏商，如"邦达仓""三多仓""日升仓"等（仓，藏语意为家。这里意指商号），另外还出现了集客栈、商店、中介机构为一身的"锅庄"。在这些因素的影响之下，藏区的商业文化也得到了发展。例如康巴人由于受这种环境的熏陶，改变了重农轻商的观念，养成了经商的习惯，形成了独特的商业文化。

此外，茶马古道的开辟与繁荣也直接促进了藏区城镇的兴起和发展。茶马古道上的许多交易市场以及往来商旅的集散地都逐渐形成具有一定规模的市镇，促进了藏区社会的城镇化发展。例如打箭炉从元代的荒凉山沟逐渐发展成为大渡河以西各驮队的集散之地，最终成为"汉番辐凑、商贾云集"的商业城市。当地不仅有专业经营的茶叶帮，专营黄金、麝香的金香帮，专营布匹、哈达的邛布帮，专营药材的山药帮，专营绸缎、皮张的府货帮，专营菜食的干菜帮，还出现了专营鸦片、杂货的云南帮等。当年的打箭炉曾有48家锅庄、32家茶号以及数十家经营不同商品的商号，制革、饮食、五金等新兴产业蓬勃发展。随着当地民居、店铺、医院、学校、官署、街道的纷纷建立，打箭炉逐渐成为一座闻名中外的繁荣城镇。此外，昌都由于是川藏、滇藏、青藏三条茶马古道的交通枢纽和物资集散地，也随着茶马古道上的经济贸易往来而发展成为康区重镇和汉藏贸易的一大中心。

最后，茶马古道还是促进汉藏等多民族间文化交流的重要通道。茶马贸易的兴起使大量藏区商旅、贡使来到内地，同时也让大量的汉、回、蒙、纳西等民族的商人、工匠和戍军进入藏区。长期的移民交往，增进了民族间文化的了解，在相互尊重的基础上形成了不断融合的新格局。在茶马古道上的许多城镇中，藏族与汉、回等民族亲密和睦，藏文化与汉文化、伊斯兰文化、纳西文化等不同文化并行不悖，而且在某些方面互相吸收，出现复合、交融的情况。例如在康定、甘孜、松潘、昌都等地，金碧辉煌的喇嘛寺和汉族的关帝庙、川主宫、土地祠等宗教建筑以及伊斯兰教的清真寺和谐共存。同时，从汉族各地来的商人还在古道上的城镇中建立起秦晋会馆、湖广会馆、川北会馆等，将川剧、秦腔、京剧等戏剧传入藏区。在民族习俗彼此融合的同时，汉藏联姻的家庭也在这里大量产生，进一步巩固了民族间的文化融合。

巴盐古道：

蜿蜒在巴楚之间的文化纽带

The Ancient Ba Salt Road:

A Cultural Bond Meandering through Ba and Chu Cultures

　　巴盐古道源于先秦时期川东、鄂西一带的巴人与东邻楚人之间的食盐贸易，后逐渐扩大为巴盐向周边地区输出的通道总称，既是巴盐的外运路线，又是巴蜀地区对外进行经贸往来与文化交流的通道。元代以降，随着四川作为一个行政区域的出现，巴盐的称谓逐渐被川盐所取代。由于政府对四川盐业的管控，川盐的自由销售多在四川行政区域范围内进行，向外的贩运受到严格控制，但传统巴楚间的古盐道并未废止，有限度的食盐交易仍在政府的管控下进行。

　　19世纪中期，受太平天国运动影响，淮盐进入两湖的盐道受阻，几经权衡，清政府最终全面放开"川盐济楚"，巴楚之间的盐运通道被大大拓展，"川盐古道"正式诞生，"巴盐古道"的称谓遂湮没无闻。但从西沱镇（今属重庆市石柱土家族自治县）转陆运，穿石柱境内至湖北、湖南一线的石阶道仍以运送传统的锅巴盐为主，仍是名副其实的"巴盐古道"，仍在一定程度上推动了沿线村落和城镇的发展，深刻影响着沿线的城镇布局、古镇风貌、建筑形式和文化传承。

左图：大宁盐场的古盐泉

一、线路概况与历史演变

　　盐是生命的维护者和保障者，其对于维持生命的意义仅次于空气和水。古希腊哲学家柏拉图认为，盐与水、火一样，都是生命最原始、最神圣的构成要素。在犹太教中，盐是上帝和以色列人永久联盟的象征。在基督教里，盐与长寿、真诚和知识联系在一起。在伊斯兰世界，人们用盐封存永久不变的契约。早在5000年前，古埃及人已经掌握了用盐腌制禽类和鱼类的方法。

　　我国有文字可考的用盐腌制食物的历史也已有4000年之久。先秦时期，我国已经形成了以海盐、池盐（湖盐）、井盐为主的多种食盐类型与产区。大致而言，东部沿海自辽东半岛至吴越地区先后兴起海盐生产，春秋前期，齐国以此率先富甲天下，齐桓公遂为春秋五霸之首。今山西地区及西北诸地盛产池盐（产自天然盐湖），战国前期，魏都安邑（今山西夏县禹王城）即建于运城盐池之畔，魏国凭此池盐之利，供养起了中国历史上第一支职业化军队——魏武卒，魏国以之东征西讨，迅速崛起为战国时期第一个超级大国。井盐产于长江上游的巴蜀地区，可细分为"泉盐"和"井盐"两种。泉盐为地下盐岩层溶于水而不断涌出地面的咸泉，较易被先民发现和提取。距今4000年前，活动在三峡一带的巴人即已掌握将其加热蒸发以获得食盐晶体的方法，制作出了闻名天下的盐巴，从而崛起为军事强国，甚至一度敢与南方霸主楚国相颉颃。当时，长江中游的楚国不产盐，食盐主要仰赖巴地的供给，最初的巴盐古道应已存在于巴、楚之间，井盐为凿井开采地下卤水而制成的盐。

　　早期巴人活动于鄂西南一带，以恩施为中心。商末，巴人与东邻楚人都亲附于周人，共同对抗殷商，故二族关系融洽。至春秋早期，巴、楚尚联合讨伐申国，攻灭夹于巴、楚之间的庸国。至此，巴、楚的亲密关系达到顶点。此后，解除了后顾之忧的楚人不断北伐、东征，开疆辟土，成为南方霸主，甚至一度问鼎中原；而巴人向西拓展至渝东乃至汉中一带。此后相当长时间，巴、楚仍维持友好关系，并互通婚姻。

　　为保障自身的用盐安全，楚人在灭庸之后，不断加强对鄂西北与渝东北交界地区的控制，大力经营清江流域的盐阳盐泉和大宁河流域的宁厂盐泉，终于解除了民生之忧，为其日后的进一步扩张奠定了基础。但楚人在这一带的扩张行为，势必引起世居三峡一带、依赖盐泉为生的巴人的警觉。

春秋晚期，巴人为独占鄂西盐泉，大规模进攻楚国，最终大败亏输，一蹶不振，不得不再度依附于楚。战国中期，为夺占更多的盐泉，楚国派兵循长江而上，占领三峡一带，控制了大量原属巴人的盐泉，还组织巴人直接为其生产盐巴，并派人控制盐运要道，巴盐由此大量东输楚国富庶的江汉平原一带，

鄂西大山中的古盐道

此时当是先秦巴盐古道最为繁盛的一个阶段。

但好景不长，公元前316年，秦先后灭蜀、巴，夺占大部分巴人盐泉。此后数十年时间，秦国屡次向东攻打楚国黔中郡，而楚人则为保障核心统治区的食盐安全，在三峡一带屯集重兵，双方在黔中、三峡一带反复拉锯，秦人顺乌江及峡江东击楚都的计划一时无法得逞。公元前279年，秦人改变原定路线，沿汉水向东南杀入江汉平原，占领西陵（今湖北宜昌市西陵区西陵山）。次年，楚国郢都（今湖北荆州市荆州区纪南城）陷落，楚王东逃。秦人得以独占巴人盐泉及巴盐古道，还大大开拓了以食盐贸易为主的秦巴古道，这可视为巴盐古道的拓展。秦人在巴蜀的盐业经营卓有成效，不但继续利用巴人开采盐泉，而且还打井开采了地下的卤水（蜀守李冰"穿广都盐井"），成为世界钻井技术的先驱。不过受技术限制，李冰开

凿的这种盐井口径很大，也不会很深。

北宋庆历年间（1041—1048年），今四川大英县卓筒井镇人民发明了卓筒井采卤技术（直立粗大的竹筒以吸取地下卤水），苏轼曾作《蜀盐说》，简要记述其工艺流程：

> 自庆历、皇祐以来，蜀始创筒井，用圆刃凿（山）如碗大，深者数十丈。以巨竹去节，牝牡相衔为井，以隔横入淡水，则咸泉自上。又以竹之差小者，出入井中为桶，无底而窍其上。悬熟皮数寸，出入水中，气自呼吸而启闭之，一筒致水数斗。凡筒井皆用机械，利之所在，人无不知。

这种井径仅碗口大、深达数十丈的钻井方式，比美国的顿钻技术早了至少7个世纪，标志着巴盐开采由大口盐井阶段进入小口深井阶段，小口深井由此成为今日所见传统井盐开采的主要手段。

在传统皇朝社会里，盐业、盐利是直接影响国家政权安危与社会稳定的重要因素，历代官府高度重视盐的生产与运销。自汉武帝以来的大部分历史时期，政府实施食盐专营制度，官府全面掌控食盐的生产与运销，政府财政收入的一半左右仰赖盐业专营买卖，只有官府控制下的专门盐商才能从中分得一杯羹。巴

昔日自贡镇盐井群

蜀一带出产的井盐作为供给关中、荆楚及滇黔地区的重要战略资源，自然成为官府的重点控制对象。于是乎，从巴蜀通往周边地区、密如蛛网的巴盐古道，既是巴蜀地区井盐业兴旺发达的重要保障，也是中央政权不断向西南民族地区渗透、加强统治和开发的粗壮触手。巴盐外运的盐道遂在历代官府的直接掌控下逐步完善、扩展，并不断经历着各种国家层面的军事和移民活动，官府控制下的盐道沿线区域也较早设立了建制，建起了驿站，形成了市镇。巴

今日自贡镇盐井群

力夫运盐图

盐古道作为中国西南地区的重要战略性物资通道，其意义绝不亚于南方丝绸之路和茶马古道。

此外，因中国古代皇朝奉行量出为入的财政政策，为满足政府的日常开销和不定时的大规模工程建设或战争等的经费需求，等量盐巴所需缴纳的赋税常遭加重，导致官府直接运销或官府许可下的商人运销的盐巴价格居高不下，很多贫民甚至不得不将一般年份生生分出半年左右的"淡食季"，在此期间，因不吃盐，四肢无力，无法从事生产劳作，终日昏昏欲睡。而巴蜀东邻的鄂西、湘西一带，长期以来都是开发程度较低的少数民族地区，一般民众生活更加贫困不堪，根本无力购买官盐，只得偷偷购买从巴蜀一带跨越崇山峻岭背负而来的私盐。而鄂西、湘西对私盐的巨大需求，催生了大量的私盐贩子，他们背负盐巴，踏上巴、楚（两湖地区）之间的羊肠小道，形成了游离于官府体系之外的另一批巴盐外运线路。

至宋代，引岸和专商制度逐渐形成。所谓引岸，就是分场分岸的制度，"岸"指规定的区域内，"场"指定产场之盐，就是说只有政府许可的专门商人才能在政府制定的产盐之场（或井），获取规定重量的盐巴，运送至规定的区域范围内进行售卖。《四川通志》载：

> 宋朝之制益州路则陵井监及二十八井，邛州九井……夔州路则夔州有永安监，忠州五井、达州三井、万州五井、黔州四井、开州一井；云安监一井、大宁监一井，所出盐

斤各给本路监，则官掌井，则士民于煮，如数输课，听往旁井贩卖，唯不得出川峡。

由此可知，当时四川地区所属益州路、夔州路等地的盐井被官府控制，所产的盐巴只能在四川范围内自由贩卖，不能越过峡江（长江三峡段）的范围。此举在北宋初期就遭到了巴盐覆盖区域民众的强烈反对，其中以多为巴人后裔、长期仰赖巴盐的鄂西民众反抗最为激烈。咸平二年（999年），高州（今湖北宣恩县高罗镇一带）刺史、施州（大致相当于今湖北恩施土家族苗族自治州）人田颜伊（公元964年，随父田景迁内附纳土），为解决当地百姓的食盐问题，与各羁縻州联系，发起声势浩大的反抗巴盐禁运的斗争，屡次挫败前来镇压的宋军。咸平五年（1002年）宋真宗闻报，惶恐不已，召问夔州路检侯延赏："蛮人何欲？"延赏回答："蛮无他求，所欲为盐耳。"真宗说："此亦常人所需也，何不与之？"遂诏令夔州转运使丁谓督办此事。丁谓奉旨入高州与田颜伊会谈，达成"以粟易盐"（用粮食换食盐）的协议，并在宣恩立"咸平石柱"为盟。于是，起于石砫（今重庆市石柱土家族自治县）的传统巴盐输楚运道得以恢复。此后在明清的两次"湖广填四川"国家移民活动中，鄂地民众也多由此道入川。

（前）至元十六年（1279年），元朝政府在重庆设四川南道宣慰司，管辖重庆路（治今重庆市）、夔州路（治今重庆市奉节县）和绍庆府（治今重庆市彭水苗族土家族自治县）、怀德府（治今湖北来凤县东北），实行屯田，并设置大量水陆驿站，四川成为元朝京城连接西南的重要交通枢纽。（前）至元二十三年（1286年），政府设"四川行中书省"，简称"四川行省"。于是，"巴盐"的称谓逐渐被"川盐"所代替，川盐外运的通道也多被纳入政府直接管辖的官道体系。

至清代，政府将全国划分为若干盐区，本区所产食盐只能在规定区域范围内流通，在本省销售称"计岸"，销往外省称"边岸"。当时的两湖地区称"楚岸"，归入淮盐区，食盐的销售由政府和专门的盐商共同垄断。但因三峡周边地区人口激增，加之交通不便，运至此处的淮盐数量有限，无法满足当地需求，清廷不得不准许一定规模的川盐销往鄂西，开清末大规模"川盐济楚"之先河。乾隆元年（1736年），乾隆皇帝首先准许湖北建始"照例行销川盐"，次年又准巴东县、兴山县、归州（治今秭归县归州镇）、长阳县（今长阳土家族自治县）四州县在淮盐不能上运时购买云安（今重庆市云阳县云安镇）盐。

咸丰元年（1851年），太平天国起事，战火很快延烧至长江中下游地区，淮盐运道受阻，两湖人民饱受淡食之苦，政府也因此缺饷募兵镇乱。次年底，胡南巡抚张亮基奏请湖南借销粤盐，转年正月得户部议准。但"粤盐济湘"受战火延烧的影响，"盐不常至"。加之缺盐之际，"官吏巧立名色，层层削"，所以粤盐济湘并未取得多少成效。帮办湖北军务的罗绕典遂又提出借销川盐、潞盐（河东盐）的意见，得到升任湖广总督的张亮基的首肯，并以"蜀盐质良且近楚，较潞盐为宜"[1]为由，奏请借拨川盐，"设局巫山，由四川委员运至巫山县，付局转运湖北"[2]。但这种由官设局的官运，沿袭旧日之弊，无法改变"盐少价昂"的局面。两湖盐价原为每斤90文，此时涨至每斤200余文，私盐因而乘机泛滥。这不但不能达到"济民食"的目的，而且更难以保障清廷的盐课收入。于是，咸丰三年（1853年）五月，户部只得议准：

> 川粤盐斤入楚，无论商民，均许自行贩鬻，不必由官借运，惟择楚省堵私隘口，专驻道府大员，设关抽税。一税之后，给照放行。[3]

自此四川、广东两地无论是官府指定的商人还是个体商贩，都可自行贩运当地食盐进入楚岸（两湖），只需在通过关卡时缴纳税费即可。因川、楚之间自古即有盐道，交通便利，且两湖民众惯食川盐，川盐在济楚过程中远胜粤盐，形成了川盐源源不断运销两湖市场的盛况，一般意义上的川盐古道即在此时正式形成。原本面临严重危机的川盐生产一转而盛，规

---

① 光绪《四川盐法志》卷11《转运·济楚》。
② 林振翰编：《川盐纪要》，上海：商务印书馆，1919年，第28页。
③ 张茂炯等编：《清盐法志》卷122《两淮·运销门》。

模急剧扩大，盐课也随之大增。咸丰五年（1855年）至六年（1856年）之间，仅在犍为、富荣两大盐厂抽取的厘金（每斤4文），就相当于嘉庆年间（1796—1820年）整个四川的盐税收入。"川盐济楚"前后历时24年，在此期间，四川地区仅向长江中下游运送的食盐即达80亿斤以上，上缴朝廷各种课税约合白银6.7亿两。鼎盛时期，川盐销量占全国总数的1/4，占全国税收的30%。

民国初年，政府改清代官运为民间自由运销，即在场完税后，听凭盐商销往各地。第一次"川盐济楚"结束后一个甲子，因抗日战争全面爆发，我国东部沿海相继沦陷，海盐内运之路再受阻隔。自1938年底开始，四川盐务管理局奉令尽力增产以供应湖北、湖南、四川、陕西、西康、云南、贵州七省军需民食，四川井盐业的地位因此再度急剧上升。次年春，国民政府首先在万县（今重庆市万州区）开办官运业务，将川盐转运鄂西济销，正式拉开了第二次"川盐济楚"运动的帷幕，有效粉碎了日军的"盐遮断"企图，也为支援抗战前线、保障大后方国民政府的财政收入提供了充足的税源。至1942年，盐税收入已达143737万元，为关税收入的9倍多，占国税收入的32.12%，在国税收入中居于首位。1944年，国税收入为5374860万元，盐税相关费合计达3201525万元，约占国税收入的60%，其中川盐税收占盐税收入的42%、国税收入的25%。

二、线路判定与分布

综合前文可知，巴盐古道源于先秦时期川东、鄂西一带的巴人与东邻楚人之间的食盐贸易，后随历史进程的推进而逐渐扩大为巴盐向周边地区输出的通道总称，既是巴盐的外运路线，又是巴蜀地区对外进行经贸往来与文化交流的通道。

元代以降，随着四川作为一个行政区域的出现，巴盐的称谓逐渐被川盐所取代。由于中央政府对四川盐业的管控，川盐的自由销售多在四川行政区域内进行，向外的贩运受到严格控制，但传统巴楚间的古盐道并未废止，有限度的食盐交易仍在政府的管控下进行，即便盐

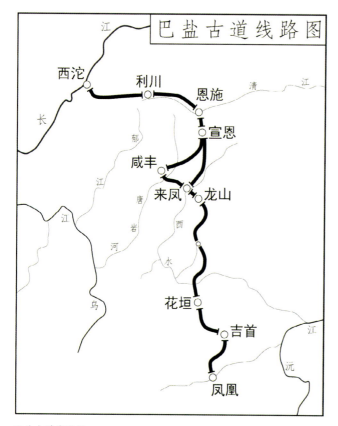

巴盐古道线路图

区划分严格的清代前期也不例外，更遑论由来已久的私盐贩子背负盐巴翻山越岭进入鄂西、湘西一带的少数民族聚居区进行售卖。

19世纪中期，受太平天国运动的影响，淮盐进入两湖的盐道受阻，几经权衡，清政府全面放开"川盐济楚"，巴楚之间的盐运通道被大大拓展，川盐古道正式诞生，巴盐古道的称谓逐渐湮没无闻。但就学理而论，川盐古道仍可算作在政府直接干预下大大拓展了的巴盐古道。但为避免学术名词之争，我们在这里特指巴盐古道为从西沱镇转陆运，穿石柱境内至湖北、湖南一线的石阶道。此路线主要经少数民族聚居区，居民大多贫苦，多吃用陶罐煮制、未除去石膏等杂质的石块状锅巴盐。[1] 即便清末川盐运道大开以后，沿线居民仍无力购买色

---

① 曾仰丰在《中国盐政史》（北京：商务印书馆，1998年）中提到，"巴盐急火煎之，卤水结晶至底而不捞，经两昼夜而成。巴盐有如煎锅形，径约四尺，重约五百斤"。

白粒小的花盐，故此路线上的背夫仍多背负巴盐。因此可以认为，在川盐古道兴起之后，巴、楚之间的这条由来已久的运送锅巴盐的陆上线路，仍是名副其实的"巴盐古道"。其具体路线主要是从重庆石柱西沱镇出发，先向东南翻越齐岳山脉，再往东北上行至湖北利川，再由利川东行至恩施，再南行至宣恩，再一路至咸丰；另一路经来凤—龙山进入湖南境内，然后南下经花垣、吉首等地抵达凤凰。

三、文化遗产

巴盐古道是穿行在巴、楚之间的陆路盐道，主要靠人挑马驮，人马驮盐日行很难超过30公里，每隔一段就会有马站，供过往的商客歇脚，久而久之，便会发展为附近村民赶集聚会的场镇（当地叫"赶场"），至今仍能看到许多这样的马站或场镇。由于盐道废弃，它们多已衰落，但从沿街的铺面、残存的庙宇以及倒地的石碑、砖雕中，仍不难想象这些场镇曾经的繁华。这其中比较典型的有重庆石柱的西沱镇、大寨坎石梯栈道，湖北利川的老屋基村、纳水溪村和大水井古建筑群，宣恩的庆阳坝村、板寮村、两河口村彭家寨以及湖南龙山的洗车河镇等。

（一）石柱西沱镇

西沱镇地处长江南岸重庆市石柱土家族自治县北部的长江之滨，是巴盐古道的起点。原名"西界沱"，古为巴郡与巴东郡交界地，今是石柱、忠县、万州三县（区县）交界处，在汉代即建有码头，唐宋时已是川东、鄂西边境物资集散地之一。北宋咸平五年，作为渝鄂湘地区"施州蛮以粟易盐"的起点口岸，成为巴盐销楚的必经驿站，商贾云集于此。巴盐以及各种物资，经长江上游成都、重庆、涪陵等地运至西沱上岸，再由力夫背上山，徒步走过300多公里三尺宽的青石板路，运至恩施、利川、咸丰、来凤、龙山等地。这是宋代著名的巴楚陆运交通线，有"长江千里古盐道"之称。元代在此设立梅沱小水站，以连接川鄂水上交通。清乾隆二十七年（1762年），在此设"西界沱巡检司"。1930年设西界沱镇，1952年设立西沱镇。2003年被评为第一批"中国历史文化名镇"，2008年被评选为重庆市人文类景观"巴渝新十二景"，正式命名为"西沱天街"。

由于长江水位落差大，不利于沿江建设，而西沱镇地形为斜缓山崖，梯道可在崖上开凿，建房基础也十分稳固，故西沱人至迟从东汉开始，垂直长江，呈龙形向上，利用自然崖体凿打石阶，逐渐建起了长达2.5公里，共有113个石阶台面、1124级青石踏步的主街，中间设有2个大转折平台、80个小间歇平台，形成一种抑扬顿挫的节奏感。从长江边向上仰望，犹如一挂云梯直插苍天，故被称为"云梯街"，当地人称之为"坡坡街"。云梯街是长江沿线唯一垂直江面的街道，似长龙摇头摆尾向长江扑去，整个街道布局十分壮观，被专家誉为"万里长江第一街"。

街道两旁保存着明清遗留下来的一层顶着一层、重重叠叠的悬山房，山墙多面向长江，临街为商铺，屋后为吊脚楼，灰瓦白墙，形成长江沿岸古老而独特的建筑奇观，紫云宫、禹王宫、万天宫、桂花宫及龙眼桥等古建筑遗迹夹杂在民居当中。民国时期，这里的永成商号、和成商号还曾是中共地下党的联络点。每当夜幕降临，云梯街三三两两的灯火逐渐连成一串，最终与倒映在江水中的灯火相连，形成"火龙入江"的盛景。直至20世纪90年代，西沱镇的商业中心逐渐由云梯街慢慢向周边转移，不复往昔热闹景象。

2009年三峡枢纽工程蓄水，"云梯街"175米淹没线以下约500米长的部分老街被淹没，为全街长度的20%，除永成商号、下盐店搬迁保护，禹王宫留取资料外，其余建筑均没入水中。所幸明清建筑群其余大部分得以保存，但遗憾的是云梯街被两条主要公路拦腰截断，失去了整体性，中段和下段街道迅速商业化，仅人烟冷清的上段街道还保留了古趣雅致。

三峡移民搬迁前，有保存较为完整而且雕刻精美的下盐店，盐仓设施齐全，结构奇巧，是古代长江上游盐业运销的历史见证。它原位于云梯街下段，依山面江，与驰名中外的"江上明珠"忠县石宝寨隔江相望，为清代西沱举人杨氏所建，是小天井式院落的代表，清代曾是一座贩卖私盐的商住两用房，与上段贩卖官盐的上盐店风格迥异，中华人民共和国成立后成为西沱粮站仓库。1998年因三峡二期移民被拆除，2009年原址被淹没，2012年搬迁至云梯

街上段复建，现为三峡文化站、石柱土家族自治县创作基地和西沱镇普及站。

下盐店呈四合院布局，整体形制接近一颗印（由正房、耳房和入口门墙围合成正方如印的外观），面阔五间，宽21.2米，纵深26.635米，接近正方形。主要建筑为两层民居，通高11.21米，[①]主体为穿斗式构架，悬山屋顶，为土汉结合风格。宅院的轴线上依次布置大门—过厅—正房，两侧为厢房；其正房的明间檐下施以轩棚，[②]为巴渝地区典型的做法，有很好的装饰作用。整体为前店后院式的院落布局，前厅的店面檐廊与后部正厅的檐廊深度均较大，方便行人驻足停留。

除四周的石砖封火墙之外，其余楼厅全用楠木等珍贵的木材修建，木板壁用桐油抹遍、坚硬耐磨，木板与木板之间吻合得天衣无缝，具有浓郁的土家民族风情。回廊、正厅挑梁斗拱上有运用线雕、立体雕、浮雕、镂空雕等手法制作的精美雕刻，或为飞禽走兽，或为花鸟草虫，或为雕龙刻凤，或为流云仙女，还有完整的神话传奇故事，格调古雅、耐人寻味。

祭祀孔子、关公的二圣宫原位于沿溪镇沿溪村，始建于明代，2012年迁至云梯街上段独门嘴复建，已于2019年完工。二圣宫坐南朝北，为典型的一通天四合院，中轴对称，从北到南依次为大门—戏台—院落（左右两边为厢房）—正殿—边门，可分为戏楼、正堂和厢房三部分，整个建筑共三层，整体为穿斗式砖木结构，局部为抬梁式砖木结构。外部为较严密的砖墙，具有内向性。整体建筑平面为24米见方的正方形，天井为接近11米见方的正方形，明显小于其他地区二圣宫的天井尺寸，为小天井式院落建筑。正殿单檐硬山顶，面阔五间23.59

---

① 数据取自何晨瑂：《重庆石柱西沱云梯街古建筑调查报告》，重庆师范大学2017年硕士论文。

② 由于重庆地区具有闷热潮湿的气候特点，要求建筑应保持良好的通风条件，再加上经济成本、施工难易等原因，使得大多数民居建筑的室内采用"彻上露明造"这一暴露梁架的营造方式。因此，为了美观，凸现豪华气派，在主要建筑前檐廊或者比较讲究的建筑前后外檐部，经常施以曲线和色彩非常优美的轩廊和轩棚，形成类似卷棚的天花造型，以起到突出和美化的作用。轩棚的具体做法是先用极薄的木板做成"卷叶子"（类似"弓"形曲线）钉在"卷椤子"上，"卷椤子"是用1-2寸宽的椤子做成卷形，它们间的距离约略同民居建筑上的椤子，轩棚的宽度可以根据实际情况进行变化。因其椤子的形状还可分为"鹤颈轩""菱角轩""船蓬轩"等。为进一步突出富丽精美的效果，轩棚下面的短柱多采用雕饰丰富的驼峰、小斗等造型；在色彩上，板面刷白漆或红漆，卷椤子刷深褐色或黑漆，两者对比鲜明十分醒目。（冯维波：《重庆民居》下卷《民居建筑》，重庆：重庆大学出版社，2018，第196页）

右图：同记盐店

米，通进深9.6米，檐廊的宽度约为3.3米。往内院为地坪，二层走马廊贯穿建筑空间，保证了建筑的贯通性。戏楼部分面阔七间，戏楼主体面宽5米，进深7米，两边为耳房。后殿刻有"副魁"和"余音绕梁"字样的木板至今犹在。入口大门位于戏台的下部架空的空间，两侧相接的厢房与戏台同高，厢房与稍间山部平齐交接。二圣宫原建筑的格局保存较完整，造型气势宏伟，木构架的做法也反映了穿斗排架与抬梁屋架的结合，且地方抬梁式屋架、穿斗式排架共存于同一建筑，是渝东南少数民族地区古建筑的代表。

（二）石柱大寨坎石梯栈道

大寨坎石梯栈道坐落于重庆市石柱土家族自治县桥头镇的马鹿山悬崖峭壁之上，始建于南宋淳熙五年（1178年），距今已有800多年历史，长约6公里，一峰突兀、三面临崖、一面临水，古有"古寨羊肠"和"蜀中第二剑阁"之称，是巴蜀名胜古迹中保存最为完整的古战场。寨顶海拔1700余米，从上到下，共有石梯9000余阶、石雕佛像24处、石刻题记20多处，是由川入鄂的咽喉要道。寨墙高5米，宽3米，厚1米，清光绪十九年（1893年）增建石寨门，名"大寨东门"。寨墙内外，视野开阔，可控制四面八方的险道。在一石刻佛像下深刻着"蜀道原非易，功成创造力。关山依旧好，流寇漫未欺"的诗句。石刻文字则记录了从南宋到民国700余年间整修大寨坎栈道的经过。

（三）利川老屋基村、纳水溪村

老屋基村位于湖北利川市忠路镇东北边七星岩西南麓，因此地曾有历时久远的房屋建造基址而得名。村落背山面水，风水绝佳，历来是利川南下忠路、文斗通往重庆的重要节点，水陆旅客多在此停靠休息，清初即已发展为集镇型村落，每当集日，附近各村镇居民争相至此买卖商品，热闹非凡，直至20世纪90年代末仍是当地重要的集贸中心之一。2013年被列入中国传统村落名录。

老屋基老街位于村镇的中心、两河（姚家河与郁江）交汇的河口台地之上，呈南北走向，光绪年间（1875—1908年），邑人用麻条石铺就，长约110米，宽约6米，掩映在浓密的山林之中。街道两旁布满层层叠叠的吊脚楼和木板屋，共计66座，基脚可追溯至乾隆年间（1736—1795年），全系木质，屡遭烧毁重建，现存建筑均为民国时期火灾后重建，旧貌犹存。老街入口处多为商铺，后面是天井和正屋，多为一至二层，依靠悬山屋顶坡度和高度起伏的变化形成了错落有致的轮廓线。入口处有一座三层的大体量古建筑，此后为狭窄的直线形集市街巷，到达小桥时，视线豁然开朗。小桥为市级文物保护单位"福寿桥"，又名"永兴桥"，建于乾隆十七年（1752年），由邑人黄天颖出资，为单孔石拱桥，长7.6米、高6.2米、桥面宽4.8米、孔跨6.5米、券拱0.4米。

老屋基现存规模较大的古建筑是距老街5公里的木坝河村的三元堂，坐北朝南，藏于山野之中，古朴恬淡，为抬梁式木结构庑殿建筑。始建于清代后期，初为山陕商人会馆，现存主体系光绪二十七年（1901年）由三元堂道首罗宗题出资扩建，改为道观，现为敬老院。三元堂为三进四合院落，依山就势呈阶梯式对称布局，东西宽50米，南北长60米，建筑面积达3000平方米，红墙黑瓦，正门前的石梯和石阶沿用长条石铺就；中轴线上布置门楼、玉皇阁、正殿和后殿，两边布置厢房与偏楼。其中，玉皇阁位于正殿后天井的阶梯上，高阁耸立，突兀于整个建筑之上，后殿两厢重檐高翘，彩楼回旋，形成对峙之势，布局十分巧妙，是山陕建筑风格与鄂西土家建筑风格的完美结合。

纳水溪古村落位于湖北利川市凉雾乡，四周群山环抱，纳水溪绕村蜿蜒而过，古村落因"行盐"贸易而生。清乾隆元年（1736年）利川设县，得到重点建设，纳水溪集镇的商贸活动有所减弱，但直到1930年前后，纳水溪正街依旧繁荣，每月逢4、7、10日为大场，附近山民纷纷前来赶场（赶集）。20世纪80年代前后，公路取代古驿道，纳水溪由昔日的交通要道沦为交通死角，逐渐退化为普通村落，而古驿道两旁由明代延续至今的纳水溪老街虽已衰败，但旧貌犹存。

老街地面为条形石板铺地，是过去贩盐留下的青石板路，旧称"三尺路""盐大路"

或"骡马路"，两侧多为店宅，分"前店后宅"和"下店上宅"两种，立面门窗分为可拆卸的实体木门板和木板与门窗相结合的两种类型。为适应鄂西多雨的气候特点，老街两侧临街建筑出挑一步架或两步架，出檐达1.2—2米，并从两侧建筑伸出横杆，在其上部架起"屋盖"，以完全遮蔽街心空间，形成独具特色的"雨街"，保证日常的商贸活动不受天气影响。民国时期，由于雨街低矮的空间阻碍骑马穿行，街心上方屋盖遭拆除，但店铺外柱上的支撑横杆大多仍然保留。

老街建筑最著名者为关庙，位于街道中部，始建于明代，由本村村民和往来商贾共同出资兴建，是村镇的公共活动中心。关庙系全木结构，木壁墙面，山门外侧门楣处有朝向对面山体的"辟邪木刻"，用以镇住对面高大的朝山，基址系青砂条石垒砌，除戏楼（戏楼为歇山瓦顶）外均为单檐悬山灰瓦顶，采用穿斗与抬梁混合式屋架。原由三进院落组成，中轴对称布局，山门、大殿、正殿、后殿依次排列，并用跨院（小天井）相互连接，现仅存前面一进。山门面阔三间，进深一间，戏楼与山门合为一体，戏楼两侧厢房各开一侧门供村民平时进出，有正式祭祀活动时才从正面山门进入。戏楼的戏台为单面凸出的三面观形式，戏楼与正厅前面的坝院，连同两侧的厢房共同组成一个合院式观演空间。戏台下额雕刻着"水漫金山""八仙过海"等民间戏文故事，雕刻精美，形象生动。

1933年10月20日，贺龙曾率中国工农红军第三军（简称"红三军"）至纳水溪召开群众大会，以关庙为军部，关庙大门上方有一块"红三军军部旧址"牌，戏楼上也有红三军在纳水溪活动的简介和牺牲的红军烈士名单。

（四）利川大水井古建筑群

大水井古建筑群位于湖北利川市北约46公里处柏杨坝镇，主体由李氏宗祠、李亮清庄园及高仰台李盖五宅院三部分组成，占地20000余平方米，总建筑面积12000余平方米，其规模在湖北古民居建筑中首屈一指，建造工艺与当年四川大地主刘文彩庄园相比各有千秋，具有欧式、徽式和土家族建筑相结合的典型移民风格，是鄂西传统建筑精品，已于2001年被列为全国重点文物保护单位。

大水井西面崇山峻岭、沟壑纵横，东面龙桥河穿流而过，形成一片冲积的扇形平地，曾长期属四川省，1955年划归湖北利川。元明时期属施州卫龙潭安抚司下属黄土司的辖地。从明代中期开始，黄氏土司家族就在此修建住宅、祠堂和墓地，逐渐形成一定规模。清乾隆四十一年（1776年），李廷龙、李廷凤两兄弟从湖南岳州（治今岳阳市）入川经商，途经大水井，取"龙归井，凤栖山"之意，李廷龙遂落脚大水井（李廷凤落脚云阳马鞍山）。李廷龙初为黄土司管理钱粮，后以贩盐为主，成为当地巨富，最终赶走黄氏家族，并在此基础上繁衍生息，逐渐形成以李氏宗祠为中心的宏大建筑群，"大水井"的名称即源自李氏宗祠内一口供方圆十里村民饮水的百年古井。李氏家族在大水井一带共建立八处庄园宅院，其中李氏宗祠、李亮清庄园和李盖五宅院三处保存较好，李氏宗祠和李亮清庄园东西相距仅150米，而李盖五庄园宅院则远在8公里之外。在这三组建筑中，李氏宗祠保存最为完整（是湖北现存最完整的宗祠建筑），营造手法最具南方木构建筑特点。

● 李氏宗祠

李氏宗祠建于清道光二十六年至二十九年（1846—1849年），又名"魁山堂"，坐南朝北，砖木结构，平面呈长方形，东西宽约90米，南北长约120米，占地面积超过10000平方米，建筑面积达3800平方米，主体为宫殿式，硬山式瓦顶，四周为砖墙，两侧烽火墙垛子高耸，整体呈中轴对称分布，由北向南沿中轴分布的建筑主体依次为：前殿、拜殿、祖宗殿，均为三开间，前殿、后殿分别与左右两厢联结，中殿四面皆为整块石铺就的院坝，共有房屋60余间。

宗祠外围的城墙壁为土家族堡垒形式，后三方是一圈总长约400米、高8米、厚3米的护墙。城墙壁前方为一道9米高，用大型条石纵联砌成的石堡坎，形同峭壁，其上加设石栏墙，墙上凿有36个射击孔，围墙外东北角、西北角还各建有一座木构瓦顶碉楼以巡逻防卫（东南角、西南角的围墙上也各设一碉楼，但现已无存），左右两侧各开一门，东曰"承恩"，西曰

"望华"。防卫森严，易守难攻。宗祠东北角有一口大水井，被沿城墙修建的一道夹墙围在其中，围墙系1930年由李氏家族末代族长李盖五主持修建。1926年冬，李氏宗族曾遭川军贺国强部围攻，最终因断水而妥协，故增修之。李盖五在外墙亲自书写"大水井"行书三字，每字70厘米见方，阴刻入石，气势狂放。这是李氏宗祠最后一次较大规模的扩建工程。

前殿和拜殿中间为抬梁式木构架，两侧厢房为穿斗式木骨架，从而使建筑内部空间更为开阔。前殿大门顶上高耸碟垛，系江南牌科门楼做法，中悬"李氏宗祠"匾。左厢设讲礼堂（即公议堂）及族长、执事住房，右厢设银库、账房、仓库，其中讲礼堂外还设有过失桥，用以惩处有过失的族人。该桥用巨石建成，巨石长3.81米，宽3.45米，厚0.27米，中心刻太极凤云纹，四角雕蝙蝠纹。拜殿是李氏族人于清明、盂兰、冬至举行祭祀活动跪拜祖宗的地方。祖宗殿供奉历代祖先牌位，是宗祠的核心建筑。

三座大殿依次升高，营造出逐级递进的庄严序列感。装饰十分丰富，柱础皆为圆雕装饰，木构架上布满吉祥花卉、动物、瑞云、金鞍、历史故事等题材的木雕，还残存有少量彩画，飞檐和屋脊均用青花瓷碎片镶嵌成各种图案。李氏先人十分重视礼乐教化，大量石雕、木雕、楹联文字均可体现，犹以拜殿为甚，殿内陈设"族规""家规""遏欲文""劝孝文"等木刻，山墙两侧分别在精美的泥塑装饰边框中书有"忍""耐"二字，字旁各设一楹联，上有横批，内容分别与"忍""耐"二字相呼应。山墙下还各设一水池，池壁分别刻"廉泉井"与"让水池"字样。总体而言，李氏宗祠是一座典型院落式布局的城堡宗法土围子，处处体现着宗族至上的传统思想。

● 李亮清庄园

李亮清庄园与李氏宗祠呈对角相望状态，处在宗祠的西南位置，距宗祠150米左右，是一座中西合璧的民居建筑。始建于明代，主体建于清代晚期，由李氏家族第四代族长李亮清主持，至中华人民共和国成立前仍在继续建造。西南部分基本为黄氏土司家族旧院，始建于明代，木架木壁，低矮古朴，民族特色浓郁；东北部分为清乾隆年间（1736—1795年）李氏改修扩建而成，砖木并用。整个庄园建筑面积达到6000多平方米，房屋170余间，未使用一颗铁钉，全部采用的是木骨架；天井24个，遍布院坝，层次丰富，空间极为复杂。

庄园正大门斜开，以避左侧尖刀峰煞气，上方高悬"青莲美荫"额匾，意在攀附诗仙李白为先祖。门内是两面建筑和一道围墙围合而成的院坝，全用规格统一的平板青石铺就。过院坝后，正立面一条欧式柱廊横贯左右，柱上饰以白灰堆花柱头，柱间为弧形廊檐，气势粗犷壮丽；院落的两侧回廊则为两层土家彩檐吊脚楼，二者中西合璧，相映成趣。中轴线上依次为前院、中院、后院，建筑依地势逐级拔高，均以楼道相连接。前院正厅悬挂"大夫第"额匾，以李亮清义父李文郎曾为官道台，受封资政大夫而自诩。左为花厅，右为账房。花厅内栏杆柱础、门窗几案雕刻精美，天井内花木盆景，鱼池假山，布置古朴典雅。后院东南角有一高耸的小姐楼，采用将军柱(一柱六梁)和抬梁式结构，空间宽敞明亮。西北角有一绣花楼，重檐歇山屋顶，檐角高翘，与小姐楼遥相呼应，竞相争艳。整个庄园建筑鳞次栉比，层次分明，布局巧妙，华贵而又不失雅致，是中西合璧的典范。

● 高仰台李盖五宅院

李氏家族最后一任族长李盖五的父辈因兄弟分家，就在此建造了宅院，所在地原名"葡萄瓮"，李盖五嫌其地名俚俗，故取"高山仰止"之意，更名"高仰台"。李盖五宅院有房屋40多间，占地有2000余平方米，砖木结构，与李亮清庄园相仿，也未使用一颗铁钉。院坝宽阔，正厅高大，厢房错落有致，梁柱雕饰精美，今多有损毁。

（五）宣恩庆阳坝村、板寮村和两河口村彭家寨

庆阳坝村位于湖北宣恩县椒园镇西北部，四周有五座东西走向的山脉直指坝子磐口，两条小溪汇集于此，形成一处马鞍形盆地。地处川、鄂、湘三省边贸的进出交易之口，集镇历史可追溯至宋代，是当时的朝贡物资采集地和高州"以粟易盐"的必经之路；清雍正十三年（1735年）"改土归流"之后，当地集市逐渐兴盛；清末实施大规模"川盐济楚"后得到长

足发展，享有"盐花大道第一隘口"的美誉，逐渐形成500多米长的凉亭老街（因老街北侧的"凉亭桥"而得名）。古街依山而建，分为三街十二巷，临街为前后高低错落有致的燕子楼，背水则为体态轻盈的吊脚楼，整条街檐搭檐、角接角，形成一个室内集市，防风避雨，冬暖夏凉。时至今日，这条商业老街依旧在使用，传统建筑完好程度为80%，仍存65栋结构完整的房屋，保留了完整的历史记忆及地方特色，被誉为"土家商街的活化石"。

板寮村位于湖北宣恩县高罗镇北部，板寮意即"木板小屋"。板寮村后有绵延起伏的青山，前有歌乐河，风水绝佳，板楼沿着大山的山脚修建，靠着山坡一字排开。板寮村曾是巴盐古道上的一个驿站，旅馆酒楼鳞次栉比，其西南侧青石板铺就的街道上车马络绎不绝，现已归于平寂。如今作为全国"美丽乡村"创建试点村，板寮老街已修葺一新，只有掩映在山间青草丛中的青石板路还依稀散发着古朴的韵味。板寮北有东关飞瀑，南有李溪层石，均属"宣恩八景"，后者相传与李白有关。

彭家寨位于湖北宣恩县沙道沟镇两河口村，两河口村因龙潭河、红溪河在此汇合而得名，是典型的土家盐道古村。其土家族吊脚楼群已有200多年历史，沿龙潭河呈珠状分布，掩映在群山绿树之中，被著名古建筑学家张良皋先生誉为"龙潭河上的一串明珠"，已被列为全国重点文物保护单位、中国历史文化名村，正在被建造为中国土家泛博物馆。寨内土家吊脚楼从整体布局上看没有明显的中轴线，远望层层叠叠，里面层次清晰而富于变化。吊脚楼依山而建，分台而筑，自由排列，大多坐西北朝东南，每栋自成体系，面积几十到几百平方米不等，由座子屋和龛子屋组成。座子屋为正屋，一般为一明两暗三开间。龛子屋为厢房，是由干栏演变而来的吊脚楼形式。彭家寨吊脚楼设计精巧，外观变化多端；做工讲究，其门窗古朴、深邃而变化丰富，细部装饰讲究；屋顶翼角不起，歇山檐口则四角轻盈起翘，立面造型丰富，这在土家建筑中并不多见，是彭家寨吊脚楼的一大特色。林荫覆盖下的青石板路，古朴雅致，蜿蜒在院落、场坝之间。秋分时节，宅前金穗麦浪、清溪蜿蜒，寨后竹影婆娑、苍树挺拔，美不胜收。

洗车河镇

（六）龙山洗车河镇

洗车河镇位于湖南龙山县，地处湘西与鄂西南交界、洗车河中部，曾是川湘鄂边区水路交接的重要通道，两三千年前即达到较高的文明程度。古镇地处龙山腹地，是土家族聚居区，改土归流之后，大批江西高安移民涌入，振兴了当地码头，也带来了文庙和江西会馆等江南建筑风格，故当地清代后期的建筑风格为土家族吊脚楼与江南封火墙并存，并建有万寿宫、关帝宫、水浒宫等大量宫、堂、庙宇，是一个典型的商业移民古镇。

洗车河廊桥是该镇的标志性建筑，又称"大河桥"（另有一座"小河桥"），始建于清乾隆四十五年(1780年)，由本埠乡绅肖家霖等捐修。系四墩木廊式风雨桥，东西两墩为青石拱墩，以应汛期泄洪，河中两墩均为梭子形尖角青石墩，上为木梁结构，俗称"喜鹊楼"。桥面为走廊式风雨凉亭桥，小青瓦盖面，青砖垛脊，桥两头砌青砖封火墙，拱形门上分别书"东壤"和"西壤"。桥廊长43.3米，中高4.8米，檐高3.9米，两边雨板各伸出1.1米。全桥采用优质杉料，以卯榫结构合成，建筑布局严谨，石、木工艺精湛，是湘西土家族苗族自治州保存最完整的一座风雨桥。

洗车河镇的主要街道有东平街、湾子街、坡子街、小河街。东平街是当地最长（约1公里）、最平的一条街，沿街多深宅大院和寺庙会馆，是商家集中居住地，至今仍是镇上民宅最集中的街道，栋栋吊脚楼临河而立。湾子街为全镇中心区。坡子街保存最为完好，过去曾是津通巴蜀的唯一通道，是由一块块有棱有角的青石条逐级硬砌上来的石梯古街，有18台、340多级，人称"天街"。旧时这里是本埠陆路出入口，各地土特产皆在此售卖，有"银子窝"之称，各商家纷纷在此拦截货源，故商号越修越高，直至坡顶。小河街则较为清静，以经营客栈、饮食业、豆腐业为主，建有气派宏伟的陈氏宗祠，前有两圆门，中有一大厅，前边有戏台，雕梁画栋。

当地土家吊脚楼结构紧凑，造型雅致，多分正屋、偏房、吊楼子、朝门四个部分。非房屋四周，或插篱为院，或筑土成垣，或垒石为墙，中留一门，土家人称之为"朝门"，其式样多为"八"字形，亦有牌楼式，前者严实厚重，后者坚固华丽。土家人对朝门看得很重，讲究风水朝向。

自雍正年间（1723—1735年）"改土归流"之后，当地出现了一批靠种植油桐发家的大户，由此诞生了一批富族丽舍，最著名者为贾家寨巴沙湖（巴沙村）的向氏"六大家"（即六兄弟）庄园。庄园由十四栋封火墙大宅院组成，砖木结构，均依山而建，高低错落，依序排列，组成气势恢宏的庄园格局。封火墙曲翘得度，饰以蓝色、黛色瓷或琉璃片，以及花鸟虫鱼等彩塑彩绘，做工十分讲究。每栋均为三进，每进之间隔一天井。宅院前都建有牌坊式青岩朝门，高出路面二三米，以凸显整个建筑的伟岸雄峻。朝门青石上雕刻着各种奇花异草或神话传说故事图案，如《八仙过海》中的人物群像、"福、禄、寿"等。光亮漆黑的朝门左扇，装饰有"二龙抢宝"，右扇上则是"狮口含球"。

进朝门后，中间有一块很大的院坝，之后便是厅堂。厅堂的每根木柱，都雕成芝麻杆形，用桐油油得红光发亮。屋顶上安有大量的亮瓦，使得厅内光线充足，十分亮堂。厅堂内悬挂着彩灯，正中央是家先神位，两旁为对联，上有"大厦千秋""华屋生辉""祖德流芳"等红底金书的横匾。厅堂后的两道天井旁是整齐的厢房。

此外向氏家族还在村寨周围的山头培养了五片风水林，当时叫"陪山"。从远方看去，只见绿树成荫，直到进入寨门，才见绿树掩映下的住宅。竹林中栖息着成千上万只白鹤，每天在村寨上空和各个山头飞舞，给人以入仙境之感。

四、线路价值

巴、楚之间的巴盐古道由来已久，至今已有两三千年历史，沿线不断出土的春秋战国时期的精美文物，展示了其文明在较早时期即已达到很高的水准。在随后的历史进程中，巴盐古道随着巴盐输出规模的扩大而拓展，也极大推动了中央政府势力在西南地区的渗透，却也因中央政府的盐业控制而萎缩，最终在清末正式被川盐古道所取代。但值得庆幸的，从西沱镇转陆运，穿石柱境内至湖北、湖南西部的最后一条巴盐古道得以顽强地保留下来，清末民国时期仍然在给沿线的贫苦百姓提供着经济条件允许食用的锅巴盐，仍推动着沿线的经济文化发展，其福泽存留至今。

依托传统的巴盐古道，沿线石柱的西沱镇、大寨坎，利川的老屋基村、纳水溪村和大水井古建筑群，宣恩的庆阳坝村、板寮村和两河口村彭家寨以及龙山的洗车河镇等古村古镇，直至清末民国仍称繁华。在强大的经济基础支撑下，一座座既有当地民族特色，又兼具外来江南建筑甚至西式建筑特征的古建筑群落拔地而起。中华人民共和国成立以来，古道沿线各地相继因公路交通的变更而由原来的盐道节点沦为交通死角，逐渐归于平寂，但也正因此而较为完整地保留了一系列古色古香的古街、古村、古镇以及原汁原味的传统民俗文化，成为历史学、人类学和建筑学研究的绝佳田野，也极大促进了当地旅游业的发展。目前石柱西沱云梯街、利川老屋基老街、纳水溪老街和大水井古建筑群，宣恩庆阳坝村老街、板寮村老街和两河口村彭家寨，龙山洗车河镇等地，都已完成或正在进行修缮复原及环境整治等工程，今后若以巴盐古道为线索，串起沿线自然景观与人文景观，必能大大提升沿线旅游开发的品牌价值，带动沿线的旅游业发展。

蜀道：

见证2000年西南历史的交融之路

The Sichuan Road:

A Route of Integration Witnessing the 2000 Years of History in Southwest China

从战国时期的官道开凿时间算起，位于中国西南部的"蜀道"已然经历了2000多年的风雨，是中国历史上最为古老的文化线路之一。如此悠长的历史也让蜀道被人们形容成"罗马大道之兄""都江堰之父"，甚至是"茶马古道与丝绸之路之祖"。蜀道成就了中国古代秦、蜀两地之间的交通，形成了一个以陆路为主兼有水路的道路系统。这个巨大的交通系统同时也促进了两地间的政治、经济与文化等多方面的交流与融合，此外还在中国古代军事史上扮演了重要的战略角色。蜀道是由跨越四川与陕西省以及甘肃省东南部一小部分区域的7条重要干道组合而成的南北交通系统。这个系统以汉中为界，可以分为南北两段，其北段以西安和宝鸡等城市为起点，在翻越秦岭之后到达汉中平原；其南段则是由汉中继续南下，翻越米仓山与大巴山之后进入四川盆地。见证了2000多年历史风云、拥有大量人文与自然景观的蜀道在今天已然成为中国境内最重要的历史文化线路遗存之一。

一、线路概况与历史演变

"蜀道"一词中的"蜀"无疑指的是四川。这"蜀"原是位于四川盆地的古蜀王国的称号，只不过这一国号后来被在这一带割据的大小地方政权一直沿用了下来，成为这块被山峦与高原所环抱的盆地的代名词。然而"蜀中之道"就是"蜀道"吗？这个问题让我们不得不首先在广义与狭义的"蜀道"之间作出区分。广义上的"蜀道"，顾名思义是指历史上连接四川盆地与外界的道路。四川盆地的地形特点使得成都平原被四周山脉所阻隔，自古对外交通就极为不便，而这些道路则在不同方向上将地势低平、土地肥沃的成都平原与外界联系起来：向北有通往汉中与关中的道路，向南通过茶马古道与云贵之地相连，向西经唐蕃古道通往藏区，而向东则有长江水道将其与荆楚大地相连。

广义的蜀道无疑是这些在不同方向上通达蜀地的道路的总称，而在这些通道之中，四川与北向陕西之间的道路体系，也就是"秦蜀古道"则成为了狭义上的"蜀道"所指。狭义的蜀道主要分布在四川东北部、陕西西南部，有一小段穿过甘肃境内，由北四南三共7条南北向干道所组成。因此，狭义的蜀道虽然只代表了四川盆地自古以来对外通路的一个方向，但也仍是由多条道路共同构成的一个交通系统。这个交通系统在四川东北部和陕西西南以及甘肃东南一隅勾连出一张网。这张网上的南北向干道从四川盆地出发，跨越大巴山到达北边汉中平原，然后再翻越被视为华夏文明龙脉的秦岭到达富庶平坦的关中平原。

由于跨越了秦岭，蜀道也被看作是打通华夏龙脉之路。秦岭自古以来就被认为是华夏文明的龙脉，它与淮河共同组成了中国地理上的南北分界线。秦岭以北的关中平原又称"八百里秦川"，是中华文明的发祥地之一，西安一地更是成了中国历史上多个朝代的政治中心。秦岭以南是汉中平原以及自古以来具有极大战略价值的大后方——拥有肥沃土地与便利灌溉条件的四川盆地。秦岭的山势阻隔给南北交通带来了巨大的阻隔，诚如司马迁在《史记》中所述："秦岭天下之大阻也。"而跨越秦巴山脉的蜀道修建正是将这一阻隔打开的壮举。当年的秦国也正是得益于蜀道的修建将汉中平原与四川盆地纳入版图，从而一举成为诸侯中的强国，最终成就了统一中原的大业。

作为修造时间最早、使用时间最长、历史影响最大的中国古驿道之一，蜀道成为一条带动区域经济与文化发展的重要文化线路，将分布于四川、陕西与甘肃的城镇串联起来。在

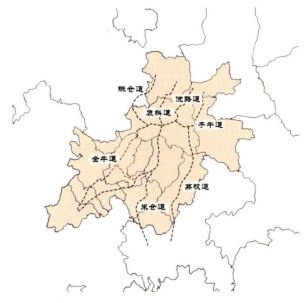

蜀道线路分布图

两千多年的历史长河中，这条文化线路的沿线形成了以宝鸡、汉中、利州、阆中、巴中、绵阳等城镇为核心的城镇体系，成为地方经济社会与文化发展的中心。此外，蜀道也是中国古代邮驿制度的杰出见证。中国古代的邮驿制度为古代中国以中央集权的模式管控疆域提供了保障，是一种自上而下的大规模、多层面的交流交通体系。与此同时，蜀道作为连接秦蜀两地的重要通道，在交通、军事、宗教、文化交流等方面也意义重大，促进了四川地区与关中地区的文化融合。不仅如此，蜀道的历代修治还展现了这一交通体系在技术上取得的成就，而且还因为壮美自然景观以及人文历史背景的缘故与多种文学艺术形式发生碰撞，留下了大量宝贵的非物质遗产。

二、线路分布

从今天的行政区划图上看，这条狭义的蜀道经过的地区主要包括了四川与陕西省的一些县市以及甘肃省东南部的一小块区域。蜀道以汉中为界，可以分为南北两段。以西安和宝鸡等城市为起点的北段在翻越秦岭之后到达汉中平原；南段则是由汉中继续南下，翻越自西向东绵延的米仓山与大巴山，最终进入四川盆地。蜀道北段上的四条干道由西向东分别为陈仓道、褒斜道、子午道和傥骆道，南段上的3条干道则为金牛道、米仓道和天宝荔枝道。在这些主干道之外还有一些将其联系起来的陆路及水路支线，共同构成一个网状的系统。在作为官方驿道的功能逐渐被淡忘之后，古蜀道系统中的一些路段至今还在被当地居民使用，其原有的骨架结构也被现代的交通干线所沿用。

（一）褒斜道

褒斜道这一名称中的"褒"和"斜"其实是两条水道的名字。这两条水道都发源于秦岭的太白山：一条向北，流入眉县，最后注入渭河，名曰斜水；另一条则向南流入褒城县，最后汇入汉水，名曰褒水。这条褒斜道傍着这两条水道的河谷而行，是蜀道中开凿最早的一条线路。《华阳国志》引《蜀志》称早在三皇五帝时期就有此通道；《史记》中的描述则为"栈道千里，无所不通，唯褒斜绾毂其口"，可见其当时地位的重要性。褒斜道的南端位于汉中的褒谷口，北端则在眉县的斜谷口，它的鼎盛时期与古都长安的崛起同步。唐朝时期，都城长安便是通过这条官道与其重要的大后方汉中与四川相连。往来的人们从长安启程之后经户县向西过周至与眉县，在斜谷口进入秦岭，之后沿斜水东岸向南，再经鹦鹉嘴、下寺湾，翻过老爷岭之后来到桃川谷，然后继续西行，一路经过灵丹庙、杜家坪等地；爬上五里坡之后就来到了褒水上游的红岩河，再向南经过两河口、西江口、马道镇、褒姒铺等地，翻越七盘岭后出褒谷口，经褒城达汉中。唐都长安繁荣之时，褒斜道上一时间驿站密集，往来繁忙。但随着五代之后长安的光彩日益暗淡，这条官道也渐渐不复往日的兴盛，在岁月的磨蚀中被慢慢损毁。

（二）陈仓道

"明修栈道，暗度陈仓"这句脍炙人口的成语其实就提到了蜀道中的两支线路："栈道"指的是褒斜道，而"陈仓"无疑就是蜀道上的另一条线路——陈仓道。成语掌故说的是，刘邦听从了韩信的计策，明里忙于修复褒斜栈道，而暗中却从陈仓道绕了过去。陈仓道得名于线路北端进入秦岭处的陈仓古县，先秦时便已开辟，秦末汉初之时就已成为关中与巴蜀之间的流通要道，到唐代更成为驿道。线路起始自长安，经陈仓（即今宝鸡东）顺嘉陵江河谷一路向西南而行至凤县，其间途经玉女潭、散关、黄牛岭和黄花州等处。凤县之后，陈仓道入故道川，一路再经马岭寨、两当县、河池县、长举县等地，之后沿东南方向经兴城关与分水岭到达西县（即今勉县西），之后再折向西南，经百牢关至金牛县（今宁强县金牛镇）。到达金牛县之后，便可选择继续借由金牛道入蜀或是经由褒城抵达汉中。陈仓道一路上折返费时，但优点是所经之处地势较为平缓，且有很长一段可以借助水路，因此也一度成为公私出行往来于秦蜀间的要道。

（三）傥骆道

傥骆道之名也和褒斜道一样，得自于其两端的地名。"傥"即指路线南端洋县的傥水河口，而"骆"则是指路线北端位于周至县的骆谷口（或称骆峪口）。傥骆道从北端的骆谷口经十八盘岭，顺傥水河谷南下，经洋县至汉中，沿途经过厚畛子、兴隆岭、华阳镇、老县城、城固等地，全程425公里。始于三国时期的傥骆道是蜀道中开通较晚的一条线路，也是秦岭中最短的一条通道，它在关中和汉中之间建立起了较为近便的通路。但是由于线路上大段地区干旱缺水，沿途人畜饮水补给受到制约，所以也被人们视为畏途。

（四）子午道

子午道之名得自于其线路所穿越的子午谷。这条开辟于秦代的通道在两汉期间繁荣起来，日渐形成长安通往汉中、安康与巴蜀之地的驿道。东汉王升的《石门颂》中如此记载："高祖受命，兴于汉中，道由子午。"子午道的线路始自古长安南下，经今西南南郊社城村入子午谷，越土地梁而至沣水河谷，沿河谷南行至关石（即子午关），再南行顺汉江支流旬河而下至其另一支流池河。此间途经高关场、江口镇、沙坪街、月河坪、腰竹沟等地。沿池河一路南下经营盘、新矿等地后进入石泉县境；从石泉县向北过子午镇到达洋县，再经金水镇、龙亭等地进入江汉平原，最后经洋县和城固县到达汉中。子午道全程共520公里，由于河流较短，河道沿岸又常有岩石崩塌发生，所以也不受民商青睐。但即便如此，历史上的子午道还是屡屡为军事上的出奇制胜提供了舞台。秦末刘邦借子午道入汉中，北定三秦就是其中一例。此外，作为荔枝道的北段，子午道也成了天宝年间那段唐朝皇家轶事的组成部分。

（五）天宝荔枝道

《方舆纪胜》中的一段描述记录了蜀道中的天宝荔枝道上曾经的情景："当时以马驰载，七日七夜至京，人马毙于路者甚众。"这条开辟年代不详的通道据称是唐天宝年间专为从四川运送新鲜荔枝到长安而开设。天宝荔枝道的线路始自四川涪陵，即当时的妃子园，经垫江、梁平、大竹、达县、平昌等地进入今天的万源市境内，其间折入今通江县境内的龙凤乡、洪口乡等地，后经镇巴县抵达西乡县子午镇，最后再经由子午道向北达到西安。天宝荔枝道全程1000多公里，至今还有不少保存较好的路段，散落其间的拦马墙和饮马槽等古遗存似在讲述当年"一骑红尘妃子笑，无人知是荔枝来"的故事。

（六）米仓道

米仓山是大巴山山脉的一段，横亘于汉中与巴蜀之间，山高路险，是蜀道南段上的畏途。米仓道正是因为米仓山而得名。米仓道北起汉中，南行沿冷水河谷而上，翻越米仓山之后顺嘉陵江支流难江河谷至巴中，之后沿巴河、渠江南下，经渠县、合川而至重庆。号称可"上至秦陇，下达苍阆"的米仓道在古蜀道中的战略地位颇高，重要性仅次于金牛道，历史上许多著名的战事皆发生于此，宋末蒙古军入蜀也是经由此道。米仓道位于蜀道南段3条干道的正中，其东面为荔枝道，而西面则为金牛道。历史上取此道去往关中地区的商民不仅有川中的茶马商队，还有一些川东的居民。米仓道沿线古遗存有很多都保留至今，尤以其支线所经过并与金牛道相连的阆中古城为最。

（七）金牛道

金牛道又称"剑阁道""剑门蜀道"，是蜀道中开建时间最早、地位最重要的一条。其北端与褒斜道相连，构成历代由关中入蜀的重要通道，在军事上也占据着重要地位，历史上有"蜀中有事，千里金牛皆为战场"之说。金牛道据传始通于战国时期，其上的剑门关是关中与蜀地之间最重要的关隘，也是名句"一夫当关，万夫莫开"所指。金牛道是蜀道中连接长安与成都的线路中最为便捷的一条，它直接循嘉陵江修筑栈道，并穿越大小剑山天险，而

金牛道栈道

非像米仓道或早期的阴平道、故道等那样选择分别在东西两向绕道。这一路线大大缩短了路途的距离，使得金牛道也成为历朝历代的官方驿道。金牛道北端的起点位于陕西省汉中南郑，线路向西南经勉县、宁强县顺嘉陵江入四川到古城广元，再至昭化，后经剑阁、梓潼、绵阳到达成都金牛坝，全程总长约600公里。金牛道广元段穿越剑门关天险，在交通、军事、文化交流等方面成为蜀道体系中具有代表性的段落，而且还留存有大量古代遗存，目前已经被列入中国申报世界文化遗产的预备名单。

金牛道作为蜀道中使用时间最长的驿路线路已有逾2000年的历史，其间经历了数次改道，在区域间交流与国家集权治理中扮演了尤为重要的角色。考古发现显示，在商周时期金牛道建成之前，川陕之间的民间交流主要通过一些民间开凿的小道进行。而以嘉陵江为依托形成固定的通道则是在西周初年的事。这条时称"周道"的民间通道北起陈仓，南至朝天，是连通蜀地与关中的要道，为后来修建的官道与驿道提供了基础。战国末年的时候，秦国为了扩张疆域，在开辟入蜀道路的时候利用原有的民间道路以栈道的形式修建了金牛道。秦国完成统一大业之后，连通镐京和成都的官方驿路金牛道随即成为了辐射全国的交通系统中的重要部分。西汉初年，"置五里一邮、十里一亭、三十里一驿"的官驿格局初步形成。

至东汉末年，蜀汉与中原的曹魏持续交战，金牛道作为战略要冲的地位更加凸显。蜀汉

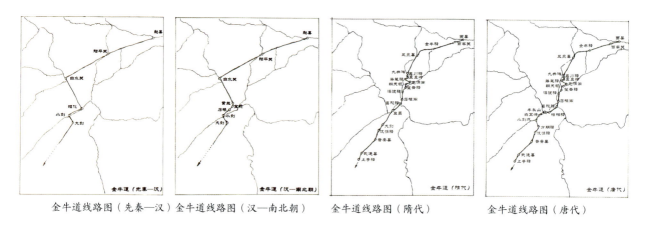

金牛道线路图（先秦—汉）　金牛道线路图（汉—南北朝）　　金牛道线路图（隋代）　　　金牛道线路图（唐代）

丞相诸葛亮在剑门关区域架设栈道，层层设防，保证了军政信息与军用补给的流通，也使剑门关成为扼守蜀中的要塞。兴建的邮亭、驿馆日渐形成了"四十里一驿、二十里一铺、十里一亭"的布局。而到魏晋南北朝时期，随着栈道建筑修建技术的日臻完善，金牛道一线已超越其他绕行线路，成为这一区域内最主要的入蜀之路了。隋唐的邮驿制度得到进一步发展，朝廷兴建的驿道、设置的驿亭遍布全国，其管理制度也日渐完善。与此同时，国家还在具有突出军事意义的道路上设置戌、镇、关等机构，并派军队驻守。此时，蜀道作为长安入蜀的官方驿道已经在全国的政治经济中占据了十分重要的地位，跻身长安辐射全国的七大驿道之列。"剑阁千里、通于蜀汉"的盛景就在这个时期形成。

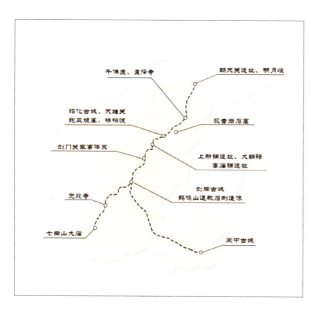

金牛道广元段遗址分布图

两宋时期，蜀道的设施建设以及沿线地方官吏的考核管理得到朝廷的重视。即使在南宋战乱时，蜀道上的茶马贸易也得以维持。朝廷对具有重要战略意义的金牛道以及嘉陵云栈与水道进行了大修。包括朝天境内的明月峡、三滩峡、大滩观音阁等在内共计8920处桥阁也得到了维修。蜀道上形成了每二十五里一铺的格局，铺站设有驻兵把守，其设施精良之状况一时无两。到了元朝，政府面对空前广阔的疆域更加强了道路系统的建设与

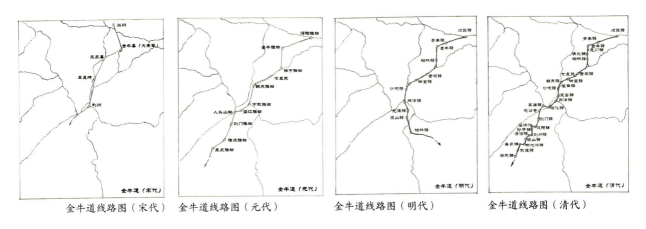

金牛道线路图（宋代） 金牛道线路图（元代） 金牛道线路图（明代） 金牛道线路图（清代）

管理。朝廷放弃了金牛道在南宋末年战乱中损毁的嘉陵云栈段的木栈道，而采用石路栈道的形式修建了通行能力大增的由七盘关入蜀的栈道。此外，驿道沿线的行政管理机构建设也得到了国家的重视。随着古道的拓宽以及沿线经济的复苏，古蜀道在元朝逐渐恢复了昔日繁荣的景象。

时至明朝，相对稳定的社会政治环境使得蜀道修治进入了新的繁荣时期。金牛道由剑门关入蜀的道路在明末因战乱而废止，改道绕经阆中至成都。由于绕行距离较远，经剑门关入蜀的旧道在清朝康熙年间得以修整恢复，一直沿用至民国时期。至20世纪初，以步行为主的石板驿路已无法满足社会发展的要求。国民政府于1937年修建的川陕公路因为利用了旧有的蜀道系统，导致了大量古路段和驿铺遭到拆改和损毁。蜀道作为秦蜀两地之间"国道"的历史也随之终结。

三、文化遗产

"蜀道难，难于上青天"，这恐怕是很多人对"蜀道"这个名词的第一印象。唐代大诗人李白的这一千古名句点出了行走蜀道之难。然而蜀道的古老、蜀道的雄奇、蜀道上千百年风雨中沉淀下来的珍贵文化遗产却又尽在这一个"难"字之外。

蜀道金牛道广元段虽是整个蜀道系统中的一小部分，但被认为是其中最为典型而且现有遗存最为密集的一个区段，突出反映了作为文化线路的蜀道在跨地区文化交流中所扮演的角色。同时，金牛道广元段由于在整个蜀道系统中活跃时间较长，历史上多次战乱导致的起伏兴衰和近现代科技发展以及当下旅游业发展影响下角色的变化都呈现了一条重要的文化线路在空间与时间维度上的动态变化。由此可以看出，金牛道广元段不仅与蜀道系统中的其他部分共享了蜀道作为一个文化线路整体的价值，而且也具有自身突出的特点。

蜀道现存文物遗存数量众多，而浓缩于金牛道广元段一线的文物遗存就可分为驿路文化遗存、军事设施遗存、宗教文化设施以及作为商贸经济文化汇聚点的历史古城镇。

（一）驿路

1. 道路

蜀道作为古驿道系统，其道路本体是最核心的文化遗存。金牛道广元段的道路遗存主要集中于明月峡段、大滩路段、三滩沟至清风峡段、桔柏渡至七曲山大庙段以及阆剑道的部分段落，线路穿越了6个市县，道路遗存全长约200公里。现有道路遗存大部分为明清石板栈道，而战国至唐宋时期的木栈栈孔遗存则主要分布在线路北段沿嘉陵江岸以及剑门关的部分路段上。路面保存状况良好，具有典型性的路段分别为明月峡路段、剑阁栈道路段以及石洞沟与柳池沟路段。其中明月峡路段现存有开凿于战国时期的栈孔400余眼。这些开凿架设在嘉陵江东岸绝壁上的栈道一般分为上下两层，第一层为雨棚层，第二层为行道层，再下为支撑柱。剑阁栈道位于距剑门镇西约8公里处的小剑山至汉源坡的山谷之中，相传为诸葛亮北伐中原时所建，全长约15公里。石洞沟与柳池沟段路面宽窄和坡度变化较多，道路内护险碥与门槛石等设施多有留存。以上各路段保存较好，驿路上除了石板铺设的路面遗存之外，还保存有数量众多的其他古驿路设施，如桥梁、拦马墙、拴马石以及石质桌椅磨碾等。

2. 铺驿

驿站是蜀道上的重要节点，承载着各种公务文书的传递功能，同时还担负过往公务人员的食宿、马匹喂养与行李托运，因此具有邮政所与物流中转的角色。金牛道上的大朝驿是蜀道驿站遗存中的一个典型，是我国古驿道、古驿站及三国遗址景观最丰富、保存最完整的景点之一。大朝驿始设于秦汉时期，与剑门驿、昭化驿相连，南通剑门关，北接天雄关，是古人经金牛道出川入蜀的必经之站，至今已逾2000岁，比古罗马大道还要久远，可与丝绸之路相媲美。南朝梁时，为纪念南朝高僧游历社坛而建达摩寺，驿站因而改称"达摩戍驿"，后以古驿道上古柏参天，又取谐音称"大木树"。清康熙二十九年（1690年）设"铺"，康熙五十五年（1716年）设驿站。大朝驿中建有公馆、马王庙、戏楼等设施，其中部分毁于20世纪70年代。现存有客栈一间，为单进院落，两层木构穿斗式建筑。古蜀道上曾按"五里一铺，十里一驿"的规制设置往来商客歇脚休息的场所，遗址位于元坝区大朝乡的上新铺即为蜀道上"铺"之一例。上新铺为秦汉三国时期的古驿道遗存，该遗址现在已被开垦为耕地，但即便如此，地表上可见的一些残存的陶片瓦当仍能透露出三国蜀道的历史文化信息。汶川地震后，大朝驿经过恢复重建，成为一座集餐饮、住宿、会议、娱乐、休闲于一体的综合性公馆，并建有邮驿博物馆，展示古驿道的辉煌历史。

3. 渡口

嘉陵江为长江支流，发源于秦岭山麓，经广元市九井驿入蜀，再由昭化经阆中，最后至重庆汇入长江，全长1119公里。嘉陵江自古即是秦蜀间交通的重要通道，在蜀道系统中扮演极为重要的角色。蜀道中金牛道北段循嘉陵江而行，直至昭化。在这段区间中共有两座渡口，即利州南渡与桔柏渡。利州南渡与桔柏渡均是蜀道中具有极重要地位的渡口，前者是入蜀后的第一个渡口，而位于昭化古城东面的桔柏渡也因为其特殊的地理位置成为蜀道要冲，旧时此处为去往成都道路上的水陆换乘点，而金牛道行至此处也必须通过桔柏渡过江后才可继续前行。

4. 桥梁

由于傍水而行，金牛道广元段留下的物质遗存中有古桥数十座，多为明清时期修建或复建的桥梁，主要分布于元坝区、剑阁县以及梓潼县。这些桥梁主要为石桥，其中保留较好的部分仍在使用中。这些石桥中较具有代表性的包括剑溪桥、铁闸子桥、石塔垭桥、清凉桥、新民驿道桥、武功桥等。其中建于明弘治年间的剑溪桥位于剑门镇北约5公里处。据《剑州志》记载："剑溪桥在剑门关外跨大剑溪，明弘治中利州（广元）指挥彭山建。"剑溪桥为

剑溪古桥

石结构三孔拱桥，东西走向，东、中、西三孔跨度分别为5.3、5.8和5.2米，孔高3.4米，为三瓣合拱。桥面为石板铺砌，桥西立有明正德年前剑阁知县李璧所提《过剑溪桥》诗碑。位于凉山乡清凉村南的清凉桥古名"平济桥"，现有桥体属清代遗构，《碑记》讲述了此桥的历史："始建于蜀汉建兴五年……崇祯十三年坏，康熙二十三年修复……"因为人们但凡盛夏行到此桥时皆能感到清风徐徐、凉爽宜人，因此后来渐将此桥唤作"清凉桥"。

5. 古树

沿线的逾万株古树年代久远，主要分布在元坝区、剑阁县以及梓潼县境内，多为三国与宋明时期种植的古树，构成了自然与人类活动共同塑造的文化景观。沿线古树树种以柏树为主，始于秦始皇时期的"皇柏"种植主要集中在从葭萌（昭化）至梓潼七曲山的200里驿道之上，经历2000多年的风雨变迁，形成了中国乃至世界迄今最为壮观的一条人工柏道。该条柏道后来又在宋朝时期延伸到了整个蜀道，向北由葭萌扩展到广元，向南则扩展到成都。明朝正德年间的剑阁知县李璧后来又对剑门柏道进行了大规模整治与补植，柏道一时间展现出"三百里程十万树"的景象。在300多里长的剑门古驿道旁生长的10万余棵柏树以剑阁为中心，西至梓潼，北及昭化，南下阆中，被人称为"翠云廊"。据统计，广元地区元坝区与剑阁县境内现存的古柏共计存有7700余株，其中植株最高的可达近30米，胸径多在80厘米以上，最古老的树龄已达1300年。其中古柏集中的翠云廊一段有古柏240余株，树高平均在20米以上。

（二）古城

古城是蜀道金牛道广元段上宝贵文化遗产的重要组成部分。昭化古城、剑阁古城和阆中古城是这其中三座各具特色的古城。

1. 昭化古城

昭化古城是四川境内地理位置最北的一座古城，位于广元市南部偏西36公里处，白龙江、嘉陵江和清江的交汇口。以昭化古城为界的金牛道北段曾数次改道，但是均在昭化渡江继续前进。这座四面环山、三面临水的古城山清水秀，人杰地灵。兼取南北方气候之长的昭化古城"北枕秦陇，西凭剑关，全蜀咽喉，川北锁钥，虽信弹丸之域，而有金汤之固也"，有超过2400年的历史。拥有特殊地理位置的昭化古城不仅是历史上的交通枢纽，也是兵家必争的战略要地，今天也成了国内保存最为完好的唯一一座三国古城，原为土城，现存城池为明代天顺年间（1457—1464年）用石包筑。

昭化古城一带原是巴族苴人世居之地。公元前368年，古蜀国王杜尚（开明氏九世）征服苴人之后将苴地分封给其弟葭萌，因此昭化古城又称"葭萌邑"。公元前316年，秦蜀之战在葭萌邑展开，蜀败之后巴蜀连同其附庸国苴一并被秦吞并，秦人在此设葭萌县。公元211年，益州牧刘璋邀刘备入蜀，在葭萌驻防，公元217年，刘备改葭萌为汉寿县，取意"汉祚永寿"，寄托其复兴汉室之愿，为蜀魏间交通、军事要冲。诸葛亮六出祁山，姜维九伐中原，皆以此地为转运中心，蜀汉大将军费祎曾坐镇于此，开设丞相府。此后屡次易名，至公元972年，赵匡胤以"昭示皇恩，以化万民"赐为昭化县，该名称一直沿用至今。

昭化古城坐北朝南，三面环水，城郭近似正方，现存建筑多为明清时期所建，曾被同济大学阮仪三教授评价为："八字门头，立架垂拱，青石柱础，木柱玄栋；三面围廊，门扉窗棂，雕琢精良，图饰古朴，有商贾豪宅，存历史故事风情。"古城建筑群布局讲究，现存的东、西、南、北四街皆由青石板铺成，沿街保留有大量明清商铺与民居，房屋建筑古朴整齐，多为木结构。庭院内多有精致的装饰图案，尽显古朴的川北风格。

昭化古城

　　昭化古城现为国家级历史文化名镇，除石板街、古城门、龙门书院、昭化考棚、文庙、怡心园、益合堂、鲍三娘墓、费祎墓等古文物遗址之外，这里还拥有丰富的非物质文化遗产。除了反映地方民风的各类庙会，如川主庙会、城隍会、娘娘会等，这里的民间传说故事和传统民歌也尤为丰富。当地的昭化"提阳戏"更被誉为"古戏剧的活化石"。

　　● **石板街**

　　昭化古城内的街巷格局保存完整，呈鱼骨状纵横交错排列，以利防御，街道一侧设有排水沟。古街包括西街、东门外石街、太守街、吐费街、县衙街、衙门巷等，街面皆用青石板铺成，采用五横二竖的铺砌方式，呈两边低中间高的瓦背型，中间为引路，代表着严格的礼仪等级制，为明代遗存。西街长203.5米，宽5.2米；东门外石街长126.5米，宽4.5米；太守街长271米，宽4.3米；吐费街长192米，宽5.1米；县衙街长160米，宽5米；衙门巷长71.5米，宽3.4米。这些传统石板街的总长达到1025米。

● 昭化古城门

昭化古城原为土城，于明朝天顺年间（1457—1464年）在土城的基础上包筑以石。古城墙长约1460米，高10米，厚4米，四面筑有条石砌卷的城门楼。东、西、北三面分别为瞻凤门、临清门和拱极门，结构保存尚好，而南门（临江门）则已被洪水冲毁，另外西、北二门为军事防御考虑，并不设在正中位置，而是处在城墙转折角部。清乾隆三十一年（1766年）修复的城墙周长约1606米，高5米，外围砌石并将东、西二门改为迎凤门与临川门，后又于嘉庆十年（1805年）重修。

● 龙门书院、昭化考棚与昭化文庙

龙门书院、昭化考棚与文庙是昭化古城历史文脉上散发墨香的重要节点。龙门书院位于城内西街之上，始建于清乾隆三年（1738年），原为储藏银两的仓库，乾隆二十二年（1757年）改建为"临江书院"，嘉庆二十二年（1817年）更名为"葱岭书院"，因葱岭位于县南龙门山，故称"龙门书院"，现已改建为昭化韩城博物馆，主要展示昭化附近出土的陶器、青铜器。书院坐北朝南，为二进院落，左右各有小院。除第二进院落被改建丧失原貌外，其余大部分仍保留了原有格局。书院大门采用砖木结构，面阔三间，为歇山顶式。中厅与左右厢房皆面阔三间，采用穿斗式梁架，厢房为悬山顶。院中天井后有长方形凉亭一座，卷棚顶，抬梁式梁架，梁上留存有清末题记。院内正厅面阔三间，为悬山顶式建筑。

昭化考棚为清末建筑遗存，设于龙山书院。建筑坐北朝南，面阔三间，始建于清同治十三年（1874年），棚内设置30间号舍，内有桌凳322套，主要供昭化以及邻县的考生考试。考棚内设有听事房（即值班房）、管房（监考人员休息场所）、考舍（考试用房）、照房（档案室）、大堂（主考官办公场所）、致公堂（阅卷室）等。由于考棚损毁严重，于2008年进行修复。位于考棚西侧的昭化文庙为明代建筑，经过历代风雨之后大部分建筑被损毁，现仅存大成殿。大成殿面阔三间，为抬梁结构，屋顶歇山形式，是昭化现存历史建筑中唯一的歇山顶建筑，榫卯咬接清晰，斗拱结构保存完好。殿内塑有孔子及四弟子像。整体建筑同于2008年进行修复。

● 怡心园与益合堂

作为昭化古城内古民居院落代表的怡心园与益合堂均为清代建筑。怡心园位于昭化镇太守街12号、太守街与县衙街相交处，为清代陕西商人修建。怡心园为坐南朝北的二进四合院，重檐悬山顶，面阔三间，砖构山墙突出沿街立面用来支撑下部檐口，并且分隔了两旁的商铺，门前空间开敞；穿过穿斗抬梁混合式梁架的中厅有卷棚顶长廊通向正厅。中厅俗称"旱船天井"，其左侧现存有清光绪年间石质鱼缸一个，左右厢房上建有阁楼。面阔三间的正厅门枋上原有"养心斋"三个大字，大门现已被损毁。正厅两侧建有耳楼，楼上再建阁楼。

益合堂位于昭化古城东门外的坡地之上，为典型依山而建的台阶式三进四合院，原为昭化四大旺族王家的祖业。由于距桔柏码头较近，曾被王家用于酿酒作坊和存放水运货物中转之用，后在民国时期被杨姓商人租用作药铺，得名益合堂。益合堂坐西北朝东南，与翼山走向一致，三进院落依山势而逐层抬高，时亮时暗，布局巧妙高朗，风格大批朴实，是四川保存极少的古代客栈建筑珍品。院门面阔三开间，进深二间，为重檐悬山顶式，穿斗式梁架，檐下瓜柱雕琢细致；前厅面阔一间，进深三间，也为悬山顶式与穿斗式梁架；中厅面阔三间，悬山顶，为抬梁穿斗混合式梁架。益合堂正厅为两层，面阔三间，悬山顶，楼带走廊，栏杆扶梯上均有雕鲍三娘墓刻花卉装饰。

● 鲍三娘墓与费祎墓

鲍三娘墓与费祎墓是昭化古城三国文化的代表性遗存。鲍三娘墓位于昭化镇曲回村西北100米外，据碑文记载为"汉将军索妻鲍夫人之墓"。相传鲍三娘是鲍家庄鲍员外的小女儿，自幼聪颖，后嫁关羽之子关索并得关羽亲传武艺。荆州失守后，鲍三娘与关索一同投奔蜀汉，并随诸葛亮镇守南中要地。鲍三娘墓面积约400平方米，封土呈长方形，长21米，宽19米，高4米。鲍三娘墓曾于1914年被法国考古学家色迦兰等人盗掘过。

费祎墓位于昭化镇城关村东250米。碑文上题为蜀汉大将军录尚书事成乡敬侯费祎之墓。费祎是三国时蜀汉名臣，与诸葛亮、蒋琬、董允并称为蜀汉四相，曾是诸葛亮出师前为阿斗推荐的贤臣之一。诸葛亮、蒋琬去世后，费祎以大将军领尚书事，开府汉寿（即昭化古城），主持蜀汉朝政，实行休养生息政策。费祎死后葬于昭化西门外，其墓历代皆有培修，尤自明代以来规模更加宏大，墓地四周有围墙、神道、牌坊、碑亭、费公祠、草堂等。墓向南，封土呈长方形，长10米，宽3米，高2.3米。现存遗迹为清光绪三十三年（1907年）重修。尚存墓碑两块，一题"汉尚书令费公敬侯墓"，一题"蜀汉大将军录尚书事成乡敬侯费祎之墓"。

2. 剑阁古城

剑阁古城位于剑阁县中北部汉阳山下，古城始建于南朝宋孝武帝大明（457—464年）中期，是剑门蜀道上重要的交通枢纽，也是剑阁县的政治、经济、文化中心。现存的剑阁古城建于明成化十年（1474年），城墙呈桃形环绕全城，原周长1852米，现存仅约300余米。古城原有城门6座，现仅存南门"化成门"与西南门"鹤鸣门"。城内现存有众多文物遗址，包括南城门与箭楼、古城墙、钟鼓楼、火神庙、二贤祠、兼山书院、剑州文庙等，古城也已被列为四川省历史文化名城。

● 剑阁钟鼓楼古建筑群

剑阁钟鼓楼古建筑群位于剑阁县城南门一带，以钟鼓楼为中心，包括火神庙、古城墙、南门与箭楼及附近街巷。该建筑群为明、清以及民国时代修建的古建筑群，现在基本保持原有风貌。钟鼓楼为古城的中心，始建于明正德十四年（1519年），为当时的剑州知州李璧所建，后毁于明末火灾。现存建筑为民国十四年（1925年）在原址重建，是川北地区保存较好、唯一的过街楼式明代钟鼓楼，占地面积115.2平方米，面阔三间，为重檐歇山顶抬梁式梁架结构。楼分三层一底，通高15.9米，顶层高3.5米，二、三层均高3.6米，四周安装雕花镂空带格门窗。底层高5.2米，原有明代遗留的8根方形石台柱，现仍存有7根（一根被木柱代

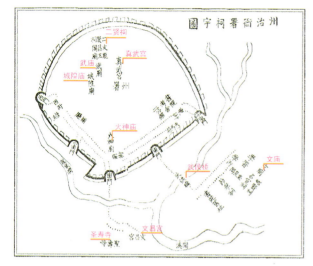

剑阁古城祠宇图(清雍正年间)

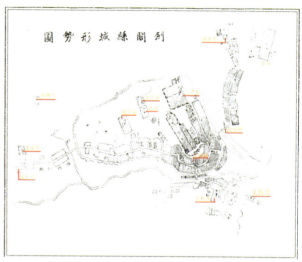

剑阁县城形势图（民国时期）

替），均高6.8米，径0.75米。另有8根12米长圆柱纵横排列，加设木抬梁，托起三层四角飞檐楼阁式建筑。底层无墙体，四通八达，屋顶覆盖筒形灰瓦，屋脊有瑞兽、浮雕等装饰，翘角凌空，颇为壮观。整个建筑气势雄伟，气派不凡。

火神庙位于钟鼓楼北面，始建于明代，现有建筑为清同治八年（1869年）重修。火神庙整体建筑坐北朝南，为四合院布局，总占地面积为317平方米。火神庙内部由前殿、正殿与左右厢房组成，前殿为二层式，面阔四间，进深三间，为重檐歇山顶，抬梁式梁架结构。正殿面阔三间，进深二间，为悬山顶，抬梁式梁架结构。左右厢房各面阔三间，进深二间。庙内现存刻有修建题记的石碑一通。

剑阁南城门又名"化成门"，建筑为拱形顶，条石垒砌。城门宽3.4米，高3.5米，进深7.1米，左右各有浮雕刻花石柱。城门内尚存有两扇铁皮鼓钉大门，可以启闭。城门匾额上题有"秀杰阆苑"四字，秀丽端庄；两侧面柱上刻有"野鹿衔花"和"吉祥如意"两组浮雕，精美别致。城门上的箭楼面阔三间，宽10米，进深三间，高二层，为重檐歇山顶结构，小清灰瓦屋面，始建于明代，后经多次维修，现为茶馆，供游客休息。

剑阁古城墙始建于刘宋时期，唐代已具规模，明代时经历三次拓修与整修。现存古城墙为明代剑州知州李璧所建，现存残体仅350米，高4米，底宽4.2米。古城墙外部为条石砌成，中间为夯土层，内部为青砖镶砌，城墙上端尚存城垛。

● 二贤祠、兼山书院与剑州文庙

从钟鼓楼北行200余米即为著名的二贤祠。二贤祠始建于明末，重建于清末，是为纪念剑州两位为官清廉的历任知州所建。他们是明正德年间（1506—1521年）的知州李璧与明万历年间（1573—1620年）的知州杨如震。二贤祠始建于明万历八年（1580年），原址在城西龙王庙，明末毁于战火，清同治年间（1862—1874年）修复，但旋即在光绪十年（1884年）毁于大火，次年迁建于现址，在光绪十三年（1887年）完成复建。二贤祠坐北朝南，占地面积448平方米。四合院布局，前殿已遭拆毁，现仅存左右两厢房与正殿。左右厢房面阔均为三间，而进深上左厢房为三间，右厢房则为二间。正殿面阔五间，进深三间，为悬山顶，抬梁式梁架建筑。二贤铜像现保存在县文物管理所。

兼山书院位于州署东北，以南宋礼部尚书黄裳（剑阁人）的号"兼山"为名，原址在城南，建于元至顺三年（1332年）。明正德十四年（1519年），剑州知州李璧将其改建于州城东，以广文教，后毁于明末战火。清雍正五年（1727年），知州李梅宾于州学前重建兼山书院。道光十六年（1836年），知州张嗣居迁建于州城小东门内（即今剑阁县成人教育中心）。书院建筑坐北朝南，占地1118平方米，现仅存正堂和厢房。正堂面阔17.9米，进深三间，为悬山顶，抬梁式梁架结构。左右厢房均面阔六间，进深三间。

剑州文庙位于剑阁中学校园内，原址为唐天宝年间剑州刺史韦明宗所建东园，本名"闻溪"。始建于北宋庆历年间（1041—1048年），位于州署西侧，南宋淳熙六年（1179年），由知州张渊迁此，后经历代多次重修、扩建，于清雍正年间（1723—1735年）臻于完备。现尚存魁星楼、正殿以及东西庑等建筑。现存的魁星楼为民国时期重建，屋面为双层单檐歇山顶，穿斗式结构，面阔九间。现存正殿乃明代建筑，为单檐歇山顶屋面，抬梁式梁架结构，面阔五间。东西庑为清代复建，均为单檐悬山顶屋面，穿斗式结构，各面阔五间。从2005年开始，剑阁中学对保存下来的建筑进行了历时一年的维修，恢复旧观。

阆中古城夜景

3. 阆中古城

阆中古城位于四川盆地北缘、嘉陵江中游，自古为巴蜀重镇，战国中期曾为巴国国都。公元前316年，秦国大将张若、司马错攻占阆中，灭掉巴国之后，秦惠王于公元前314年在此筑城设县，距今已有2300余年。最初的阆中县城建于今县城10公里外的白沙坝，后于汉初迁至现址。古城后经东汉时期的修缮和蜀汉张飞以及北宋初年的多次扩建，虽然规模有所变化，但古城的位置基本未动。在绵延2000余年的历史之中，作为由秦入蜀的交通要道以及陕、甘、鄂、广等地的商品集散地，阆中以其险要的地形、便捷的交通、丰饶的物产等优势成为川北地区的政治、经济、文化中心，同时也是兵家必争之军事重镇。到了近现代，随着宝成铁路、公路的陆续修建开通，川北的主要交通路网西移，阆中逐渐被冷落。20世纪80年代以后，随着城市建设的新发展，被评为国家历史文化名城的阆中逐渐在古城保护与文化旅游产业开发之间探索出了新的道路。

阆中古城人称"风水古城"，原因在于其城市选址与建筑布局深合中国传统的风水理论。古城位于大巴山脉、剑门山脉与嘉陵江水系的汇合之处，四面环山，三方绕水，风水理论中所讲究的"龙""砂""水""穴"等要素在这里都得到了完美的体现。作为一座保存较好的按照唐代风水理论修建的古城，阆中与山西平遥、云南丽江和安徽歙县一道被称为保存最为完好的"中国四大古城"，是四川现存最大的古城，目前正在申报世界文化遗产。阆中城区境内地面文物点有200余处，其中国家重点文物保护单位4处，省级文物保护单位13处，县级文物保护单位100余处，国家级、省级文物保护单位的数量均居四川省县级政区之首。馆藏文物有3000余件，其中国家级文物2000余件。城内现存的历史遗迹包括纪念三国名将张飞的张桓侯祠、阆中文庙、川北道贡院以及伊斯兰教圣地巴巴寺等。

阆中古城华光楼

● 张桓侯祠

张桓侯祠又名"汉桓侯祠"，俗称"张飞庙"，是为纪念曾在阆中镇守的三国蜀汉名将张飞而建。坐北朝南，位于阆中古城区西街，建筑历史超过1700年，在屡次为兵火所毁之后经历了数度重建。现存的张桓侯祠为明清时期重修的四合院式古建筑群，占地10余亩，总建筑面积达2500多平方米。张桓侯祠建筑群内主体建筑均沿中轴线南北向布局，沿线主要由山门、敌万楼、左右牌坊、大殿、后殿、墓亭以及张飞墓与墓后园林组成。建筑群整体布局严谨，各建筑造型别致。

山门为明代重建，四架椽屋，前有高2.5米石狮一对，龟趺双龙圭额碑两通，两侧各有9米长琉璃雕饰照壁，次间各有战马、马夫两组着彩泥塑。敌万楼，又称"怀忠楼"，建于明正德五年（1510年），称颂张飞可力敌万人。重檐歇山式琉璃瓦屋顶，檐下面阔、进深皆三开间，各9.8米，楼高22.5米。四根内柱直承上层屋檐，每根用4瓣镶成梅花方柱，瓣间以银锭榫卯合12根檐柱承托下层四面屋檐。上下檐施斗拱，沿华拱左右均插有云斗斜华拱，斜华拱毗邻相错，状如繁花。楼内有张飞部将及子孙像四尊，石香炉一个，两侧前后壁嵌装唐以来各时期石碑六通。大殿为清代重建，面阔五间，歇山式屋顶，殿中塑张飞文身及侍从像三尊，内陈列张飞丈八蛇矛、点钢鞭(原祠中遗物)、祭礼鼓、铁钟、铁香炉。左右两侧壁嵌装张飞八分书碑及清重建大殿功德碑等。左厢房陈列历代文物，右厢房为张飞主要业绩组像。张飞墓呈椭圆形，东西长18米。南北长32米，封土高出地面7米，外围全由条石砌筑。墓上奇花异草与参天古木相辉映，奇姿异态，意趣横生。墓前有一墓亭，为三重檐歇山式屋顶，内起一券拱，拱内置"汉桓侯张飞墓"碑，碑前有1.2米高的神台，台上原置明永乐二十年（1422年）造、高1.62米的铁筑张飞武身坐像一尊，墓亭下檐悬贴金"灵奥无边"匾额。墓后园林为清代和以后年份逐年复修，主要有花园、梅园、桃园及休闲用房等。此外祠内还陈列有武后铜钟等1000余件历史文物，展示了阆中古城数千年的厚重文化积淀。

川北道贡院内龙门

● 川北道贡院与阆中文庙

川北道贡院与阆中文庙是阆中古城中展现古代科举文化的重要历史遗存，也是阆中古城科举文化街区规划中的重要组成部分。川北道贡院俗称"阆中清代考棚"，也称"阆中贡院""四川贡院"，位于阆中古城学道街中部北侧，为一南北向三进四合院式，穿斗木结构，房舍整齐规矩，高出街坊民居一头。主体分为前后院落，现存的前院为考试场所，即考棚；后院多为斋舍，主要供考官们休憩之用，已在中华人民共和国成立后拆毁。前院为长方形四合院建筑，院中有十字形甬道连通东西南北。整个考棚临学道街的一侧是一长排平房，平房中间为考生进入考棚的入口，俗称"龙门"。院内建筑多为清代遗存，多采取穿斗式木结构，包括考舍、监临、致公堂等。川北道贡院虽在民国初年改办川北师范学校，但仍维持原样，是目前全国唯一能看到历史全貌的古代乡试贡院，也是保存最为完好的一处高等级科举考试场，已建成科举博物馆。

● 阆中文庙

阆中文庙位于火药局街3号，坐南朝北，为典型的四合院式建筑。文庙始建于宋，几经变迁，于清咸丰元年（1851年）迁建于此。文庙曾一度仅存盖琉璃瓦之大成殿。该殿面阔五间，进深三间，建筑面积226平方米。殿内空间开敞，建筑构件雕刻精美。地方政府在2012年对阆中文庙进行了大规模修复，时至2013年底，阆中文庙的修复工程已经基本完工，其主体建筑按川北明清风格复建，整个建筑群包括照壁、棂星门、戟门、大成殿、圣迹殿、泮池、杏坛、东西庑、亭廊、崇圣殿等建筑。其中东庑主要展现了孔子的生平事迹与成就，而西庑则由国学馆、县学馆以及乡贤祠组成，主要展现中国科举文化制度以及阆中本地的科举文化史与相关名人。

● 巴巴寺与观音寺

历史上的蜀道是一条让多种外来宗教得以传播并汇聚的文化线路，阆中古城的巴巴寺与观音寺即是这一文化现象的突出体现。"巴巴"是阿拉伯语"祖先"或"祖师"的意思。巴巴寺又名"久照亭"，位于阆中市城区东郊的蟠龙山南麓，为伊斯兰教嘎德耶教门第一位来我国传教的祖师华哲·阿卜董拉希（又称"西来上人"，为伊斯兰教教主穆罕默德29世孙）的墓地。作为伊斯兰教嘎德耶教门穆斯林的圣地，巴巴寺不仅是伊斯兰教由蜀道传入四川的重要实物例证，也是伊斯兰教建筑艺术及其特色砖雕艺术在蜀道上大放光彩的一颗明珠。从甘肃、陕西来到阆中传教的华哲·阿卜董拉希曾定居在古城东门北侧的铁塔寺。清康熙二十八年（1689年）三月阿卜董拉希去世后，次年，其弟子便在他生前所卜之处建造"拱北"（墓亭）并命名为"久照亭"，俗称"巴巴寺"。后经教民规定，由河州、汉中等地派阿訇轮流守护，迄今已历300余年。每逢开斋节、古尔邦节和圣纪，常有川、陕、甘、青、宁等地的穆斯林前来朝拜。巴巴寺占地13000平方米，建筑面积1800平方米，整个建筑巧借地势，随势曲折，远望好似盘龙，由山门（久照亭）、照壁、牌坊、大殿、潜花厅等组成。

巴巴寺山门前为一片墓林，环境清幽，前方小径尽端有一四柱三间牌坊，重檐歇山顶，斗拱繁复，砖雕图案栩栩如生。山门为歇山式顶木石结构门亭，上书"久照亭"，还有"真一还真"的镏金门额。山门左侧有一乾隆年间（1736—1795年）砖雕水磨照壁，长10米、高8米，全用特制的方砖、侧砖砌成。照壁设须弥座，五脊顶，飞椽镂空，工艺精美。壁顶为斗拱楼阁式装饰，一派巍峨端庄的气势。照壁正面镂空雕刻写意阆苑山水，背面为古松劲竹，配以花卉，分别取样于唐代张藻和明代唐寅之画，灵活运用浮雕、圆雕、镂空雕等技法，线条流转自如，细腻镌美，极富立体感。

　　大殿是巴巴寺的中心建筑，高大雄伟，屋顶为三重檐盔状攒尖顶，结构复杂，造型独特，屋顶呈四方形，而室内藻井则为八边形，极为罕见。大殿庄严肃穆，分内、外二室。外室锦帘垂掩，匾额高悬，西南角为阿卜董拉希弟子马慎一之墓，用锦缎包裹，他曾为师守墓二十余载。内室即墓室，为苍穹式建筑，上悬金匾两道，其一为宗人府右宗正多罗手书"清修"匾额，上饰龙吻金印，内室中还安放一宝鼎形镂空活动香炉，高2尺多，石质细腻，雕刻精细。殿前为一木牌坊，为三间四柱三楼式，雕刻精湛、气派巍然，为道光二十年（1840年）立，历经汶川大地震而完好无损。殿后为"潜花厅"，厅如其名，遍植名贵花卉，其中有一株大山茶树，树龄已逾200年，颇引人注目。此外，花厅内还陈放颇多古代碑匾和名家书画，其中两块刻于乾隆年间的石碑，记述了阿卜董拉希及其弟子祁静一的生平；书画中包含明代吕纪的大幅花鸟、兰瑛的山水、清代郑板桥的四幅墨竹、赵敬亭仿意大利画家郎世宁的《八骏图》等珍品。巴巴寺虽历经300余年风雨，仍完好无损，并以其清幽雅秀、小巧奇绝、精工富丽的建筑艺术，吸引着八方游客。

　　阆中观音寺位于市区公园路东端，为明初建筑，其前身为唐代名刹开元寺。明弘治四年（1491年），寿王祐封藩保宁，在西城修建王府，将明初建成的观音寺拆迁重建到当时遭毁的开元寺旧址，自此观音寺取代开元寺成为巴西地域内最大的一座佛教寺院。然而在时光流逝中，观音寺的部分遗存相继遭到损毁，其中藏经楼在民国时期毁于大火，而相传镇寺的两尊大头坐铜佛像也于"文革"时期被毁于桓侯祠。现在，观音寺内的主要建筑遗存包括天王殿、罗汉殿、大雄殿和松花井。天王殿、罗汉殿、大雄殿均为歇山式屋顶，斗拱建造，大雄殿为双檐殿，面阔五间，长20.85米，进深16.4米，用料粗大，气势古朴庄重。松花井开凿于唐武德四年（621年），是开元寺及观音寺历代僧人的取水场所，造型美观，水源丰裕，又有"八角镜"之美称。

● 阆中古民居

阆中古民居大多为明清建筑，在建筑风格上南北兼容，既有北方的四合院风格，又有南方的园林式风格，此外也不乏徽派民居风格，可分为"多"（多子多福）字、"品"（官高一品）字、长方形（长命富贵）或"串珠"（珠玉满堂）等布局形式。特别是"多"字形布局，为全国罕见。这些风格迥异的建筑和谐相处，相得益彰，为古城营造出了浑厚而又神秘的文化氛围。古民居建筑部件装饰技艺也颇为精良，玲珑剔透、变化万千的雕饰镂刻是阆中古建筑的主要特征之一。房屋上的悬挑、吊檐、檐头、门窗、门楣等大多有雕饰，尤以四合院中千奇百怪的镂空窗花最具特色。阆中窗花灵活运用浮雕、镂空、圆雕、多层雕等多种技法，采用数百种题材花样，如奇花异草、珍禽异兽、琴棋书画、福禄寿喜等。在这些变化多端的镂空窗花点缀之下，阆中的古民居更显敞亮、剔透。古城内现存格局风貌较完好且具有代表性的院落尚有40余座，其中包括南街的秦家大院，武庙街的李家桂花大院、田家大院，笔向街的马家大院、蒲家大院、李家绣楼，白花庵街的孔家大院、殷家大院、郑家大院，屏江街独立的3套孔家大院，下新街的杜家客栈大院、水码头大院，左营街的张家大院，寿山街的谢家大院，铁五显街的李家长房子，田家巷的2套李家大院，管星街的何家窨子房，马王庙街的刘家大院，机房街的吴家大院，万寿宫巷的朱家大院、蒋家大院，学道街的黎家大院、赵家大院、胡家茶园等。

秦家大院位于阆中古城南街西侧67号，始建于清初，占地2684平方米，建筑面积1300多平方米，是一座有30多间房屋的串珠式三进四合院。大院由王姓人家始建于清初，清后期售予从甘肃天水迁居阆中的秦氏商人。1935年，红四方面军总政治部曾设在此，徐向前曾在此指挥红军渡江作战，1949年又成为保宁镇政府办公场所，故至今保存完整。该院系穿斗抬梁结构，悬山屋顶，青瓦屋面，房间沿中轴线排列，结构严谨，布局合理。入口门廊紧邻街道，门前有一造型特别的长方形门枕石，过入口门廊为长方形敞院，铺有块石，周围檐廊较宽，虽大雨倾盆，仍可在其间自由穿行。进二门经过厅，前院正中是堂屋和厅房，此为祭祀祖先、招待贵客和长辈居住的地方，高于其他房屋，体现了长幼有序的传统观念。堂屋有门通向厅房，厅房位于中天井与后天井之间，俗称"旱船"，是接待客人、洽谈生意之处。南侧小天井，设花厅照壁、书房，幽静自然，别有洞天。秦家大院木雕遍布各处，寓意吉祥，其中门窗花格尤为精美，且保存完好。该院2003年5月完成修复后对外开放。

马家大院位于阆中笔向街38号，相传为清初广东富商所建，清末由马氏家族购得。大院外观为矩形，穿斗式木构架，整体布局清新明快。从侧门进入院中，天井之间有对庭连接，是宴请宾客、亲友聚会的场所，十分气派，为阆中现存古庭院所少见。天井后尚有一望月楼，为古时女子绣楼，站在其二层之上，可将远处锦屏山尽收眼底。大院的木雕门窗花格也颇为精美，镶嵌当地盛产的半透明云母薄片，颇具地方特色。

孔家大院位于阆中白花庵街10号，为明代孔子第76世孙所建，至今已有400多年历史。大院坐南朝北，穿斗结构，双坡青瓦屋面，由正院10间房屋左右对称组成，平面呈"品"字形布局，寓意"官高一品"，门窗雕花，主庭大梁上有太极图与龙纹彩绘，是典型的川北古民居大院，已于2002年9月对外开放。院落分前院、天井和后院，其中前院门厅两侧各有一处小天井，进二门则为一大天井，天井外小内大，给人一种别有洞天的感觉，大大增加了建筑空间的层次感。

（三）军防

蜀道的一大特色与军事密切相关，其最初的开凿铺设即是为了满足征战的需要，而邮驿制度从诞生之初就具有了传递军事信息的功能。蜀道的历史也是一部关于权力与战争的历史。例如有人说，如果没有蜀道，东汉末年就不会形成"三国鼎立"的局面，而恰恰是这条秦蜀驿道成全了刘备。蜀道地处地势险峻的秦岭山脉，是具有军事战略意义的天然屏障，因此穿越秦岭的路径基本上也就成了各种跨区域军事活动的必由之路。宋代以后，邮驿制度更为军事化，当时传递邮件公文的人员就是兵丁，而到了明代，邮驿更成为军国大事所独享的信息传输系统。从军事的角度上看，整个蜀道系统构成了一个大的军事体系。这个体系借助自然条件，围绕栈道、关隘、渡口和城镇等节点铺开。在屯兵驻守的同时，沿线设置戍、哨、烽火台等军事设施，共同构成完整的军事体系。在蜀道的金牛道广元段，军事设施由北向南设置了包括天雄关、朝天关和剑门关在内的5处重要关隘，渡口、堡寨、军垒、哨所和烽火台等设施在这些军事节点周围布置开来。

● 剑门关

金牛道广元段上的剑门关军事防御体系位于由大小剑山构成的川北天险之中，金牛道所穿越的大剑戍隘口便是此天险中5处隘口之一。剑门关位于四川省广元市剑阁县城北15公里处，地处剑山山脉，是形成于一亿年前白垩纪时代造山运动的一道位于大小两座剑山之间的豁口。剑门关高100余米，宽仅20米，是绵延百里的剑山山脉上唯一的一道缺口。剑门关两侧的峭壁陡直，高耸入云，成就了中国历史上最古老、最险要的千年险关。李白的诗句"剑阁峥嵘而崔嵬，一夫当关，万夫莫开"便是对这一险奇雄关的描写。剑门关军事防御体系以大剑戍为中心，北侧的白卫岭、云台山、毛家寨、摩天岭和土地关以及南侧的剑门关、东山寨、苦竹寨、小吊岩等处都遗留有大量的军事设施遗址。

在剑门关的这些军事设施遗址中最具代表性的包括大剑戍、剑华烽火台遗址、小剑城址、营盘遗址、烟墩梁遗址、苦竹寨遗址等。剑门由于天然地势而成为扼守秦蜀交通咽喉的军事要冲。三国时蜀汉在此垒石立关，剑门关遂成为蜀道上最重要的军事要塞，虽在后代战事中几经损毁但关隘地形地貌以及碑刻等遗物尚保存完好。剑门关军事防御体系中的剑华烽火台是建于汉代的军事遗存。烽火台修建在剑门镇剑华村北200米外的山梁上，高50米，面积约1200平方米，用夯土和碎砖石修筑而成，现存构造为一段长3.27米、宽1.07米的石砌工事。小剑城遗址则位于下寺镇修城村，因位于小剑山东麓而得名"小剑城"，三国时蜀汉在此修建屯兵之处，南北朝在此设"小剑城"，唐代称为"小剑故城"。小剑城在元明后被荒废，遗址中包括江神庙、李翰府和李榕墓等。

剑门关

天雄关遗址位于四川省广元市元坝区昭化古城西7.5公里处的牛头山东北麓，西距剑门关30公里，据《昭化县志》可知其为宋元时期改修驿道时所设，后又分别在清乾隆及光绪年间得以重修。天雄关庙宇殿阁在20世纪40年代的战乱中被毁，现仅存关门的部分残体以及宋、明、清等历代的碑刻10余通。朝天关位于四川省广元市朝天区以北嘉陵江东岸的朝天岭之上，占地面积约6000平方米，是明月峡古栈道损毁后金牛道上的重要关隘及军事要塞，其关楼、炮楼和哨楼始建于元至正元年（1341年），时为金牛道上第一座大关楼，毁于20世纪80年代，现存的遗址包括关楼与古驿道的部分遗迹。遗址中关楼遗址面积为100平方米，驿道遗址长约2000米，其间散布有拦马石、拴马石、门槛石以及石凳等遗迹。

（四）宗教遗存

由于蜀道是中国古代与印度等南亚次大陆国家贸易往来的必经之路，沿线贸易的活跃也带动了文化的交流，成为宗教文化传播的重要通道，尤其在佛教向中原地区的传播中起到了重要作用。随着佛教在蜀道沿线的不断本土化及平民化，四川地区也成了印度至中原佛教传播之路上的一处重要的佛教文化区域。蜀道沿线，尤其是川北及川西北的大量佛教石窟造像是蜀道上的文化交流在宗教艺术方面的集中体现。金牛道沿线的皇泽寺、千佛崖、觉苑寺等遗存就是这一传播线路的有力物证。与此同时，发源于蜀地的中国本土道教也正是通过蜀道向北传入中原，并在传播的过程中不断与各地的民间信仰以及佛教等宗教不断融合，金牛道上的梓潼七曲山大庙以及鹤鸣山道教石刻造像也是现存具有极强说服力的遗址。

● 皇泽寺摩崖造像

皇泽寺始建于唐开元年间（713—741年），坐落于广元市城西1公里处的嘉陵江西岸。原名"乌奴寺"，又名"川主庙"，相传原来是为纪念李冰与二郎而建，后来因为唐朝女皇武则天故里的缘故而改名为"皇泽寺"，取"皇恩浩荡，泽及故里"之意。皇泽寺后来几经毁

皇泽寺摩崖造像

建，现在留存下来的主体建筑有大门、二圣殿、则天殿、大佛楼、吕祖阁、五佛亭等，多为清代重建，寺内没有大雄宝殿，则天殿即为主殿，内有武则天真容石刻，大门前有郭沫若先生题写的名联："政启开元治宏贞观，芳流剑阁光被利州"。此外，皇泽寺还保存有开凿于南北朝、隋、唐和宋等时期的摩崖造像。皇泽寺现存石窟34处，造像1000余尊，主要石刻分布于中心柱窟、大佛楼石窟、五佛楼石龛和则天殿石龛等处。中心柱窟为皇泽寺造像中年代最早的一处，同时也是四川地区唯一的一座中心柱窟，面积约13平方米，窟中央立中心石柱直通窟顶。中心柱实为一座经塔，由塔基、塔身和塔顶组成。经塔第一、二层四面均凿有佛龛，龛中为一佛二菩萨像，造像凿刻古朴。大佛石窟位于中心柱窟右侧，开凿于唐代中期。主佛为阿弥陀佛，旁侍迦叶、阿难。外侧塑有观音、大势两菩萨，左右有护法、金刚和力士等像。

● 千佛崖摩崖造像

位列全国首批重点文物保护单位的千佛崖位于广元市北5公里处的嘉陵江东岸，造像规模南北长388米，现存窟龛873孔，造像7900多尊。千佛崖窟龛密布，最密集处多达14层，状若蜂巢，雄伟壮观。千佛崖始凿于北魏晚期，开凿历史长达1400多年，有"历代石刻艺术博物馆"之美誉，在唐初渐成规模，至中唐时期建柏堂寺，开凿大量石窟造像，所凿造像占全窟半数以上。南宋末年柏堂寺毁于战火，仅存佛窟的这片佛教圣地被改名为千佛崖，此后各代仍有续凿，千佛崖之名一直沿用至今。

● 七曲山大庙

七曲山大庙坐落于四川省绵阳市梓潼县境内，始建于东晋，最初是蜀地百姓为祭祀张亚子所建，称"亚子祠"。元仁宗延祐三年（1316年），张亚子被封为"辅元开化文昌司禄宏仁帝君"（即文昌帝君），从此，文昌即为道教所奉行掌管功名禄位之神，此处遂为中华文昌祖庭。七曲山大庙经元明清三代多次扩建后形成占地1.2万平方米，建筑面积6000平方米的庙宇建筑群，共有殿宇亭阁23座，依山造势，高低错落，宏伟壮观。现存建筑主要包括元代盘陀石殿，明代桂香殿、天尊殿，清代文昌殿、瘟祖殿等，较清晰地展现了各个时期的建筑风格，梁思成在其《中国建筑史》中对大庙的建筑风格倍加推崇。经过历朝历代的扩建，七曲山大庙不仅

左图：千佛崖摩崖造像

七曲山大庙内关帝庙

在建筑规模上蔚为壮观，而且还发展成为了一个诸神齐汇的宗教文化空间。庙内不仅供奉了最初的文昌帝君以及三清、魁星等道教神祇，还供奉了如关圣、牛王、张献忠等民俗神仙和人物，甚至还供奉了佛祖释迦牟尼像，体现了古蜀道文化线路上多种信仰的相互融合与影响。

● 鹤鸣山道教石刻造像

四川省剑阁县鹤鸣山，古名"鹄鸣山"，是我国道教的发源地，东汉时张陵在此修道，著作道书24篇，创立道派，并建造上清宫，是为天师祖庭。几经沉浮，今其旧时殿宇大多坍圮，仅余紫阳、斗佬二残殿（现已修复，余为新建），而其布列于山巅岩石（长51米的青石岩壁及两方单体青石）之上的道教石刻造像仍旧保存完好，共有18龛 75尊造像和一对护法狮子，凿刻于唐代。因李唐统治者大力弘扬道教，故川中道教造像大兴。而当时佛教已兴盛多时，佛道也多有交流，故鹤鸣山道教造像虽有其本身特点，但仍具有明显仿自佛教艺术的痕迹，例如天尊像的态势、头光和背光及足踏的莲台，都显示出佛教的影响。至于护法神像的形貌及足踏的鬼怪，也使人联想到佛教艺术中的护法天王的造型特征。窟前雕护法狮子，也仿自佛教石窟艺术。所有这些都表明唐代蜀道之上道教艺术与佛教艺术的相互吸收与融合。

四、线路价值

作为我国历史上沟通西北与西南地区的交通主干道，蜀道打破了秦岭之阻，在四川盆地与中原地区之间建立起了不可或缺的通道，使两地间多方面的交流成为可能，促进了物资往来及民族融合，并成为中原地区与南亚各国进行交通交流的重要道路段落。它见证了数千年来秦蜀间，以及其他受该道路影响的各区域间在经济、宗教、文化等方面的交流和发展，并在沿线留下了各类遗存，在石窟、石刻、壁画、寺庙建筑及民居建筑、城市营建等方面体现出这些交流的成果。

蜀道是中国古代邮驿制度下驿道系统的杰出代表，它充分展现了古代中国发展至帝国时代后，在冷兵器、人畜力交通条件下，开始使用驿道这种更为先进和优越的交通系统来管控自己疆域的历史阶段。以蜀道为代表的驿道系统兼具信息传递、物资运送、军事调度等多项功能，有着其他非官方道路系统难以企及的运输效率和安全性，甚至被称为"国之血脉"，在交通、经济、政治、军事、文化等各方面均发挥了重要作用，是古代中国管控广阔疆域的必要工具。

作为所处自然环境最为艰险的古驿道，蜀道充分体现了在缺乏现代交通工具、生产力低下的时代，邮驿制度及其驿道系统的先进性和重要性，并因其修凿时间早、持续时间长而成为能够全面展示中国古代邮驿制度及驿道系统发展变迁的最佳范例。由于官方负责修建和管理，蜀道在工程技术水平和管理运作水平上都具有相当的高度。在工程技术方面，其穿越艰险山区的道路铺设技术，代表了当时此类技术的最高水平，沿途栈道铺设、穿山石道修凿、利用"火焚水（醋）激"瓦解山体等做法均为此类技术之鼻祖；在管理运作方面，蜀道作为重要驿道，拥有完备的管理维护体系，这套体系在当时是先进而科学的，现存铺驿结构、古柏、道路设施遗存等，均是其管理维护方式的实物体现。

蜀道在中国军事史、社会史和文学史上，都具有举足轻重的地位，与多件重大史实相关：蜀道的开通为中国第一次大统一做了重要铺垫，并对之后中华民族的交流融合、团结稳定起到了促成作用；历史上，中原人口数次通过蜀道向四川大规模迁入，对我国社会文化和人文地理状况造成了巨大影响；另外，蜀道还与"文人入蜀"传统密切相关，更因其特殊的地理环境及历史地位，被历代文人所颂咏，产生了一批优秀的文学作品，其中不乏中国文学史上的经典，对后世产生了深远的影响。

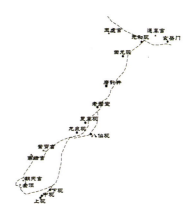

武当神道：

建筑与神话异体同质的问道之路

The Sacred Route in Wudang Mountain:

A Taoist Pilgrim Route Where Architecture and Fairy Tales Joint

1994年，"武当山古建筑群"被列入《世界遗产名录》。世界遗产委员会的专家如此评价：武当山古建筑中的宫阙庙宇集中体现了中国元、明、清三代世俗和宗教建筑的建筑学和艺术成就。古建筑群坐落在沟壑纵横、风景如画的湖北省武当山麓，在明代期间逐渐形成规模，其中的道教建筑可以追溯到公元7世纪，这些建筑代表了近千年的中国艺术和建筑的最高水平。

然而人们不太了解的是，在这些光芒闪烁的建筑瑰宝之间，正是数条隐约可见的线路将它们串起，让它们与四面八方的道教信众和行者相连，成就他们进香朝圣或游历名山之愿。也正是这些线路让虔诚往来的香客、兴致盎然的行者与高山宫观中的神灵之所共同构造了活的武当道教文化。

武当神道分为山外道路与山内神道，其历史可追溯到汉魏六朝，初步成形是在元代，大规模修造定型于明代。随着这些古道的修建，武当山内外的交通条件日益改善，形成了四通八达的朝香古道网络。这些古道中，有的路段已随岁月的磨蚀而损毁，有的则在经历了数百年的风雨之后融入今天的武当人文环境之中。

左图：武当山金顶

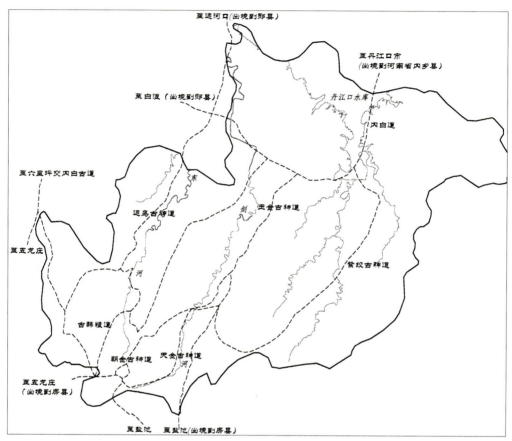

武当神道线路图

一、线路概况

　　武当山地处我国南北方交界的地带，唐宋以来各朝各代在武当山大举兴建各式宫观，此处日渐成为南北香客进香朝圣的圣地，由此地通达南北的道路网络也随之发展起来。武当山进香道路分为山外道路和山内神道，其划分点在不同历史时期也曾经历变化，如在元代曾为蒿口，而在明代之后又以嘉靖年间修建的玄岳门为界。武当山至今流传的民谚"进了玄岳门，命运交给神；出了玄岳门，才是阳间人"，描述的正是以玄岳门为界的朝山进香道路的山内与山外之别。

二、线路分布与历史演变

（一）山外道路

武当神道的山外道路主要分为三路，分别为北路、南路与西路，其中南路又分为东南路和西南路。

1. 北路

武当神道山外道路中的北路以陆路为主，主要为古代中国北方各地与江南陆路香客的进山古道。其中北方的香客多来自京师、直隶（今河北）、山东、山西和河南等地。通往京师、直隶以及山东的进香线路最终都会在河南开封会合之后南下，山西的香客也是在经过了潼关、陕州之后进入河南境内，最终也是通过开封南下。北路中来自江南的香客多沿陆路或水路先行抵达运河漕运重镇瓜洲，再经由安徽进入河南，之后由邓州经党子口、方山、槐树关、红粉渡、均州、石板滩、草店抵达武当山。

2. 南路

武当神道山外道路中的南路包括了水、陆两路，主要是来自长江中下游及云贵等西南诸省的香客来武当进山朝圣的通路。按照线路的具体走向，山外道路中的南路又可被分为东南与西南两路。其中东南路的起点与北路中的部分一样，同为江南地区，但此路并非由陆路进入河南，而是由湖口逆长江而上，经汉口进入汉水，一直上溯至汉水中游的襄阳，然后再经古城、石花街、界山，在草店与北路汇合之后进入武当山。

西南路上的重要节点是湖北荆州，来自云南、湖南沅江、澧江流域等地的香客会经由荆州，过建阳驿、荆门州（今荆门市）、石桥驿、丽阳驿、宜城、潼口驿之后抵达襄阳，在此与东南路相会合。另有更多的香客在抵达荆州之后会选择走水路，在抵达汉口之后与东南路会合，沿汉水而上进入武当山。

3. 西路

武当神道山外道路中的西路，主要指的是来自陕西与四川等地香客的进山朝圣之路。来自陕西汉中等地的香客由汉中府（今汉中市）经城固县、洋县、庙上、渭门、石泉县、紫阳县、中沙坝、小河道、洵阳县、树河关、郧阳府（今十堰市）等地抵达均州（今丹江口市），然后经石板滩和草店到达武当山。而来自关中平原等地的香客则或由西安出发，经蓝田、秦岭、商州（今商洛市商州区）、桃花铺至武关；或从华州（今华县）等地出发，在龙驹寨与来自西安的线路会合，后经淅川、郧县（今十堰市郧阳区）在红粉渡汇入北路，经均州、草店到达武当山。来自四川方向的香客则有水陆路两种选择，他们或沿水路东下至荆州后再顺西南路至武当山，或沿陆路北上先入陕西，然后经鄂西北抵武当山。

（二）山内神道

武当神道的山内神道主要指的是朝山进香的香客们过玄岳门进入武当山地界之后的登山朝圣之道。在元代之前，武当山的上下山道路十分难走，于是从元代开始，山内神道经历了较大规模的修建，之后又经历了数代的续建与维修，大致形成了现有的格局。这些道路的修建与维护与武当山上各朝代的宫观营造不仅共同成就了今天成为人类文化遗产的武当山古建筑群，也如同宏大山体中的条条经脉一样，书写了一部生动的武当道教文化史。山内神道的发展变迁可通过在元、明、清三个朝代中的修建成形与维护窥见一斑。

1. 元代神道

进入元代以后，武当山的道路修建在道士们的组织筹划以及朝山信士们的踊跃参与下得到大规模的发展。史料与碑文记载显示，元代时武当神道的山内神道系统已相当完备，并为明代永乐年间大修武当神道奠定了基础。元代山内神道包括三个主要道路：

● **绞口—紫霄宫—南岩/南岩—五龙宫—蒿口神道**

这条线路是元代香客主要的登山古道，由元初道士张守清主持修整，在明代以后被俗称

左上图：荆州古城墙
左下图：荆州古城太晖观

为东、西神道。东神道从山下绞口出发经今天武当山镇，穿过梅子垭，至紫霄宫，最后抵达南岩；西神道从南岩北下至五龙宫，然后至蒿口。

● 紫霄宫—南岩—大顶神道

元代时，大顶之上已有石殿、铜亭等建筑。根据描述朝香过程的史料与文学作品显示，香客从南岩登大顶之前需要在紫霄宫先敬香。由此可见，在元代从紫霄宫至大顶已有朝山之路，而且这条神道也是通向武当天柱峰的一条主要通道。

● 天津桥—大顶神道

这是元代时另一条通往武当大顶的神道，全长约25公里，以天津桥为起点，沿九渡涧而上，途经玉虚岩、琼台，最后抵达大顶。

2. 明代神道

明代武当山宫观的大规模修建始于永乐年间（1403—1424年），道路与桥梁的修建扩建也随之兴起。明代武当山道教建筑群已形成东、西、北三路的格局，经过建设，长达数百里的神道将30多处宫观庙宇串连起来。明代神道多由巨石铺砌，石阶整齐，地势险要之处有栏杆铁索围护。除石道之外，在山溪涧流之处还修有大小石桥，在神道沿途也修建了茶庵、店铺等设施，供朝山敬香之人歇息。

和元代相比，明代武当山的山内神道起点发生了一些变化，由元代的蒿口改为明初至嘉靖三十一年（1552年）的玉虚宫，其后又改为玄岳门。明代东、西神道逐步成形，此外还有包括南神道在内的其他神道线路共存。

● 东神道

明代的武当山东神道起点为玄岳门，经元和观或老营至回龙观，再经太子坡、紫霄宫至南岩神道，最终抵达乌鸦岭。

● 西神道

西神道的起点为蒿口，经蒿口、会仙峰、系马峰、仁威观、七里峰、老姥祠、五龙宫、华阳岩、青羊桥、仙龟岩、驸马桥、仙侣岩、滴水岩至南岩宫及乌鸦岭。西神道全长27.5公里，陕西香客多走此道。由于古道林密幽深，也为明代文人士大夫所偏爱。

● 天津桥—金顶神道

此道在元代即成形。朝山香客，经天津桥、九渡涧、玉虚岩、琼台，过外朝峰，由天柱峰后山上金顶。

● 乌鸦岭—金顶神道

此道起始点为东西神道交会点乌鸦岭，途经榔梅祠、七星树、黄龙洞、朝天宫、一天门、摘星桥、二天门、三天门、朝圣门、太和宫，至金顶，全长达8公里。此条神道在清代、民国以及其后时期经过修缮，至今仍保存完好。

● 南神道

南神道位于武当山后山，是一条民用神道。南神道不同于前山上东、西神道的规整布置，由民间香客依山势择路形成。由于没有经历过大规模修造，自然景观得到最大程度的保留。南神道沿途经大屋场、大稻场、柳树沟、乌龙庄、吕家河、新楼庄、九道河、田畈、龙王庙、豆腐沟、高楼庄、皇经堂抵达金顶，全程25公里。

3. 清代神道

清代随着武当山失去皇室家庙的地位，神道的修建与维护不再有来自政府的资金支持，而是依靠部分官员、香客与道士的捐款与募化。清中叶以后，来自官员的捐助也渐少，面对宫观与桥路的损毁，道士成为神道及神道上宫观维修的主要操持者。此时，除了东、西神道之外，天津桥—金顶神道已渐鲜有香客往来。至清末及民国年间，东神道已经成为朝山香客的主要线路。

三、文化遗产

由神道串起的武当山古建筑群有着悠久的历史。战国时，为了防御北面秦国的侵扰，楚国在武当山北筑寨屯兵，后称"古寨"。秦汉时，武当北麓建起了武当县城。汉末王莽支庶王康、王常、王凤在山北麓各建一城，名"三王城"。东晋隆安年间（397—401年）石鼓庵建成，唐贞观年间（627—649年）五龙祠建成，其后又建成太乙、延昌等庙宇。北宋宣和年间（1119—1125年）紫霄宫建成，可惜北宋诸建筑在"靖康之耻"之后一并毁于战火。南宋绍兴十一年（1141年），五龙诸庙被修复，可惜后来又废于金兵之灾。蒙元时，道士汪真常、鲁大宥、张守清等率徒众修复五龙、紫霄、南岩诸庙。至元二十三年（1286年），忽必烈将五龙观改为"五龙灵应宫"。元代建成的较大宫观包括九宫八观（九宫为五龙、南岩、紫霄、太和、王母、紫虚、紫极、延长、天宫，八观为佑圣、元和、云霞、威烈、回龙、仁威、太玄、三清）以及数座规模较小的宫观庙庵。这其中大部分建筑在元末毁于兵火，今仅存古铜殿和部分石殿。

进入明代，武当山道场一度成为皇室家庙。明太祖在建立政权的过程中打着"君权神佑"的旗号，推崇真武，在南京建真武庙。明洪武初年，武当道士邱玄清修复五龙宫后，在洪武十八年（1385年）被授为嘉议大夫太常寺卿。成祖即位后，尊真武神为"北极真武玄天大帝"，极力扶持武当道教，广建武当道场。整个工程，从勘测到全面施工，从调兵遣将到物资供应，都由皇帝通过一道一道的圣旨进行安排。武当宫观，从明永乐十年（1412年）七月动工，主体工程于永乐十七年（1419年）完成，附属工程于永乐二十一年（1423年）完成。

永乐年间（1403—1424年）的大兴土木，共建成九宫九观三十三处建筑。宫观建成后，又不断进行修理和增建。明成化二年（1466年），建迎恩宫280间。嘉靖三十一年至三十二年（1552—1553年），由皇室内库拨银11万两，重修武当宫观，建造"治世玄岳"石坊1座，

武当山古建筑群雪景

塑造金像5尊，修理各神庙房955座，使全山宫观为之焕然。嘉靖时期（1522—1566年），太和、南岩、紫霄、五龙、玉虚、遇真、迎恩、净乐这八大宫，共有房屋6266间。除朝廷直接营建外，许多藩王、官吏、信士也不断在武当山兴工建造庵、观、祠、庙等，其规模难以计数，据不完全统计，明代武当山共有各种建筑500多处。

清入关之后，武当道场失去了"皇室家庙"地位，其建筑规模逐渐缩小，大部分建筑毁于兵火。在康熙、雍正、乾隆三朝（1662—1795年），一些道士募化和地方官吏集资一度修复部分宫观。乾隆时期（1736—1795年），全山有庙房上万间。乾隆以后，大部分建筑又毁

于兵火。清末，全山只余下庙房3000多间。民国时期，武当山古建筑继续遭破坏。民国十五年（1926年）九月，南岩宫毁于火灾。一些小宫观，如朝天宫、文昌祠、斗姆阁、龙泉观等也相继坍塌。到1949年，全山只余庙房2000多间。

武当山古建筑群的布局建筑形式体现了中国传统官式建筑群与道教宫观建筑群相结合的风格，具有极高的艺术价值，也体现了中国传统建筑天人合一的艺术追求。武当山古建筑群作为明代皇家宫观，既有官式建筑的恢弘大气，又有融入自然环境的和谐朴素，具有突出的景观价值。武当山古建筑群包含内容丰富、艺术价值较高的附属文物，碑刻精美，体量宏大，在全国亦属罕见。古建筑群从整体规划到单体建筑设计运用寓意、象征手法，创造出了兼有宏伟、庄严、崇高、纯净的宗教气氛，显示了极高的艺术水平。

武当山古建筑群也是我国明代早期建筑中保存最好的官式建筑，是研究北宋《营造法式》至清代《工程做法则例》过渡阶段的重要建筑实例。由于明代早期是中国木结构建筑发生变化的重要时期，中国古建筑营造中的许多优秀的法式就诞生在这一时期。我国现存明代官式建筑极少，加上历代改建，明代早期建筑的实际情况鲜为人知，以至明代早期建筑的科学价值也未受到应有的重视。武当山古建筑群对明以后的官式建筑产生了重大影响，具有极高的科研价值。虽然历经时代变迁，这些建筑中的许多仍然矗立在武当山麓的群山深林间，迎送着神道上往来的香客与旅行者。

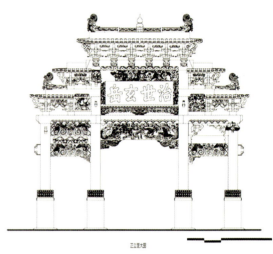

玄岳门　　　　　　　　　　　　　　　　　　　　玄岳门立面图

（一）矗立于武当山麓间的古建筑群

● 玄岳门

玄岳门即"治世玄岳"石牌坊，位于武当山北麓、玉虚宫东约5公里，濒临丹江口水库，是武当神道上最重要的建筑遗存之一。其重要性在于它是武当神道山外道路与山内神道之间的分割点。明清时期，来自北路、南路与西路的香客无论选择哪条路，最终都会在草店汇集。在草店码头下船，迎面便可见这座玄岳门。玄岳门为三间四柱五楼式的石建筑。建于明嘉靖三十一年（1552年），次年落成，高12米，宽12.36米，比例接近正方形，全以石凿榫卯而成。其正中是明嘉靖皇帝御赐的"治世玄岳"匾额，檐下坊间缀以各种花卉图案和人物故事，枋下鳌鱼相对，卷尾支撑。玄岳门是武当神道山内神道的起始点，历史上是武当圣地的第一道神门，被称为"仙界第一关"。

● 净乐宫

净乐宫为武当山九宫之首，位于丹江口市郊区丹赵路，原址在武当山北麓。该宫始建于明永乐十六年（1418年），清康熙二十八年（1689年）毁于火灾，康熙三十年（1691年）动工重建，经过六年才复建完成，乾隆元年（1736年）又遭火焚。净乐宫原占地面积12万多平方米，建筑面积3万多平方米，宫内原有殿堂、廊庑、亭阁及道舍等建筑520余间，由东、中、西三院组成，主要建筑有牌坊、大宫门、二宫门、正殿、二圣殿、真宫祠、方丈堂、斋堂、浴室、神厨、神库、配舍等，四周环绕红墙碧瓦，宫内殿宇重重，巍峨高耸，层层院落，气势近似北京故宫，故有"小故宫"之称，是武当山著名的道教建筑之一。净乐宫在1959年因修建丹江口水库而被淹没，800多件文物则被搬迁至丹江口，随后五年进一步发掘、拆迁库区遗址和文物建筑，其中净乐宫的大石牌坊是湖北省现存最大的明代石坊，但文物复原工作因"文革"爆发而中断，至1986年才逐渐恢复。2003年4月，丹江口市引资7000万元，全面实施净乐宫复原工程，经过接近3年的施工，终于在2006年3月恢复了广场、山门、御碑亭、三大殿及配殿等建筑并更名为"静乐宫"，部分再现了当年净乐宫的宏伟气势。

● 遇真宫

同属武当山九宫之一的遇真宫位于武当山东麓，是进入武当山的第一宫，四周高山环抱，溪流潺潺，大树参天，状若城池，故旧名又称"黄土城"。传说明代初期张三丰曾在此筑庵，名"会仙馆"，后离开武当，不知所踪。永乐皇帝曾特旨寻访，并在张三丰的隐居地武当山大兴土木，以在会仙馆旧址上建造的遇真宫为武当山道场的序幕式建筑群。遇真宫最终于永乐十五年（1417年）竣工，共建殿堂、斋房等97间。到嘉靖年间（1522—1566年），遇真宫已经扩大到396间，院落宽敞，环境幽雅静穆。现存庙房33间，占地面积56780平方米，建筑面积1459平方米。其中真仙殿为大殿，砖木结构，歇山顶，抬梁式木构架，四周饰斗拱，面阔进深均为3间，其斗拱采用的是唐宋时期盛行的真昂斗拱结构形式，在明清以后很少使用，体现了我国明朝木结构的演变实例。内中存有张三丰铜铸鎏金像，身着道袍，头戴斗笠，脚穿草鞋，姿态飘逸，颇有仙风道骨，是一件极为珍贵的明代艺术品。建于会仙馆旧址上的遇真宫对风水格局颇为讲究，选址在一个内聚型盆地——"黄土城"内，北靠凤凰山，

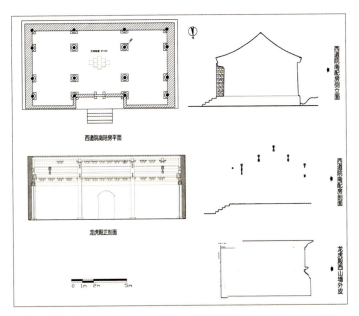

元和观测绘图

南对九龙山，负阴抱阳，左有望仙台，右有黑虎洞，水磨河自西向东从九龙山下流过，正是坐北朝南，龙腾而凤翥。在山环水绕之下，遇真宫稳据一方藏风聚气的风水宝地，这也展现了中国古代建筑规划的经典模式。

● 元和观

元和观全称"元和迁校府"，因真武神曾领元和迁校（有修炼校正之意）职，故名，是武当山八宫二观之一，位于遇真宫和老营镇之间，始建于元代。明永乐十一年（1413年）至十七年（1419年）重建，嘉靖三十一年（1552年）大修，清代以后屡经修葺。现有道房20余间，正殿立于高台之上，内中现存的神像、供器，部分都采用铜铸鎏金，工艺精巧。殿内正中供奉着木雕饰金的真武神像，服饰保留有宋代的服饰风格，是武当山现存最好的木雕艺术杰作。其余六丁、玉皇等神像，造型各异，形态生动，具有很高的历史及文物价值，可供研究鉴赏。元和观原为武当山道教监狱，是处罚违反清规戒律的道士的处所，布局方正有序，隔断适宜，院落深重，规矩谨严，窗高墙厚，处处体现出神权的威严和监狱与世隔绝的森严。

● 玉虚宫

玉虚宫曾是明初至嘉靖三十一年间武当山内神道的起点，也是武当山建筑群中规模最大

左上图：净乐宫
左下图：遇真宫

玉虚宫

的单元。它坐落在玄岳门西约4公里的老营南山脚下，道经故事相传玄武得道升天后曾被玉皇大帝册封为"玉虚相师"，所以玉虚宫建成后，永乐皇帝钦定名为"玄天玉虚宫"，是其封禅武当山、祈天修崇醮典总坛所在地。至嘉靖年间，玉虚宫又得到了大规模的扩建，房屋激增至2200多间，以严谨对称的布局分布在中轴线上，由5道宫墙围护，外3道宫墙早废，现存宫墙2道。天启七年（1627年），玉虚宫发生了毁灭性火灾，其轴线主要建筑均遭大火焚毁。清乾隆十年（1745年），玉虚宫再次遭到大火，其附属建筑一并化为灰烬。1935年夏，山洪暴发，数十万方泥沙直泄玉虚宫，大片房屋被吞没，玉虚宫自此成为一片残垣断壁，仅存山门、父母殿、云堂、配房等43间，多为清代重建，建筑及遗址占地面积15.6万平方米。2007年5月国家启动了玉虚宫大殿修复工程，经过5年的保护性修复，玉虚宫宫墙、御碑亭、山门、龙虎殿、玉虚殿、玉带河、宫内石板地面等工程已经完工，基本恢复了当年的主体风貌。宫前建有红墙翠瓦的武当山珍品文物陈列馆，是游览武当山的必到之地。

● 回龙观

回龙观位于玉虚宫东南的浩瀚坡上，海拔450.6米。其原址早在元代就建有祠宇，后因战乱损废。永乐十年（1412年）大修武当时建玄帝殿、山门、廊庑、方丈、道房、益泉亭、仓库等14间。嘉靖三十一年（1552年）又经历大规模的扩建，清代又有增建，占地面积2000多平方米。回龙观于1973年3月发生火灾，正殿及其配房被烧毁，现存庙房有山门、龙虎殿、十方堂、配房等25间，建筑面积844平方米，占地面积2007平方米。

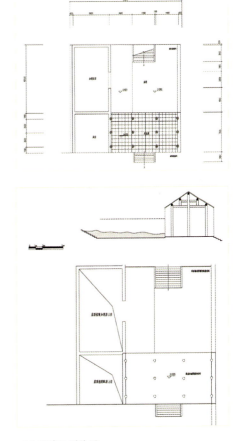

回龙观遗址测绘图

● **磨针井**

磨针井位于回龙观北、距玄岳门约10公里远的登山道旁。相传上古的时候净乐国王太子真武得到玉清圣祖紫虚元君的启示，入武当山学道修真，刚开始因意志不坚，欲出山还俗，一日走到这里，遇见一老妇坐在井边砺磨铁杵，太子感觉十分奇怪，于是就上前询问，被老妇铁杵磨针的毅力所感动。恍然顿悟之后，太子回心转意继续修炼，最终功德圆满，得道成仙。后来人们便称此处为磨针井，并修建了一些建筑物。磨针井原有建筑早已废毁，现存殿宇为清咸丰二年（1852年）重建，主体建筑为三开间祖师殿，殿内原奉真武大帝青年时塑像，四壁满绘《真武修真图》，图面生动地绘述了真武大帝入山修炼的传说故事，线条古拙稚朴，山水树木错落有致，各种人物栩栩如生。

● **太子坡**

太子坡，又名"复真观"，背依狮子峰，右为天池，雨时飞瀑千丈，左为下十八盘，环境清幽，景色秀丽。据称这是净乐国太子真武上山修炼的第一个道场，故名太子坡。相传

太子遇老妇以铁杵磨针点化后遂回山中刻苦修炼，故此处得名"复真观"。据记载，明永乐十年（1412年），明成祖朱棣敕建玄帝殿、山门、廊庑等29间。明嘉靖三十二年（1553年）扩建殿宇至200余间。清代康熙年间（1662—1722年），曾先后三次修葺，乾隆二十年至二十六年（1755—1761年）又重修大殿、山门等殿宇。后因年久失修，损坏严重。1983年至1987年经政府拨款维修，恢复了原貌。现有建筑占地面积1.6万平方米，有庙房105间，建筑面积2000多平方米，基本保持了当年的规模，是全山最大的道观。整个建筑布局依山就势，高低错落有致，富有韵律感。每当夕阳西下，太子坡会出现武当奇观"太和剪影"，使人目不暇接，实为观景胜地。

复真观的建筑，顺地之形势而把中轴线移位并转折处理，使院落起伏曲折，富于变化，既顺应自然又错落有致。其建筑布局，充分利用陡险岩上一片狭窄坡地，进行纵横序列布局，使建筑与环境紧密结合。从堪舆选址上看，复真观背依山势巍峨的狮子峰，上朝天柱峰，下瞰九渡涧，风水也算不错。

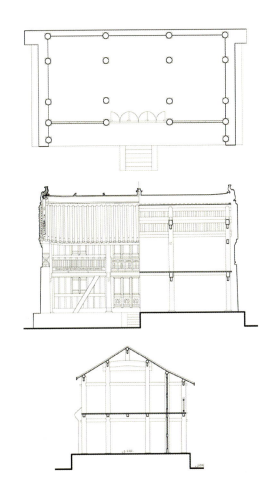

复真观测绘图

左上图：太子坡全景
左下图：复真观大殿

复真观祭台

九曲黄河墙

只可惜观址前临深谷，山势陡峭，导致观门前面没有开阔地，道路窘迫受限制，于是必须做变通处理。为改变视角，因地制宜，依山就势，在观之主轴线下端不正式设门而建造高大的影壁墙，在右侧（北向）开一石门（为二道门），门前砌宏伟的夹墙复道，即"九曲黄河墙"，夹道尽头才恰到好处地设建高大的山门。复真观二道门之内，是方整的石海墁院落。由此再往南行，还有另外一条夹墙复道，曲折而下，经过两重石门到达下十八盘，是朝山古神道。南北夹墙复道，共有石门四道，所以有"一里四道门"之称。另外，太子坡正殿以北侧门外第三院轴线上的五云楼内"一柱十二梁"，即一根主体立柱最上方，有十二根梁枋穿凿在上，交叉叠搁，下以一柱支撑，计算周密，充分利用建筑物理学、结构力学之原理，在狭窄空间内实现了力学与美学高度完美的结合，展示着古人杰出的创造力，是中国古建筑的奇迹。

紫霄宫内紫霄殿

● 紫霄宫

  紫霄宫坐落在武当山的主峰——天柱峰东北的展旗峰下，是武当东神道上的重要建筑。紫霄宫始建于北宋宣和年间（1119—1125年），明永乐十一年（1413年）扩建，是武当山上保存较为完整的宫殿古建筑群之一。自东天门入龙虎殿、循碑亭、十方堂、紫霄殿至父母殿，层层殿堂，依山叠砌，其余的殿堂楼阁，鳞次栉比，两侧为东宫、西宫，自成院落，幽静雅致，再加上四周松柏挺秀，竹林茂密，名花异草，相互掩映，使这片古建筑更显得高贵富丽。紫霄宫是利用特殊地貌开展建筑的典范，在纵向陡峭横向宽敞的地形上，构筑轴线建筑。中轴线上分布五级，由下而上依次建龙虎殿、碑亭、十方堂、紫霄大殿、父母殿等，两侧设置配房等建筑860余间。建筑者同时还运用了砌筑高大台阶的方法，将紫霄宫分隔为三进院落，构成一组殿堂楼宇鳞次栉比、主次分明的建筑群。远远望去威严肃穆，极具皇家道场的气派。

  紫霄宫的勘测选址充分体现了中国古代工程设计人员重视人工建筑与自然环境相协调、

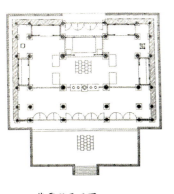

紫霄殿平面图

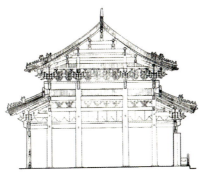

紫霄殿剖面图

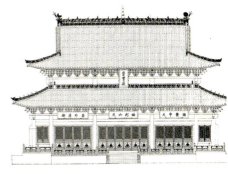

紫霄殿正立面图

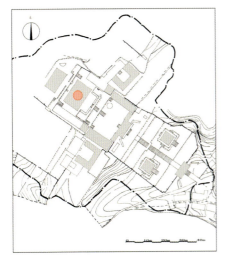

紫霄宫布局示意图

相融合的思想。宫殿背倚展旗峰，山势跃动欲奔，石色如铁，好像一面飘展的大旗，衬托出宫殿建筑的威武气势。紫霄宫面对大小宝珠峰，远者遥对五老诸峰，宫前有禹迹池，左有青龙背，右有白虎垭，群山环抱，宫设其中，既利避风，又易向阳采光，宫内外花木繁茂，环境清幽，古人称之为环抱天成的"紫霄福地"。宫之左右，各有一水自山间迤逦流出，傍绕宫前而过。风水术所要求的主山、案山、朝山、青龙、白虎、明堂、水口、气口等，紫霄宫一应俱全。

在自然环境符合上乘风水要求的基础上，紫霄宫在建筑实践上的"理水"艺术也是颇具匠心。宫前为金水渠，其来水是从宫西北流入的山水，呈一张弯弓的形状蜿蜒东流。金水渠由暗道与禹迹池相通，设计巧妙。因为按照阴阳五行思想，西方属金，金生丽水，故名"金水渠"，渠上之桥为金水桥。禹迹池是紫霄宫的朱雀池，被认为是可使紫霄宫生气凝聚而不散泄的风水池。紫霄宫还有日、月两池，日池在大殿崇台之下，圆形，有石栏围护；月池位于父母殿之东，半月形。日、月池不仅能起到消防水池的功能，而且有平衡阴阳、和合天地的象征意义。紫霄宫的建筑规划和布局设计，在选择环境、利用环境、改善环境以及与自然环境进行有机交融等方面所表现出的风水观念和环境意识堪称武当山道教建筑群中最为突出的范例。

五龙宫

● 五龙宫

五龙宫在元代时就是武当神道上众宫观的中心。身为武当山上第一座由皇帝敕建的宫观，五龙宫的前身是唐太宗时期（627—649年）敕建的五龙祠，是武当山有记载的第一座皇家建筑，后在宋真宗时期（998—1022年）升祠为观，至元二十三年（1286年）升观为宫，明洪武五年（1372年）复修，永乐十年（1412年）赐额"兴圣五龙宫"。五龙宫位于蒿口南15公里处，背靠灵应峰、五龙峰，前列金锁峰，左有磨针涧、华阳岩，右有启圣殿、凌虚岩。古代山志中"山环水抱而朝大顶，其清静无出其右也"之句，说的就是五龙宫。五龙宫坐西朝东，形制属帝王宫城式，整个宫殿由高墙围绕，山门内建御制碑亭，重檐歇山顶式，高大巍峨。从碑亭间石铺神道前行为龙虎殿。殿后为一四合道院，青石墁地，院中有五龙井及天池、地池。明代徐学谟描述当时的五龙宫说，仅大殿（玄帝殿，或称"元君殿"）的基址就可以与其他道宫的规模相比，而且宫殿的地势在诸宫中是最高耸峻拔的。因其地势高崇，故人们从下仰望玄帝殿和启圣殿，二殿如出云表之上。该宫大殿于1930年遭土匪焚毁，但其遗址及周围老姥祠、隐仙岩、灵应岩、凌虚岩、华阳岩、白龙潭瀑布等颇为清幽，能引发思古之幽情。大殿遗址中部的汉白玉须弥座上，至今仍供奉1.95米高的铜铸"鎏金玄天真武神像"，比武当山金顶金殿内的真武大帝像还高10厘米，是武当山最大的真武神铜像，于成化九年（1473年）由京城运抵此处，渡尽劫波而始终完好无损，颇为神奇；殿后还有武当山最大的石雕香案。另外，五龙宫范围内始建于宋代的五龙宫涵洞和建于明代的榔梅真人（李素玺）墓亦为武当之最，仁威观则是武当山唯一一座跨越河谷两岸修建的庙宇。

● 南岩宫

南岩宫是武当东、西神道上的重要宫观，位于武当山的南岩上，是道教著名宫观。据《太和山志》记载，唐宋时就有道士在此修炼，元代道士在此创建道观，至大元年（1308年）建"天乙真庆万寿宫"，建筑大都毁于元末兵火，明永乐十一年（1413年）重建，时有大小殿宇640余间，赐额"大圣南岩宫"，清末大部分建筑复毁。现仅存元建石殿、明建南天门、碑亭、两仪殿等建筑；原元君殿旧址上尚存玉皇大帝神像一尊，峨冠华衣，形态逼真。宫外岩北有老虎口，岩南峰峦之上有梳妆台、飞升台等古迹。南岩宫是明代敕建的九宫之一，永乐十年敕建玄帝大殿、山门、廊庑、祖师石殿、父母殿、左右亭馆，宫前建左右圣旨碑亭、五师殿、真宫祠、圆光殿、神厨、神库、方丈、斋堂、厨堂、云堂、钵堂、圜堂、客堂、寮室等，共计155间，赐额为"大圣南岩宫"。后经扩建，到明世宗嘉靖十五年（1536年），南岩宫殿宇房屋已扩大到640间。现在的南岩宫尚存殿房21栋，建筑面积3539平方米，古建筑及遗址占地面积约61187平方米，部分殿堂、亭台及古神道于1989年经政府拨款维修。

南岩是武当山"三十六岩"中最美的一岩，南岩宫坐南朝北，背对武当金殿，充分利用山头、垭脖、峭壁、岩洞等险境，建造了一座座宫室、亭台与山门等，建筑与环境虚实相融，使南岩更加神奇，南岩宫宛如挂在云间，更加烘托了真武"得道飞升"这一修仙主题。其中大殿建于崇台之上，重檐琉璃瓦顶，殿前有月台高大开阔，可容纳数百人举行祭典仪式。

● 一、二、三天门与朝圣门

一、二、三天门与朝圣门是位于乌鸦岭—金顶神道上的重要建筑，地处天柱峰西北，是明永乐十年（1412年）在元代旧基上敕建的四座门。清康熙四十二年（1703年），三天门得以重修。四门全为砖石结构，歇山顶式（现均残），石雕须弥座。各发双拱门一孔，均为石雕冰盘檐，仿木结构，方圆檐椽各一层，额分别书"一天门""二天门""三天门""朝圣门"字样。四门依次屹立在数千级饰栏石阶之间，象征着朝圣者与至尊金顶之间的距离逐渐缩小。民国六年（1917年）募修一天门内会仙桥旁正殿3间。民国二年（1913年）新建一天门下三官台正殿3间，厢房6间，现均已废毁，只存遗址。

一天门外有"八"字红墙，基层为精雕青石底座。二天门附近有一巨石，痕纹如刀劈而裂开，相传为真武大帝得到后的"试剑石"。从二天门到三天门，彩霞拂面，香风爽心，好似进入仙境。三天门四周岩石山峦形态最为丰富，令人赏心悦目。朝圣门位于三天门之上约500米，为单间城门建筑，坐南朝北，歇山顶，砖石双重拱结构，不入三座天门序列，提示朝圣之人，至此必须整冠束带，敬慎威仪，准备朝圣。

（二）位于武当山天柱峰顶上的金顶建筑群

武当神道位于主峰天柱峰顶上的金顶建筑群是武当道教文化的精华和象征，也是武当道教在明代皇室扶持下走向鼎盛高峰的标志。大岳太和宫位于天柱峰顶端，其建筑群分布在海拔1500米上下约2公里的建筑线上。宫室整体布局充分利用天柱峰高耸霄汉的气势，以明朝皇家建筑法式，巧妙进行了序列布局，突出神权至高无上的思想。天柱峰上的金殿称为"太和宫正殿"，清代则将明朝建的朝圣殿称为"太和宫"，沿袭至今。

金顶建筑群包括太和宫的金殿、皇经堂、紫金城、朝拜殿，以及元代古铜殿等

金顶建筑群布局图

224

两仪殿龙头香

朝天宫

225

古代建筑。这里保存着大量各朝代制造的像器、供器、法器等文物珍品。据史料记载，明永乐十年至十四年（1412—1416年），在顶上建金殿，在顶下建有朝圣拜殿、左右钟鼓楼；右置元君殿、父母殿、诵经堂、神库、神厨、斋堂、真宫堂、方丈、朝圣堂、廊庑、寮室共计78间；在峰北重建一天门、二天门、三天门、道房、斋堂、灵官祠；修筑蹬道，装以石栏，若云梯之状。赐额"大岳太和宫"。到嘉靖时（1522—1566年），建筑群规模扩大到520间，管领清微宫、朝天宫、黑虎庙、文昌祠。目前尚存建筑物150余间，建筑面积3000多平方米，建筑及遗址共占地面积约87500平方米，包括铜殿、金殿、紫金城、灵官殿、太和宫、皇经堂等代表性建筑。

● 铜殿

金顶上的铜殿为元大德十一年（1307年）在武昌铸造后，运置天柱峰顶。明永乐十四年（1416年）建太和宫时，因其规模小，修建者将铜殿及殿基石移至小莲峰顶海拔1556.5米高处，建砖室围护。铜殿重约400吨，脊高2.44米，面阔2.615米，进深2.615米，悬山顶，铜铸仿木结构。瓦鳞、檩橼、檐牙、栋柱、门楣、窗棂、壁隅、门限等诸形毕具，造型古朴而凝重。殿体镂刻众多铭文，记述化缘道士人名及众多募资造殿信士的地址、人名等，殿基为浮雕琼花石须弥座。武当金顶铜殿为我国现存最早的一座铜殿。

● 金殿

金殿为明代铜铸仿木结构宫殿式建筑，位于武当山巅、海拔1612米的天柱峰顶端面积168.3平方米的花岗石筑平台之上，台前倚岩筑石栏蹬道。殿前迂回九曲，名为"九连磴"。金殿建于明永乐十四年（1416年），嘉靖三十一年（1552年）曾局部修整，增设殿外朱漆木栅。清康熙四十二年（1703年）及民国三年（1914年）先后增建两厢更衣室及殿后之父母殿等砖木结构的附属建筑。

金殿居平台正中，朝向为东偏南8度。全部构件系在北京铸成后，由运河经南京溯长江、汉水运至武当山组装而成。殿之面阔与进深均为三间，阔4.4米，深3.15米，高5.54米。四周

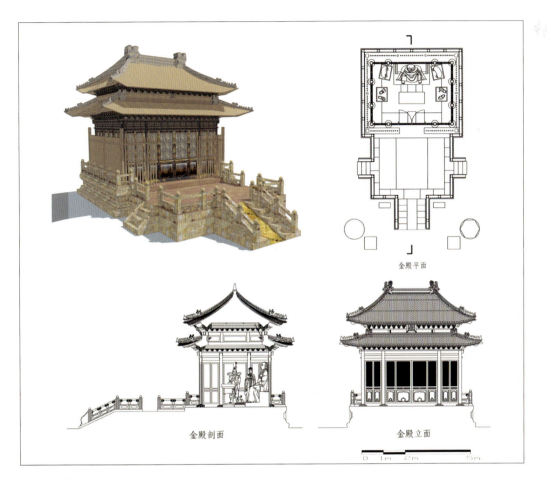

金殿平面剖面和立面图

立柱12根，下奠宝装莲花柱础，柱上叠架额、枋及重翘重昂与单翘重昂斗拱分别承托上、下
檐部，构成重檐庑殿式屋顶。正脊两端铸龙吻对峙；垂脊圆和，翼角舒展，其上饰仙人和
龙、凤、狮子、海马、天马等灵禽瑞兽，顺序排列。四壁于立柱之间满装四抹头隔扇，明间
正中两扇铸门轴纳于户枢，可以开合。额枋施线刻错金旋子彩画图案，工艺精细；殿内顶部
作平棋天花，铸浅刻流云纹样，线条柔和流畅；地面以紫色纹石墁地，洗磨光洁。

金殿中堂设铜铸鎏金神像，后壁屏风之前置真武大帝坐像，披发跣足，着袍衬铠，体态
丰润，英姿魁伟；左侍玉童捧册，右侍玉女端宝，拘谨恭顺，娴雅俊逸；水火二将，执旗

焚帛炉

捧剑，拱卫两厢，勇武威严。铜案下置玄武一尊，为龟蛇合体。坛前设香案，置供器。后壁上方，高悬鎏金匾额一方，上铸康熙所书"金光妙相"四字。殿外檐际立悬盘龙斗边鎏金牌额，其上竖铸"金殿"二字。殿外铜栅栅柱，由铜片包护，其上线刻云龙蟠绕，亦颇精致。殿体各部为分件铸造，遍体鎏金。无论瓦作、木作构件，均按宫式法制仿铸。榫卯拼装，结构严谨，合缝精密，毫无铸凿之痕。虽经600多年的严寒酷暑，风雨雷电侵蚀，至今仍辉煌如初。殿下台基及殿前露台，为精琢石材叠砌，平面略为"凸"字。露台前端左右两侧分列金钟、玉磬二亭及宝鼎式焚帛炉，为嘉靖年间增设。台周绕以石雕莲花望柱钩栏，正面设石阶御路。

● 紫金城

紫金城又名"皇城""红城"，因围护金殿而得名，建于明永乐十七年（1419年），是朱棣为真武大帝在人间修建的"玉京"。紫金城城墙高数丈不等，南城门城墙基厚2.4米，城墙顶厚1.26米，城墙脊中心周长344.43米。全城占地面积34443平方米，环绕天柱峰巅，由每块重达千斤的条石依岩势砌成，施工难度极大，是明代科学与艺术相结合的产物。特殊的建筑工艺使得城墙由内看向外倾，由外看则向内倾，远看更如有光圈围绕金殿，十分壮观。城墙上四方各建一座仿木石建筑天门，象征天阙。全城有东、西、南、北城天门，只有南天门可通，而南天门设三门，俗称"神门""鬼门""人门"，神门居中，高大威严，旨在皇室设醮祀典时才开，鬼门虽有门形却无法通行，只有人门才是平常所用之门。

● 灵官殿

南天门内为灵官殿长廊，幽暗阴森，石冷袭人。登上一段石阶，是一小平场，依岩置一小石殿，殿内置锡制小殿，名叫"灵官殿"，明代造。是武当山现存稀有锡制建筑物。殿内原有锡制灵官像，于1975年被盗毁。出灵官殿为依山势建造的九转蹬道，长64米，212级，饰以石栏铁链，蜿蜒直达金殿。

● 太和宫

太和宫位于南天门下，建于明永乐年间，额书"大岳太和宫"字样。太和宫为砖石结构，歇山顶式，绿琉璃瓦屋面，内为卷拱，墙体下部为石雕须弥座，面阔进深均为1间，阔8.3米，深8.3米，通高9.45米。殿内陈列真武、金童、玉女和8尊从官神像。殿门两旁置明代圣旨、功德铜碑各一通。殿前两旁是钟鼓楼，钟楼内现存一口饰龙纽钟，钟上铭文为"大明永乐十三年造"，是全山现存最大最美的一口钟，击之万山回应，如滚惊雷。

● 皇经堂

皇经堂在朝拜殿右下方，坐北朝南，始建明永乐年间，清道光二十九年（1849年）重建，民国四年（1915年）再建。皇经堂有殿堂3间，旁建木楼9间，砖木结构，硬山顶，抬梁式木构架，小青瓦屋面，前为廊后封檐，正面为全开式格扇门，面阔与进深均为3间，面阔10.13米，进深9.2米，通高9.9米，额书"白玉京中"四个隽秀大字。殿内正中悬挂的金匾上书"生天立地"四个金光大字，为道光皇帝御赐。堂内供奉的神像非常繁多，有真武、三清、玉皇、观音、吕洞宾、灵官及侍童等，形态各异，铸造精妙。皇经堂建筑风格多样，门框、窗扇上都刻有道教人物故事及珍禽异兽等精美图案，做工精细，惟妙惟肖，更兼通体彩

太和宫全景

绘，使得整个建筑富丽堂皇；屋檐上还挂着四个铃铛，风吹过时，铃声清脆悦耳。

四、线路价值

　　武当神道上的武当山古建筑群于1994年12月被列入《世界遗产名录》，是中国古建筑发展定型和成熟后的集大成之作，集中体现了中国元、明、清三代世俗和宗教建筑的建筑艺术成就。现存建筑规模之大、规制之高、构造之严谨、装饰之精美，神像、供器之多，在中国建筑史上，特别是宗教建筑方面，是绝无仅有的，在世界上也属罕见。然而人们不太了解的是，在面积达600平方公里的武当山区建造这些光芒闪烁的建筑瑰宝的背后，正是以"真武修

仙"的传说为线索，遵循"天人合一"的理念，在"人—神—仙"的渐进中将大大小小的建筑串起，逐步达到高潮；而这一切的实现都依托于数条隐约可见的线路，统称"武当神道"。

600多年以前，在沟壑纵横、地形复杂的武当山麓，勘察手段有限，又要求"山体不能分毫修动"，可以想见武当神道的设计难度之大。然而，武当神道的全局观念使得武当山古建筑群总体规划严密，主次有序。武当神道的走向确定了具体的古建筑选址，也使得武当山的古建筑与周围环境有机结合，讲究山形水脉，聚气藏风，达到了建筑与自然的高度和谐，集中体现了中国传统的堪舆思想。

同时，由武当神道塑造的古建筑群的格局是中国皇家园林的格局：既有宫院的庄严、朴素，又有周边园林的自然流畅，具有杰出的景观价值。其建筑布局形式体现了中国传统官式建筑群与道教宫观建筑群相结合的风格，具有极高的艺术价值，集中体现了中国传统的皇家景观与人文景观相融合的"山野与庙堂的二重奏"。正因为如此，大兴武当是北京皇宫兴建的先导，为日后大修北京、迁都北京作思想上、物质上、技术上的准备。南修武当，北修故宫，也就是说南修武当是北修故宫前的大练兵。武当山古建筑群对营建北京产生了巨大的影响。明初紫禁城建筑无论从平面布局、结构设计及装修上都与武当山建筑一脉相承，武当神道与北京中轴线在精神上也是一脉相承的。

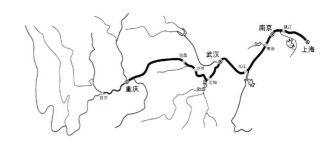

长江近代航线：

西风东渐与自强求富之路

The Modern Route of the Yangtze River:

China's Self-reinforcing and Self-enriching Route under the Western Influence

　　长江可以作为文化线路吗？在中小学的教科书里，黄河是中华民族的文化母亲河，在大型电视纪录片《话说长江》里，长江也主要是自然廊道和两岸人民逐水而居的天然依托，但是，2018年，在主题为"文化线路在城乡可持续发展中的角色"的第七届"ICOMOS-WUHAN无界论坛"上，国际古迹遗址理事会（ICOMOS）的专家却同意把长江作为重要的文化线路来讨论，特别是作为中国近代文化转型的新的文明孔道。

　　1840年，第一次鸦片战争的炮火打破了大清天朝上国的迷梦，大清帝国终究难以抵挡英夷的坚船利炮，不得不与之订立城下之盟，开放上海、广州等五处通商口岸。在此后的半个多世纪里，各国殖民者相继以武力和谈判等手段，不断攫取侵略特权。他们的轮船得以从长江口的上海起航，逐步驶入长江中游和上游的通商口岸，设立租界，开设洋行、银行及工厂，以长江水道为轴，不断加紧对中国内陆腹地的经济掠夺。而与此同时，长江沿线陆续开放的港口城市也被动地开始接受西方近代文明的洗礼，在西风东渐的背景之下，相继开启了各自的近代化征程。从19世纪60年代开始，曾国藩、李鸿章等坐镇江

左图：江汉关大楼

南的实权人物也纷纷打开了自己的视野，引进西方先进技术，兴起了以"自强"和"求富"为口号的洋务运动，官办（后期出现官督商办）的近代工厂逐步从沿海、长江下游逆流而上，向内陆推进，极大开阔了国人的视野；向西方学习的范围也逐步突破技术层面，深入到了制度和文化层面。西方列强开拓的长江近代航线，也在事实上成了中国近代文化发生发展的推进线路。沿江的通商口岸城市逐渐联结，形成了沿江的政治、经济、文化长廊。中国的近代文明也就由东南沿海循着沿江城市—沿江长廊—长江经济腹地—中国广大内陆的顺序，由东南沿海向西北内陆渐次蔓延开来。

一、线路概况与历史演变

长江干流径流广远，自云南水富以下2838公里河道均可通航，航道终年不冻，自古即为中国东西航运动脉。伴随着沿江各大口岸的接连开埠和外商轮船的驶入，长江近代航线得到开拓，沿线的城市也踏上了近代转型的道路。

第一次鸦片战争之后签订的《南京条约》中，规定了东南沿海的五座通商口岸（广州、厦门、福州、宁波、上海），长江入海口的上海名列其中。随着上海的开埠（1843年11月17日），一批批的西方双桅船、夹板船、鸦片趸船和装备精良的飞剪船驶进吴淞口，沿黄浦江进入上海县城。地处中国沿海南北之中的上海，背后有广袤的长江流域，地理位置绝佳，市场潜力巨大，很快就在同期开埠的港口中脱颖而出，成为东南沿海航运网络的聚汇点和长江近代航运的领头羊。

第二次鸦片战争之后，1858年6月26日中英签订《天津条约》，规定长江增开通商口岸，外国船只可以航行长江，长江及内河的诸多港口城市迎来了前所未有的深刻变革。1858年11月8日，签订中英《通商章程善后条约》的当天，英国人即派额尔金率领由五艘巡洋舰和炮舰组成的舰队从上海出发，武装穿过太平军控制区（途经南京时还与太平军发生冲突），历时一个月，行程千余公里，驶抵汉口（今湖北武汉市江岸区、江汉区、硚口区），窥察武汉三镇达七日之久，并会见湖广总督官文。1860年11月，英国新任驻华公使卜鲁斯与恭亲王奕䜣等达成协议，不俟"地方平靖"，准其"先赴汉口、九江两处开商"[①]。至此，"开放长江四口"仅余中法《天津条约》规定的通商口岸江宁（南京）尚需待战事结束后方可开埠（后因战乱残破而延宕至1899年5月1日才正式开放），其余三口全部开埠。汉口、九江、镇江开埠之后，外国轮船迅速开辟了长江航线，在方便其对中国内地进行经济掠夺的同时，也极大加强了沿江城市之间的联系，加速了沿江城市带的形成。

1861年，英国率先在镇江、九江、汉口三处口岸设立领事馆。3月7日，英国军官威司利、商人韦伯搭商轮"扬子"号（此为上海—汉口的首航商轮）抵达汉口，"查看地势，立行通商"[②]。4天后，英国驻华参赞巴夏礼、海军提督贺布率军舰4艘来汉，面晤官文，与湖北官府签订《英国汉口租界条款》，这便是汉口开埠之始。

至1872年，有13家外国轮船公司的轮船往来于上海、汉口之间，其中以美商旗昌轮船公司实力最为强劲，在1867—1872年间几乎垄断了长江航运。长江轮运产生的巨额利润和外国轮船公司垄断长江的事实也引起了中国部分有识之士的警觉。1872年12月23日，洋务派领袖李鸿章在《试办招商轮船折》中痛心疾首地指出："各口岸轮船生意已被洋商占尽……须华商自立公司，自建行栈，自筹保险"[③]。掌握实权的李鸿章很快即将其想法付诸实践。一个月后，轮船招商局宣告成立，一举打破了外商轮船公司在长江"垄断独登、操纵由己"的局面，中国资本的轮船也开始在长江航行。这是中国近代设立最早、历史最长、规模最大的民族轮船航运企业，也是洋务派从创办军火工业转向民用工业、由官办转向官督商办的第一个企业。

---

① 咸丰十年十月二十日上谕，转引自齐思和等编：《第二次鸦片战争》，上海：上海人民出版社，1978年，第5册，第307页。

② 宝鋆等编：《清代筹办夷务始末》，北平：故宫博物馆，1930年，第75卷，第5—6页。

③ 李鸿章：《李文忠公全集》，光绪金陵刻本，第19卷，第49页。

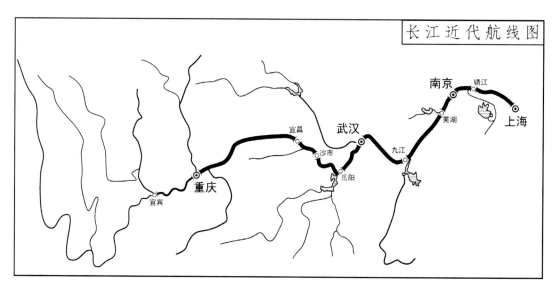

长江近代航线图

中外资本的轮船在长江沿线竞渡之际，长江沿岸的通商口岸也在渐次开放。1876年，中英签订《烟台条约》，长江沿岸的通商口岸又增加了宜昌和芜湖，而大通（今安徽铜陵市郊区大通镇）、安庆、湖口、武穴、陆溪口（今湖北嘉鱼县陆溪镇）和沙市则成为实际上的准通商口岸，重庆也允许英国派员住寓。[①] 1890年，中英签订《烟台条约续增专条》，确定重庆为通商口岸，随后英商立即开辟了从宜昌到重庆的轮船航线。通行外轮的长江航线进一步扩展至长江上游地区。

1895年，中日签订《马关条约》，长江中上游的沙市、重庆被迫对日本开放，日本可以在此通商、航行、租地建房设厂；条约还规定，日本轮船可以从湖北省宜昌溯长江驶至四川省重庆府。至此，长江沿线布满了通商口岸，英、法、美、日等国的轮船可以从上海直通重庆，长江上游的沿江市场也被卷入到国际市场之中。面对外国势力沿长江不断开辟通商口

---

① 《烟台条约》规定大通、安庆、湖口、武穴、陆溪口、沙市为外轮停泊码头，允许英国派员住寓重庆，查看四川省英商事宜，同时规定租界内洋货免收厘金。

岸以攫取更大政治经济利益的行径，清政府中的一些有识之士开始主张自开商埠以维护主权、发展经贸，故1898年后清政府陆续在长江沿线主动开放了吴淞（今上海市宝山区吴淞街道）、岳州（今湖南岳阳市）、武昌、下关（今江苏南京市鼓楼区下关街道）、浦口五处交通便利、商业繁荣的商埠。

长江干流各大口岸的通商，极大促进了物流和人流，刺激了城市近代工业的产生与发展。长江成为引领中国步入近代社会的快速通道。坐镇长江流域的地方大员们以外国的先进技术的输入为契机，主动引进西方技术，开办近代企业，率先兴起了向西方学习以谋求自强与求富的洋务运动。

在外国资本的大量涌入和洋务运动的激励之下，长江流域的工商业得到长足发展。中国近代中期最重要的两大工商业基地皆位于长江流域，即以上海为中心的长江三角洲地区和以武汉为中心的江汉交汇地带。

19世纪50年代末期，外商开始在上海筹设机器缫丝厂，缫丝工业成为19世纪末之前外商的重要工业部门。此外还有蛋品加工工业、制革工业、轧花工业和机器打包工业等出口加工工业，上海地区的工商业在19世纪末之前就被深深卷入了国际资本市场。1895年，中日《马关条约》签订后，外国人在上海兴办的工厂企业数量剧增，投资规模越来越大，行业类别扩张到各个部门。据日本调查资料显示，英、美、德、法等西方资本主义国家仅在上海一地设立的工厂即达183家，约占西方国家在华工厂总数的3/4。外国资本的大量涌入对上海的城市近代化意义极为重大，使之成为沿江诸口岸城市近代化进程中的一个突出特例。

在外国资本的持续冲击与刺激之下，上海的本国资本工业也逐渐兴起。如创建于1865年的江南机器制造总局和1889年的上海机器织布局，前者开我国近代军事工业之先河，后者则为我国"官督商办"民用工业之滥觞。20世纪二三十年代，上海发展成为相对繁荣的民族制造业中心，生产的大量国产工业品通过港埠间的贸易源源不断地流向长江各口岸和全国各地，上海的资本工业成长为长江各口岸城市乃至全中国民族资本的表率。

不同于外资工业鼎盛的上海，武汉地区的近代工业建设主要由本国资本主导。19世纪中叶的汉口是中国内地最大的茶叶交易市场，故其在1861年开埠之后，立即就有大约20家俄、英、德等国洋行在汉口经营茶叶出口业务，其中以俄商的实力最为雄厚。1873年，俄商将原设汉口附近产茶区的两座茶叶加工厂移至汉口，建成使用蒸汽机的新式机制砖茶厂。19世纪八九十年代以后，蛋品加工成为外商在长江口岸的新的工业投资热点。至1893年，汉口已有德、法、比等国投资的6家外商蛋品加工厂，1895年以后，德、英、日商又在汉口增设蛋厂，在19世纪末以前，汉口的蛋粉出口一直位居全国第一。其中发展最快的是英商和记蛋厂，在抗日战争全面爆发之前，其年产冰蛋和干蛋达7000吨，占华中地区蛋品出口总数的一半。

虽然1861年汉口开埠以后，外商纷纷来汉设厂，使汉口成为长江各口岸外商工厂数量仅次于上海的城市，但其规模仍远逊于上海。在19世纪90年代之前，国人自办的近代工厂也迟迟不见起色，武汉真正意义上的近代工业的起步迟至张之洞督鄂。1889年末至1907年的十八年间，张之洞三度出任湖广总督，在湖北推行"新政"，开启了武汉近代工业建设的序幕。

1890年6月3日，张之洞成立湖北铁政局，正式开始筹办铁厂和枪炮厂。1893年10月22日，位于汉阳大别山（龟山）北畔的铁厂竣工，这就是举世闻名的汉阳铁厂。在1915年本溪湖煤铁公司炼铁之前，汉阳铁厂是中国唯一一家采用新法炼铁的钢铁企业，此后在持续出产优质钢铁的同时，还为促进新式冶金技术在中国的传播作出贡献，这些都推进了长江流域乃至整个中国的近代化进程。

1895年夏，在铁厂的不远处，曾经惨遭大火焚烧之厄的湖北枪炮厂重建完成。翌年6月，湖北枪炮厂投产，开始正式仿造德国M1888式7.92毫米口径五响毛瑟枪，并定名为"汉阳造88式七九步枪"，简称"汉阳造"，是中国近代军工产品中的名牌。该厂投产后生产规模不断扩大，军械品种不断增多，至1904年已陆续建设了制枪、制炮、炮弹、炮架、机器、钢药等十多家分厂，职工达4500余人。张之洞以该厂非"枪炮"二字所能包括，奏请朝廷将厂名改为"湖北兵工厂"，最终于1908年定名为"汉阳兵工厂"。汉阳兵工厂的设立和发展壮大，为我国近代军火工业打下了坚实的基础并推动了民用工业的发展。

在创办钢铁工业和军火工业的同时，张之洞还先后创设了纱、布、丝、麻四局，构成比较完整的近代纺织工业体系，令武汉成为华中地区最大的纺织工业中心。除上述钢铁、军工、纺织等大型企业外，张之洞还兴办了一系列中小型工厂，如白沙洲造纸厂、湖北针钉厂、武昌制革厂、湖北毡呢厂、湖北官砖厂等。除发展近代工业之外，张之洞还开设学堂、派遣留学生、组训湖北新军等，使其坐镇的武汉，成为继上海、天津之后的又一洋务基地和近代大都会，被誉为"东方的芝加哥"。

在张之洞督鄂期间，一些在国内颇有影响力的民营企业相继产生，初步奠定了湖北近代工业体系的基础。经历辛亥革命的洗礼之后，武汉迅速重建，民族工业蒸蒸日上。20世纪二三十年代，汉口的民族棉纱业、面粉业已具备相当规模，是全国第二大近代棉纺织业中心和六大机器面粉业基地之一。

在中国被迫开启的近代化进程中，长江因其便利的交通和两岸发达的传统经济，成为西方列强攫取更多经济利益的重要通道，但水运便捷的长江也在事实上成了中国近代文化发生发展的推进线路。在这一过程中，长江沿岸以上海、汉口为代表的通商口岸城市，依托长江水道，建立起口岸城市间的商品流通网络，从而实现了工业原料和工业产品的共享，相互推动着各自经济、社会的发展，最终形成了沿江的政治、经济、文化长廊。中国的近代文明也就由东南沿海循着沿江城市—沿江长廊—长江经济腹地—中国广大内陆的顺序，由东南沿海向西北内陆渐次蔓延开来，长江成为引领中国近代化进程的重要线路。

二、沿线主要近代城市及文化遗产

依托长江黄金水道，近代沿江城市逐渐形成了一条沿江城市带，各城市间互相关联，其腹地交错覆盖，在自身得以迅速发展的同时，也将近代文明逐渐向内陆腹地播散。开埠通商，是近代沿江城市迅速发展的关键。第一次鸦片战争后，上海开埠，率先崛起。第二次鸦片战争之后，镇江、九江、汉口随即加入长江近代航线，迅速发展。稍后，宜昌、芜湖也于1876年开埠，开启了近代化的历程。19世纪末，重庆、沙市、南京等也相继开埠，迎头赶上。而为了发展贸易和保护国家主权，从1898年开始，清政府也陆续自开了一批商埠，属于长江沿江的有5个城市，即吴淞（1898年）、岳州（1898年）、武昌（1900年）、下关（1905年）、浦口（1912年）。

在上述城市中，上海、武汉（汉口）和重庆可视作前、中、后期沿江开埠城市的代表。三座城市都在开埠之后，以商贸活动为先导，带动了工业的发展，促进了城市人口的增加，推动了市政的建设，大步迈向近代化。上海在短时间内就取代了苏州和广州，成为新的江南首邑和东南沿海及长江航运的领头羊，昔日平凡无奇的城郊外滩，一跃而为各国、各式建筑争奇斗艳的"万国建筑博览群"。武汉（汉口）和重庆也在开埠后迅速完成了由传统的区域商贸中心向长江中游和上游经济中心的转变。随着五国租界的相继设立，汉口的城市中心从汉江沿岸转移到了长江沿岸的狭长地带；重庆在开埠后也形成了从朝天门码头到南纪门、长达7里的新兴商业区。

而南京作为民国首都，则通过《首都计划》的实施，极大促进了城市的全面规划与建设，并以修筑中山陵和迎接孙中山先生灵柩为契机，建起了民国南京城的中轴线——中山大道，逐渐形成了以中山大道民国建筑群为代表的南京民国建筑群。这种受政治影响较大的沿江城市还有抗战时期的重庆，史无前例的西迁浪潮令山城迅速晋升为国统区的政治、经济、文化中心，形成了一大批极具纪念意义的战时文化遗产。

（一）上海

第一次鸦片战争前，地处长江入海口的上海，作为一个水文条件上佳的内河型避风海港（受潮汐风浪影响少，水位落差小，常年不结冰）和中国沿海南北货运理想交汇点，加之周边地区商业市镇林立，早已发展成为商贸繁盛的"江海之通津，东南之都会"[①]。但受内向型经济格局的制约（特别是乾隆之后的广州一口通商政策），不仅海运发展受限，与长江航路也往来不多，主要限于太湖流域。但随着第一次鸦片战争后的开埠，西方传教士和商人接踵而

---

① 陈文述：嘉庆《上海县志》序。

至，上海迅速崛起成为中国对外贸易第一大港和欧美列强的在华经济活动中心。他们纷纷在上海划定租界，设立洋行，建造教堂，投资开厂，上海由此率先开启了近代化的进程。不久之后，感受到西方近代工业文明强大威力的中国进步官僚们也开始主动引进西方先进技术，开设了一批官营的模仿西式的近代化工厂。而随着上海租界市政建设的迅速发展，其显示出的先进的西方近代文明，强烈地触动着华界的进步士绅们，上海华界也随之逐渐走上了西方近代资本主义城市发展的道路，上海的城市风貌逐渐由单一的江南风格发展成为闻名世界的"万国建筑博览馆"。

● **上海外滩建筑群**

外滩又名"中山东一路"，位于黄浦江下游西岸。在这一湾全长约1.5公里的新月形江岸边，坐落着23栋风格迥异的近代建筑，诸如英国古典式、英国新古典式、英国文艺复兴式、法国古典式、哥特式、巴洛克式、近代西方式、东印度式、折衷主义式、中西合璧式等，被誉为"万国建筑博览群"，展示了上海自开埠以来的百余年历史变迁，是一张雍容雅秀的上海名片。

此处原是一片自然滩地，遍地皆衰草，满目尽墓冢，是人烟稀少的荒芜之地。经过几百年来纤夫们的踩踏，逐渐形成了一条曲折的"纤道"，滩地也逐渐得到开发，形成了一些自然村落，但仍不及城西、城南的众多乡村富庶，仅是一段普通的城郊空间。上海地名习惯用词中，一般把河流的上游叫作"里"，下游叫作"外"，由于黄浦江在陆家浜出口处形成一个急弯，于是上海人就以陆家浜为界，将其上游称为"里黄浦"，下游称为"外黄浦"。里黄浦的河滩叫作"里黄浦滩"，简称"里滩"；外黄浦的河滩则叫作"外黄浦滩"，简称"外滩"。

而随着1843年11月17日的上海开埠，地处黄浦江下游的外滩在风云际会之下，成为上海城市近代化进程的发源地。开埠伊始，英国殖民者便率先在黄浦江沿岸抢滩登陆，在外滩向当地乡民租地建房，并于1845年建立了英租界，其在外滩部分遂称"英租界外滩"，仅仅两

外滩老建筑

年之后，殖民者即在此建起了一座英国式的城市。1849年，法国殖民者也抢占了部分外滩，建立了法租界，称"法兰西外滩"。早期的外滩是一个对外贸易的中心，这里洋行林立、贸易繁荣，是英租界乃至日后公共租界（1863年9月20日，上海英、美租界合并为公共租界）的心脏地带。"南亚式"的洋行建筑、欧式建筑、中国传统建筑及宗教建筑等都在外滩快速建造起来，其规模一般不大，造型也较为简陋，故在19世纪六七十年代被陆续翻建。

英国驻沪总领事馆旧址位于中山东一路33号，是唯一保存至今的外滩早期建筑，落成于1873年，已是英国领事馆在外滩的第三代馆舍了，是中国最早使用水泥的实例，在中国建筑史上具有划时代的意义。领事馆坐落在一宽敞的庭院中央，占地达38559平方米，由英国人克罗思曼和鲍伊斯设计。主楼坐北朝南，为西式四坡顶二层建筑，清水砖墙面，砖木结构，平

面呈"H"形，整体上属于维多利亚女王时代的建筑风格，南立面底层中间是大门，门外有雨篷，两侧各有两扇券式拱形落地长窗。底层和二层均建有宽敞的遮阳长廊，廊内侧才是房间，是一栋非常典型的外廊式建筑。英国领事馆的兴建，开启一代之风，堪称外滩建筑群的源头。

到19世纪后期，许多外资银行和华资银行在外滩建立，这里又发展成为享誉世界的"东方华尔街"。大批商行、金融企业在外滩占有一席之地后，即大兴土木，营建公司大楼。这一建筑浪潮持续至20世纪30年代，留存至今的绝大部分外滩建筑建于此阶段。

中国通商银行大楼位于中山东一路6号，是外滩现存体量最大的19世纪建筑。楼高三层，连屋顶层为四层，外貌具有维多利亚哥特式建筑风格，入口券柱廊和顶层两侧老虎窗有罗马建筑风格。

华俄道胜银行大楼位于中山东一路15号，是上海现存最早的西方古典主义风格建筑，也是上海最早使用釉面砖贴面、电梯和卫生设备的建筑。由德国建筑师海因里希·倍高设计、项茂记营造厂承建，建于1899—1902年。楼高三层，以大理石作为内外墙的贴面，并在第二、三层外墙面镶贴大理石与乳白色釉面砖，外观十分华丽。

轮船招商总局大楼位于中山东一路9号，砖木结构，建于1901年，由马礼逊洋行设计，是上海仅存的一栋三层中欧结合式古典主义风格建筑。此楼原名"大利大楼"，是晚清重臣李鸿章所创办的轮船招商局在外滩建造的第一栋办公楼，大门门楣上仍可见"轮船招商总局"字样。外观为仿文艺复兴式，中轴对称，呈横三段竖三段样式，楼顶两端各有一三角形山花，每层腰线明显。底层石砌外墙，设有四孔券廊。第二、三层为清水红砖墙面，正面是双柱式外廊，分别为塔司干式柱和科林斯式柱。

亚细亚大楼位于中山东一路1号，是外滩"万国建筑群"南端的第一栋楼，建于1916年，是20世纪初外滩体量最大的建筑，故称"外滩第一楼"。由英商马海洋行设计、裕昌泰营造厂承建，钢筋混凝土结构，属折衷主义建筑。原高七层，1939年增加一层。建筑平面呈"回"字形，双主立面，呈横三段竖三段样式，上下段为巴洛克式风格，中段为现代主义风格。整栋建筑有100多个大大小小的窗户，窗户样式极富变化。

亚细亚石油公司，国人多称"亚细亚火油公司"，由英国壳牌石油和荷兰皇家石油公司联合罗特希尔德公司联合创办于1903年，是英荷壳牌石油公司（合并于1906年）垄断亚洲市场的石油转销公司，总部设在伦敦，以中国为最大市场，是垄断中国石油市场的三大巨头之一（余为美孚石油公司和德士古石油公司）。其在中国的总部位于上海，各地广设分公司，如长江沿线的镇江、汉口、重庆等港口城市，并以开埠城市为据点向周边地区网状铺盖。在1910—1949年间，占据中国石油市场1/4的份额。抗战期间中国总部设在重庆，1946年迁回上海，1951年结束在中国大陆的业务。

友邦大厦位于中山东一路17号，原名"字林西报大楼"，是外商在上海创办的最早、发行时间最长的新闻出版机构——英文《字林西报》总部所在地。建于1921—1923年，钢筋混

友邦大厦

凝土结构，新古典主义风格。分为前后两部分，前部八层，后部九层，加上地下室及夹层和夹层上南北的巴洛克塔亭则为十一层，是当年外滩的第一高楼。立面三段式，下段（一、二层）用花岗石大石块贴面；中段（三至七层）采用水泥粉刷；上段（八层及以上）中间为6根多立克式双立柱支撑的双阳台，两侧为拱形券窗。

中国银行大楼位于中山东一路23号，是外滩唯——栋由中国银行投资、中国设计师设计、中国建筑商和工人建造的带有中国民族传统装饰风格的早期高层建筑。建于1935—1937年，由中国银行董事长宋子文亲自主持奠基典礼、中国银行建筑部建筑师陆谦设计，平面呈长方形，分东西两部分。东大楼为主体，高十七层（包括两层地下室）、约70米，钢框架结构；西大楼中间八层，两侧分别为六层和四层，钢筋混凝土结构。外墙均以平整的金山石镶贴，立面强调垂直线条和几何图案装饰，细部蕴含大量中国元素。大楼顶部为平缓的四角攒尖顶，覆以孔雀蓝琉璃瓦，檐下用石斗拱装饰；大门上方刻有"孔子周游列国"浮雕；面向外滩的东立面，每一层两侧从高到低都有变形的钱币形镂空窗框，

中国银行大楼

外白渡桥西北侧的上海大厦

呈现出庄严、祥和、典雅的中国传统建筑风格，傲然屹立在外滩众多异国情调的大楼之中。

百老汇大厦位于北苏州路20号，地处外滩外白渡桥西北侧，是上海的标志性建筑，因地处虹口百老汇路（今大名路）口而得名，是外滩唯一一栋东西向大楼，今称"上海大厦"。大厦建于1930—1934年，由英国著名建筑师法雷瑞设计，新仁记、久记等6家营造厂分头承建，在地处浦东的东方明珠广播电视塔和金茂大厦建成之前，这里曾被称为黄浦江边的最佳观景平台。大厦采用近代摩天楼形式，双层铝钢框架结构，共22层，高78.3米，平面呈两端开叉的"一"字形，外形富有个性。从十一层开始逐层内收，极富韵律感；三角形庄重体态及均衡的双翼式外观、方形几何块面造型，令其外观显得雄伟挺拔，装饰简洁，是上海高层建筑趋向现代主义风格的早期代表作；除底层用贵妃红花岗石贴面（原为大花绿花岗石，1986年大修时改换）之外，以上楼层均用咖啡色泰山砖贴面，色调和谐统一。

● 董家渡天主堂

董家渡天主堂位于董家渡路185号，建于1847—1853年，是上海现存最早的天主堂。由西班牙艺术家、耶稣会辅理修士范廷佐设计，砖木结构。楼高两层，平面呈长方形，立面具有西班牙风格，为三段式结构。上部为巴洛克山墙，饰有涡卷样曲线，中间镶嵌"天主堂"三字，上竖一高近4米的拉丁式铁十字架；中部原有一大自鸣钟，左右两侧皆有一涡卷曲线，属典型巴洛克风格；下部有四对爱奥尼克式双壁柱，将下部立面划为三开间，进门旁的双壁柱中间为砖砌中国式对联。大堂内为拱顶，天花为青绿色藻井图案，墙面尚有仙鹤、葫芦、宝剑、莲花、双钱等浮雕，显示出中西结合的装饰风格。天主堂建成后长期用作罗马天主教上海教区主教府，统辖江苏、安徽两省各级天主教区，其传教中心地位直至20世纪初才被徐家汇天主堂取代。

● 徐家汇天主堂

徐家汇天主教堂位于蒲西路158号，建于20世纪初，是天主教上海教区的主教堂，也是市区最大的教堂，由英国皇家设计师道尔达设计、法国上海建筑公司承建。教堂坐西朝东，砖木结构，平面呈"T"字形，高五层，为巴西利卡式建筑，正立面为竖三段布置。中间的大堂顶脊呈尖拱状，教堂大门朝东，为多层拱券形大门，上方有一座稍大的两臂张开的耶稣君王大理石雕像，左右分别矗立着四个稍小的大理石雕像，雕工精美，栩栩如生。清水红砖墙面，墙基勒脚用一部分青石。两侧为两座直刺苍穹的灰色钟楼尖塔及十字架，高56.6米，南北相对，宏伟庄严，属典型欧洲哥特式建筑风格。礼拜堂由中厅和两侧廊组成，中厅高敞，可同时容纳3000余人进行宗教活动。大堂内由64根苏州产金山石雕花楹柱支撑起一个个拱券结构，束柱向上，极富韵律。

● 杨树浦水厂

杨树浦水厂位于杨树浦路830号，建于1881—1883年，由英商上海自来水股份有限公司投资、英国休斯顿公司建筑师哈特设计，将苏格兰的斯特林城堡移植到水厂设计中，是当时远东最大的自来水厂。水厂建筑皆为二、三层砖混结构楼房，建筑风格统一，青砖清水墙镶嵌红砖做饰带，墙身窗框、腰线和压顶用水泥粉砌并突出砖墙，英国城堡式建筑情调浓郁。百年来，水厂虽不断扩建改造，但始终保持其建筑风格的一致性。2003年，与生产区分隔的一部分历史建筑被辟为展示馆——上海自来水科技馆。科技馆共3层，展厅面积1000余平方米，分"历史·源头""现代·科技"和"未来·规划"3个展区，定期向社会公众开放，用图片、档案资料和实物向大众展示百年水厂的发展历史。

● 福新面粉厂

福新面粉厂由荣宗敬、荣德生兄弟创办于1912年末，是近代上海最大的私营机器面粉厂，至1921年已发展至8家，除福新五厂在汉口外，其余均在上海。其中福新一厂旧址位于光复路423—433号，是一座六层砖木结构、清水红砖外墙的大楼，现已改造为苏河现代艺术馆。福新二厂、福新四厂和福新八厂旧址位于莫干山路120号。福新三厂旧址位于光复西路145号，现存主体是一栋三层砖混结构的欧式古典建筑风格的办公楼。幸存至今的福新面粉厂部分建筑是研究我国近代民族工业历史的标本，已于2018年入选"中国工业遗产保护名录"。

● 南洋兄弟烟草公司总部

南洋兄弟烟草公司总部位于东大名路817—871号，始建于1915年。大楼坐北朝南，为钢筋混凝土无梁楼盖结构。楼高五层，南立面横分三段，水平线条感显著，规整对称，顶层两端近女儿墙一侧，各设塔楼两座，具有东南亚寺庙建筑风格。南洋兄弟烟草公司由简氏兄弟创办，初设于香港（1905年），第一次世界大战期间业务发展迅速，遂在上海设立分厂，并于1918年改上海厂为总厂，后又在汉口设立分厂。曾以国货为号召，与实力雄厚的英美烟草公司展开激烈商战，是中国近代民族工业的一面旗帜。

（二）南京

南京地处长江下游，东距入海口约330公里，江宽水深，是一处天然良港，周围尽是富饶的江南鱼米之乡，更兼城东南宁镇山脉地势险要，素有"钟山龙蟠，石城虎踞"之称，是著名的六朝古都。南京在第二次鸦片战争期间被划定为通商口岸，但因太平天国运动带来的残破现实，令开埠延宕至1899年。但在此期间，因洋务运动兴起，南京仍建成一批近代工业建筑，而天主教与基督教在当地的发展也带来了一批教堂、教会学校和教会医院等西式建筑。南京开埠后，各国领事馆、商行、洋行、码头、公路等西方建筑迅速在南京兴建，当地的一些官方建筑也相继模仿西式形制。辛亥革命胜利之后，南京成为中华民国的首都，兴建了大批近代建筑。尤其是1927年国民政府正式将首都定在南京，并于1929年实施《首都计划》，极大促进了城市的全面规划与建设，形成以中山大道民国建筑群为代表的南京民国建筑群。南京民国建筑群是中国近代建筑的代表，具有明显的中西交汇、古今结合的特点，在中国建筑史上处于革故创新、承上启下的地位。

● 金陵机器制造局

金陵机器制造局地处中华门外，是中国民族工业先驱，素有"中国民族军事工业摇篮"之誉。1865年，两江总督李鸿章将1862年成立的苏州洋炮局迁至南京扩建成金陵机器制造局。聘请英国工程师设计并主持建造厂房，式样及格局基本参照当时英国工业建筑的做法，只是用木构架代替了钢铁结构。现存的机器大厂的主厂房即采用砖木结构，"人"字形木屋架支撑在侧墙上，凭借独特的铸铁张拉弦结构（目前国内发现的唯一实例），通过单根承重柱就实现了接近16米的跨度；外观清水砖墙，其上有大片的玻璃窗及上部半圆形的砖拱券。清代建筑除机器正厂（1866年）、右厂（1873年）、左厂（1878年）等已遭拆迁，冶铜厂（1881年）、卷铜厂（1881年）、熔铜厂（1883年）、木厂大楼（1886年）和机器大厂（1887年）等基本保持原貌，皆有西洋风格，"人"字形屋顶，三角桁架，门窗上部为拱形青砖清水墙，此外还有民国厂房及办公用房19栋30多间，仍以青砖外墙和坡屋顶居多，尤其令人称道的是锯齿形车间和过街楼。旧厂区占地面积达20公顷，是中国最大的近现代工业建筑群。

金陵机器制造局1929年改名为"金陵兵工厂"，并于1935—1937年进行了成功的扩建。抗战时期西迁重庆，改称"第二十一兵工厂"。抗日战争结束后，迁回南京，改名为"第六十兵工厂"。1948年底，部分人员、设备迁台。留守人员在中共地下党领导下，开展护厂运动，使工厂免遭破坏。南京解放后，由人民解放军接收，改名为"军械总厂"，1953年又改为"南京晨光机器厂"。2007年，南京航天晨光股份有限公司将厂内的老建筑整合，建成"南京晨光1865科技创意产业园"（应天大街888号）。

● 和记洋行旧址

和记洋行旧址位于宝塔桥西街168号，由英国人韦恩典兄弟创办于1913年、姚新记营造厂承建。在筹备、租地建厂的过程中见证了辛亥革命的爆发、中华民国临时政府的成立等事关中国社会近代转型的一系列重大历史事件。第一次世界大战爆发后，和记洋行的蛋制品贸易炙手可热，发展迅猛。1922年，新式厂房全部建造完毕，成为当时南京最大、最现代化的食品加工工厂。洋行先后在天津、沈阳、上海等地开办工厂，几乎垄断了中国的整个蛋品和肉类冷藏加工工业。1956年结束在华业务，转让给上海大华企业公司，改建为"南京肉类联合加工厂"。

在洋行遗存建筑中，主体建筑为建于1915年的二层钢筋混凝土结构的英国总监工办公楼。办公楼西北面朝向长江，东北面遥望南京长江大桥，南面面对厂区，平面总体呈"P"字形，南立面稍长，中间有方形天井。建筑造型采用英国早期工业建筑形式，立面为民国建筑常用的浅灰色水刷石饰面，石质勒脚。西立面为三段式，中段的门厅檐口、门楣等处花纹精致，线脚及装饰丰富。上下层窗洞有精美的窗套和窗饰，线脚挺括。内部装饰为高雅的英国古典折衷主义的特征。今已修葺一新。

● 中山大道民国建筑群

中山大道是民国时期南京开辟的第一条现代化城市干道，也是以孙中山先生名字命名的全国最有影响的大道。初名"迎榇大道"，系专为迎接孙中山先生灵榇而建，1928年8月12日破土动工，次年4月2日完工。大道北起下关江边，进挹江门，经鼓楼、新街口，东出中山门与陵园大道衔接，到达紫金山南坡，正式名称为"中山路"，民国时期又称"中山马路""中山大路"，全长达12公里，是当时的世界第一长街。后因其路线过长，国民政府遂以鼓楼和新街口为节点，将其分为三段：由中山码头至鼓楼为北段，称"中山北路"；鼓楼至新街口为中段，称"中山路"；新街口至中山门为东段，称"中山东路"。路名沿袭至今。

中山大道沟通了南京城东西两个端点，是民国时期南京城的大动脉和中轴线。道路近似"之"字形，改变了南京城中轴线呈南北走向的传统格局，将城北、城中和城南紧连为一，同时也带动了其他干道的修建，改变了南京城倚重秦淮河而疏离长江的局面，引导南京城走出了封闭500多年的城墙圈，使其迅速由传统城市向现代都市迈进。中山大道至今仍是南京的城市主干道，沿线遗存众多民国政府与社会公共建筑，有"中山路一条街，半部民国文化史"的说法，被誉为"民国子午线"。

国际联欢社旧址位于中山北路259号，今为南京饭店。国际联欢社是民国时期以各国驻华外交使团成员为主、有中国外交界人士参加的旨在联络国际感情的团体。原址在三牌楼将军庙，1935年迁址重建，供当时驻华使馆人员娱乐社交活动，属于西方现代主义建筑，最初由基泰工程司建筑师梁衍设计。联欢社原有客房大楼一栋，西式平房三进，钢筋混凝土结构，高三层（地下设防空地窖），立面入口为半圆形雨棚，中间突出部分以框架柱与弧形钢窗有机结合，以加强立面稳定感和力量感。立面的柱套、门套选用磨光黑色青岛石贴面，墙面以檐口线和窗腰线等横向线条为主，整栋建筑线条简练，具有现代建筑的秩序感。1946年进行扩建，由基泰工程司著名建筑师杨廷宝设计，次年竣工。扩建的餐厅及附属用房，与原有建筑风格相同，以一扇形门厅与原有建筑衔接过渡，两者相得益彰。

国民政府交通部大楼位于中山北路305号，今为中国人民解放军国防大学政治学院，建于1930—1934年，由上海协隆洋行的俄国建筑师耶朗设计、辛峰记营造厂承建。大楼原属于仿古形建筑风格，由中央主楼与两侧附楼组成，平面呈"日"字形，原为重檐歇山顶，琉璃瓦屋面，钢筋混凝土结构。主楼面朝东北，地上三层、地下一层；附楼地上二层、地下一层，中央主楼与两翼附楼中各有一个天井。大楼前的庭院中建有花园，辟有小河，河上筑有小桥，颇具园林气息。抗战初期，交通部大楼被日军炮火击中，屋顶被毁。抗战胜利后，由国

252

民政府交通部重新修葺，重檐歇山顶改为平屋顶。

国民政府外交部大楼位于中山北路32号，建于1934—1935年，由上海华盖建筑师事务所赵深、童寯、陈植根据现代技术和功能的需要安排平面布局与造型，采用"经济、实用又具有中国固有形式"的手法设计，典雅大气，融汇中西，是新民族主义建筑的典型代表，对此后中国建筑的发展产生了较为深远的影响。大楼平面呈"T"字形，钢筋混凝土结构，平屋顶，入口处有一个宽敞的门廊。中部高四层，两翼高三层，另有地下室一层。整座建筑的平面设计与立面构图基本采用西方现代建筑手法，同时局部结合中国传统建筑的元素。立面上下分为勒脚、墙身和檐部三部分，外观为褐色墙身，檐口部分用褐色琉璃砖做成简化的斗拱装饰。

汇文书院钟楼位于中山路169号南京市金陵中学内，始建于1888年，是美国基督教会在南京建造的学校建筑中现存的最早实例，造型属美国殖民期建筑风格。原为三层，1917年因屋顶失火，将主体改为两层，原三层部分改为阁楼，设有老虎窗，并将原两折式屋顶改为四坡屋顶。现存建筑平面呈"申"字形，为南北向的短内廊式布局，钟楼在最高位置，显得庄严肃穆，立面为青砖清水墙面，造型朴素，并有线脚装饰。

交通银行南京分行旧址位于中山东路1号，地处新街口广场东北角，今为中国工商银行南京市分行。建于1933—1935年，由上海缪凯伯工程司设计、新亨营造厂承建。建筑为钢筋混凝土结构，具有西方古典主义风格，造型为罗马式古典建筑形式。平面近似正方形，原为三层，1937年在顶部平台两侧增建一层，汪伪时期又在中部增建两层。建筑坐北朝南，门口有四根9米高的爱奥尼亚式巨柱直抵二楼；外部东西两侧各配有六根式样相同的檐柱，外墙面采用水泥斩假石，做工细腻。整个建筑轮廓清晰，线条多而不紊，具有罗马式古典建筑的浑厚凝重、雄壮有力的特征。

国立中央博物院旧址位于中山东路321号，今为南京博物院历史馆，是中国最早创建的博物馆。1933年蔡元培倡议创建，初名"中央博物院筹备处"，由兴业建筑师事务所徐敬直

南京博物院

设计、梁思成修改、江裕记营造厂承建。始建于1936年，因抗日战争影响，工程至1947年方告竣。因中央博物院的建筑设计思想力图体现中国早期的建筑风格，以弘扬中华传统文化精神，但当时尚未发现集中国早期建筑精华之大成的大型完整的唐代建筑，故选取稍后于唐、造型朴实雄浑的辽代建筑样式，以区别于中山东路的其他几栋仿明清建筑。博物院主体建筑为人文馆的入口大厅，为仿辽式五脊大殿，外观仿自蓟县独乐寺山门形式，入口大殿前有宽大的三层平台以凸显主楼的雄伟高大，主楼三层，两翼及后部为二层，屋顶为四阿式，上覆紫红色琉璃瓦，坡度曲线平缓，气势宏大，做工讲究，比例严谨，形象古朴，是在满足现代功能的要求下采用新材料、新结构仿古建筑的著名实例。这种"新功能，旧形式"风格的建筑在20世纪二三十年代的南京成为一股时尚潮流，此类建筑除中央博物院外，尚有中山陵久负盛名。

中山陵位于紫金山南坡，建于1926—1929年，占地面积约8万平方米，建筑面积6684平方米，是民国时期南京中国传统宫殿式近代建筑中最典型的范例，为著名建筑师吕彦直设计，

中山陵

1929年陵园工程未及完工，吕彦直即英年早逝。总体布局规划吸收中国古代陵墓的特点，坐北朝南，采用轴线对称的布局，依山而筑，由南向北沿中轴线逐渐升高，依次为广场、牌坊、墓道、陵门、碑亭、祭堂、墓室。总平面形如大钟，钟顶为山下半月形广场，钟锤为半球形墓室，象征着孙中山先生毕生致力于"唤起民众，以建民国"之意。主体建筑祭堂既吸收中国古典建筑的手法，又应用新材料、新技术，墙身全部用石料砌成，运用蓝白二色为主的纯朴色调装饰细部。建筑本身基本上采取严谨的比例，在体型组合、色彩运用、材料表现和细部处理上表达了肃穆宁静的气度和逝者永垂不朽的精神。整个陵墓建筑群气势庄严雄伟、含义深刻，被誉为"中国近代建筑史上的第一陵"。

（三）武汉（汉口）

长江中游、江汉交汇地带的武汉三镇自古为"九省通衢"的商贸中心。1861年汉口开埠之后，立即与上海形成紧密的江海联运，迅速崛起为长江沿岸的第二中心城市。在上海站稳脚跟的各国银行与洋行随即进入汉口，开设分行。如1862年，英商怡和洋行（又称"渣甸洋行"）设立汉口分行。1863年，英商麦加利银行（又称"渣打银行"）开始在汉口营业，到1865年，在英租界建楼正式开业，成为第一家固定在汉口的外资银行。1868年，汇丰银行在汉口开业，由大班、副班综理业务。当时，汉口海关由英国人掌握，汇丰银行成为江汉关的金库，积累一定数量后，再通过汇丰转账，以支付中国国债名义提出。现代银行、洋行与传统钱庄、票号和商行既有冲突也有融合，汉口的经济元素日益丰富，商业面貌焕然一新。

到1891年时，在汉口的洋行共有27家，外商370人。当时，上海汇丰银行操控了外汇行情，汉口汇丰银行每天上午九点半通过上海路透社拍来的密码电报收到上海汇丰银行的外汇牌价，再根据汉口分行的外汇储备情况定出牌价，公布给汉口其他外商银行，地位不言而喻。在外资银行的刺激下，中资银行也开始兴起。1897年，盛宣怀在上海主持开办了中国通商银行，6月8日，其第一家分行——汉口分行开业，成为汉口第一家中资银行。清末在汉口开设的中资银行还有大清银行、交通银行等国家银行，以及浙江兴业银行、信成银行、信义银行、湖北铁路银行等民营银行。

到辛亥革命前夕，上海有外资银行27家，汉口有19家，天津有8家，广州有7家，汉口是中国中部唯一的金融中心。在商贸和金融迅速发展的同时，武汉三镇的工业也在张之洞的带领下迅速崛起，"驾乎津门，直逼沪上"。武汉三镇在19世纪末20世纪初，已是仅次于上海的中国第二大工商业中心。

● 汉口江滩建筑群

汉口江滩位于武汉市区北岸，与有"天下第一楼"之称的黄鹤楼隔江相望，面积达160公顷，为"亚洲第一大江滩"。同时，这里也是汉口开埠后的近代城市生长点。早在1861年，英国殖民者就在江滩南端设立了英租界。甲午中日战争后三年之内，德国、俄国、法国和日本都相继在汉口开辟了租界，由此形成以江滩为中心的五国租界区。江滩上平行于长江的沿江大道，成为汉口近代城市建筑的重要轴线。各国相继在沿线兴修银行、洋行、工厂和领事馆等建筑，它们几经风雨沧桑，至今仍存留十余栋风格各异的百年建筑，构成堪与上海外滩建筑群相媲美的汉口江滩建筑群。

20世纪初至20年代，东方汇理、汇丰、花旗、横滨正金等银行都大兴土木，建造或重建了宏伟的银行大厦，汉口江滩金融中心风貌初现。

法国东方汇理银行大楼位于沿江大道171号，建于1902年，为两层外廊式砖木结构。建筑规模不大，但精致典雅，雍容华贵，极富法国风情。大楼以条石砌筑基础，上砌清水砖墙，以红砖为主，间有青砖，檐口、腰线及柱头等处有明亮的白色装饰，外立面整体体现了法式巴洛克与洛可可风格。一层及二层均有连续拱券构成的外廊，一层为封闭式，二层为开放式，设绿色宝瓶栏杆。平屋顶，屋面四周有带宝瓶栏杆的栏杆式女儿墙，正立面中央设有曲线构成的三角形山花。一层与二层的拱券间设有圆形壁柱，柱头一层为多立克式，二层为加入涡卷的科林斯混合式，其顶端又都各有装饰。

汇丰银行大楼位于沿江大道143—144号，初建于1866年，为二层砖木结构楼房。1913年起，大楼开始重建，分主楼和附楼两部分。附楼先建，由英籍工程师派纳设计、汉协盛营造厂施工，为钢筋混凝土结构，1913年开工，1917年建成；主楼则为钢筋混凝土结构，由上海公和洋行设计，同样也是汉协盛营造厂施工，1914年动工，1920年建成。主楼三层，附楼四层，各另有一层地下室，主楼还建有屋顶花园。建筑平面呈平行四边形，正立面为纵向三段式、横向五段式划分，主入口居中突出，立面整体对称，柱廊高两层，立柱全部由花岗岩拼接，十根巨大的爱奥尼克式柱分为五组，中间入口一组与两侧两组各配有两根带有花饰的方柱，中段略微凹进，两组柱廊还分别有两根扶壁柱与其他三组相接。廊内镶嵌大理石墙裙，外墙贴面及基座为花岗岩。正立面中央三层，有一个巨大的拱窗，其上有雕饰精美的山花。建筑设三个钢结构嵌彩色玻璃穹顶采光天窗，门框、窗框、墙面、檐口、腰线及基座都有精美的雕花装饰。汇丰银行是当时汉口最雄伟的大楼，对20世纪20年代的同类建筑产生了较大的影响，在其后建成的上海汇丰银行大楼（1921—1923年，同样由公和洋行设计）和天津汇丰银

花旗银行大楼

行大楼（1924—1925年）都与此建筑式样大体相同。

　　花旗银行大楼位于沿江大道142号，与汇丰银行大楼隔青岛路相望，同样动工于1913年，由美国建筑师亨利·墨菲设计、魏清记营造厂施工，完工于1921年。花旗银行1812年成立于美国，1902年在上海开设分行，后在汉口等地设立分行。花旗银行门楣上镌刻的英文"THE NATIONAL CITY BANK OF NEW YORK"（纽约州国立城市银行）是它的本名，但由于难以记忆，中国民众以其门前悬挂的美国星条旗为其命名，称作"花旗银行"，其在中国发行的纸币上，也顺应这一称谓，印有"美国花旗银行"的字样。汉口花旗银行大楼的侧门门楣处，也刻有"花旗银行"的大字。建筑平面较为方正，正立面左右对称，竖向三段式划分，最左边设一退后于正立面的侧门入口。大楼共有地面五层、地下一层，主入口为前设门廊的拱券门，设在首层中央，两边各有三扇拱券窗。门廊由两根圆柱、两根方柱支撑，上方设小型三角形雕刻山花。二至四层设有贯通的柱廊，由八根爱奥尼克式圆柱支撑，其中左右

横滨正金银行大楼

两根为扶壁柱。柱与柱之间，隔层都有开敞的走廊，装饰有金属栏杆。大楼第五层由方柱支撑，屋顶有栏杆式的女儿墙。屋顶正中栏杆处刻有建成年份"1921"，上方则是雕刻有世界地图的两个球体，以及一只展翅翱翔的美国鹰。二至四层左侧回廊由五根爱奥尼克式圆柱支撑，其中左右两根为扶壁柱，金属栏杆与正立面相同。五层为方柱，与正立面相同。

横滨正金银行大楼位于沿江大道129号，地处沿江大道与南京路交会处。1921年，横滨正金银行汉口分行拆除自己的砖木结构旧大楼，开始新楼的建设。新大楼地下一层、地上三层，为钢筋混凝土结构，由景明洋行设计、汉协盛营造厂施工。建筑平面近似切掉一部分锐角的直角梯形，以转角处为入口立面，两边延沿江大道与南京路分别展开，沿江大道一侧为中轴对称的五开间，南京路一侧为中轴对称的七开间，各有一个入口，统一而又有所区别。大楼底层为半地下的仓库等用房，与二层之间有连续的回文装饰分隔。二层起为营业大厅及办公、公寓用房。三个立面的三层与四层之间设有连续的突出腰线，腰线下有精美的雕饰，并各有贯穿二至三层的柱廊，由希腊式中段稍粗的爱奥尼克式柱支撑，三层则均为方形短柱。三个入口各有十五级台阶直接通向二层。入口立面设立柱两根，沿江大道立面为中间两组双柱，左右各一根单柱；南京路立面为中间四组双柱，两边各一根单柱。圆柱均由八节麻石砌成，整个建筑的外墙面也是麻石到顶，气势壮观。门框、窗框等均有富有现代感的雕花装饰，沿江大道楼顶还有富有现代感的山花。

亚细亚火油公司大楼位于沿江大道148号，建于1924年，由景明洋行建筑师海明斯设计、魏清记营造厂承建。楼高五层，钢筋混凝土结构，装饰主义风格，突出建筑外观简洁高贵典雅的效果。立面三段式，仿麻石的外墙面，显得厚重，拐角处有隅石护角。与罗马大立柱或过于追求繁琐外部装饰的古典主义建筑风格相比，显示出现代风格建筑的诸多特征。

江汉关大楼位于江汉路95号，地处江汉路南端，是汉口江滩建筑群的起点，今为江汉关博物馆。大楼为二代江汉关，建于1922—1924年，由英国思九生洋行设计，为英式新古典主义风格。

大楼主体结构为半地下一层、地上三层，钟楼另有四层。底层和一层略呈倒梯形，正立面略窄，两侧墙体与正立面墙体呈92度角；背立面设面阔八间的门廊，两端为卫生间，中间为建筑的出入口。二层与三层平面呈"凹"字形，背面凹口之上原为平台，20世纪80年代有一层加建。正立面采用三段式构图，正中为高耸的钟楼，檐部正中刻着由著名书法家宗彝书写的"江汉关"三个大字，主入口拱门也在这条轴线之上，门外是23级台阶。正立面主体部分是由八根贯通三层的圆柱支撑的柱廊，入口两侧为双柱，其余为单柱。柱头为改良的科林斯－爱奥尼克混合式，下半部分是传统的科林斯式柱头使用的忍冬草，上半部分则为抽象化的爱奥尼克式涡卷和花饰。建筑四层均有方窗，底层窗框为麻石砌筑，窗框上方有楔石，形制与主入口一致。一层窗均设有三角形窗楣。二层与三层正中一窗，均由立柱划分为中间宽、两边窄的三部分。二层为爱奥尼克式柱支撑，中间有一组突出的圆柱，两侧为方柱，中楣部分有雕花装饰，窗框中心有楔石，檐口处有带状装饰，并有一个弧形的小型山花；三层则为简洁的方柱。二层其余六窗也均有檐口装饰，不带护栏；三层窗较为简洁，但均有护栏。江汉关的东、西两个侧立面较为相似，各有由三根圆柱支撑的贯通柱廊，柱式和尺寸与正立面相同。东立面底层仅右侧设门，西立面底层则左右两侧均有侧门。江汉关的钟楼为钢筋混凝土结构，共有四层，下三层为四边形平面，最高一层为八边形平面，是维多利亚时代英国人最喜爱的造型之一。

● **汉口水塔**

汉口水塔位于中山大道539号，地处中山大道前进五路口，1909年建成，由英国工程师穆尔设计监造、汉协盛营造厂承建，为八角形七层建筑，高41.32米，是武汉最早

汉口水塔

的高层建筑。它的建成标志着近代武汉水电相通的日子从此开启。水塔原是商办汉镇既济水电股份有限公司宗关水厂的一个大型配套设施，除供应市民用水外，还长期承担武汉市消防给水和消防瞭望的双重任务。1981年，水塔停止使用，但仍是汉口人心目中的神圣坐标，被武汉作家方方誉为"江北的桅杆"。

● **南洋大楼**

南洋大楼位于中山大道708号，地处六渡桥下首、新民众乐园旁，建于1917—1921年，由景明洋行的海明斯和伯克利设计、汉协盛营造厂承建，是汉口租界区第一次使用钢筋混凝土的建筑。大楼分前后两栋，前为主楼，后为附楼，主附之间每层都有天桥联结。主楼中间为5层，两边为6层，平面呈不规则多边形，对称布局，外墙为36—60厘米厚的砖墙，正面洗麻石粉面，楼顶建有回廊、圆顶、拱门、钟楼，造型美观，高大威武，是汉口现代派高楼的开山之作。

南洋大楼外墙装饰细部

大楼是南洋兄弟烟草公司汉口分公司办公楼，公司最初由简耀登（号照南，以号行）和简玉阶兄弟在1905年成立于香港，称"广东南洋烟草公司"，寓意与天津的北洋烟草公司分峙南北，同兴国货，共挽利权。起初经营困难。辛亥革命后，英美烟草公司曾两次想要收购，但没有成功。第一次世界大战期间，公司业务进展迅速。1918年简氏兄弟将公司定名"南洋兄弟烟草有限公司"，总部迁往上海。

1916年南洋兄弟烟草公司开始在汉口派员推销，一开始只是在德租界以办事处的形式销售上海生产的卷烟，1917年成立机构，动工营建汉口分公司大楼。1926年12月，国民党中央党部和国民政府由广州迁至武汉，简氏主动将南洋大楼让给国民政府作办公用房，从1926年12月至1927年3月，武汉国民政府就在南洋大楼三层办公。1983年，武汉卷烟厂搬迁楼内108家住户。1988年，三层辟为武汉国民政府旧址纪念馆，复原国民党二届三中全会会场和国民政府部分办公用房，正式对外开放。

（四）重庆

重庆地处长江与嘉陵江交汇处，在第一次鸦片战争前已是长江上游的商业重镇。战后，列强势力逐渐由沿海沿长江上溯，重庆成为其势在必得的目标。第二次鸦片战争后的二三十年间，英国殖民者一直致力于开辟重庆市场，于1876年的中英《烟台条约》中获取了"派员驻寓，查看川省英商事宜"的权力，且"俟轮船能上驶"重庆后，再谈开埠事宜。此后，英国即派英商代理人常驻重庆，并几次怂恿英国轮船驶往重庆。后经两年多谈判，1890年3月31日，中英订立《烟台条约续增专条》，规定重庆为通商口岸；次年3月1日，由英国人操控的重庆海关正式成立，标志着重庆正式开埠。从此，重庆被直接纳入世界资本主义商品市场。1895年中日《马关条约》签订，允许日本在重庆兴办工厂，重庆由此进入帝国主义资本输出市场，各国纷纷来渝设立领事馆，开设洋行、银行及工厂、公司等。在外资入侵的历史条件下，重庆走上了资本主义近代化的道路，其在西南腹地的商业地位迅速提高，吸引、辐射能力不断加强，成为西南地区和长江上游的经济中心。

抗日战争全面爆发之后，1937年11月，南京国民政府移驻重庆，至1938年底，各党政军机关已全部在重庆办公。国家的工业、商业、金融、交通等经济管理机构，也都随之陆续迁来。随着国家政治重心的西移，经济重心也逐渐移向了重庆。奉命内迁的400多家厂矿，有一半以上迁往重庆城郊及附近地区，在长江、巴水两岸形成一条集军工、钢铁、纺织、化工于一体的工业经济带，重庆的工矿和交通运输业得到迅猛发展；同时迁来的还有大批教育、文化、科技、卫生、体育单位，各国驻华使领馆、新闻机构、援华团体也纷至沓来，致使重庆人口激增，极大提振了重庆的文化和商业。其中大量机构、厂矿、企事业单位留存至今，成为见证重庆作为大后方政治、经济、文化重心的珍贵文化遗产。

● 法国水师兵营旧址

法国水师兵营旧址位于南滨路弹子石千泰巷142号，地处"重庆外滩"，始建于1902年，由法国炮艇"奥利"号船长休斯特·南希主持建造，1903年竣工，时人称之为"奥当军营"。兵营建于高高的台阶之上，面临长江，依山就势。主体建筑是一栋三层回廊式西式洋楼，大门则是飞檐翘角的中国传统重檐式牌楼样式。抗战时期，该建筑曾作为法国大使馆办公地。2002年冬至2003年春，正值"法国水师兵营"百年之际，重庆市南岸区政府对兵营旧址进行全面保护性开发，修葺一新，建为"法国水师兵营旧址"博物馆。

● 亚细亚火油公司炼油厂

亚细亚火油公司炼油厂位于唐家沱何家岚垭，始建于1918年，1937年初具规模，占地八十多亩。厂区建筑包括大班房、二班房、办公楼、仓库、车间、码头等。其中大型桶装库房和车间共五栋，集中分布在靠近江边的台地上，除车间为独立之外，不同台地间的四座库房均由开敞或封闭的爬山廊串联，与当地山地民居的构造方式如出一辙，交通流线分明，功能布置合理，为典型英式古典厂房样式。内部为单层抬梁式砖石结构，长短宽窄因地形的变化并不一致，墙、柱、门、窗砌筑精细。屋面有老虎窗和"人"字形气楼，以解决通风和采光问题。1951年，亚细亚火油公司的存货和设备被重庆市石油公司全部征购，在重庆的经营活动遂告结束，炼油厂厂房、办公楼为东风船舶工业公司修船厂接收。

● **南山大使馆群**

南山是抗战时期国民政府军事、政治、外交中枢所在地，除蒋宋家族黄山别墅外，今南山植物园一带也是苏联、法国、西班牙、印度等国驻华大使馆或使馆别墅所在地，主要为官邸式别墅，具有典型中西合璧的折衷主义风格，山地特色浓郁，是重庆地区近代建筑发展变革的典型。其中苏联大使馆别墅较有气派。

1938年10月，苏联为援助中国抵抗日本法西斯的侵略，在重庆枇杷山建馆舍设立大使馆。1941年为躲避日军的轰炸，大使馆搬迁到僻静的南郊（今南山街道南山82号）。毗邻有军火商朱星文的别墅，1939年被委员长侍从室购买，供外宾使用，因苏联大使潘友新在此居住较久，故称"苏联大使馆别墅"。这是一栋由茂密的香樟树簇拥着的精致欧式别墅建筑，体量大、占地宽。底层为半地下室，用褐黄色条石砌成，上面两层为砖木结构，具有哥特式特点。造型特别，4个立面都不尽相同，巧妙利用山坡地势，形成向下层层跌落的错层关系，既有拱形门窗，也有条形门窗和圆窗，屋顶则为川东常见的青瓦"人"字斜坡屋顶，墙面也用传统青砖。

● **兵工署第一工厂**

兵工署第一工厂位于九龙坡谢家湾鹅公岩，原为1892年张之洞创办的汉阳兵工厂，是我国最早、最大的一家综合性兵工厂，其生产的"汉阳造"步枪是近代中国军队的主力枪械。抗战爆发后，汉阳兵工厂先于1938年6月迁至湘西辰溪，于当年11月21日正式改称"军政部兵工署第一工厂"，后于1939年5月迁至重庆，于1940年10月抵鹅公岩，开凿山洞，建设厂房。至1943年，山洞开凿工程完成，从博家沟到龙凤溪沿长江北岸一带共开凿岩洞116个，其中107个是生产洞，主要生产中正式步枪和75毫米炮弹。抗战胜利后，1946年3月兵工署第一工厂撤销，厂房由兵工署第二十一工厂接管。中华人民共和国成立后更名"重庆建设机床厂"。2017—2018年，重庆建川博物馆利用旧址中的二十四个防空洞作为馆址，设立博物馆聚落，拥有兵工署第一工厂旧址博物馆、兵器发展史博物馆、抗战文物博物馆等八座主题博物馆。

● 兵工署第二十一工厂

兵工署第二十一工厂位于江北簸箕石，原为1865年李鸿章创办的金陵制造局，与江南制造局、天津机器局、福州船政局并称为洋务运动四大军工企业。民国时期改称"金陵兵工厂"。抗战全面爆发后，金陵兵工厂迁入重庆，在江北簸箕石选定裕蜀丝厂旧址和邻近的火柴厂、黄氏小学所在的几十亩土地作为新址，沿江边坡地修建防空洞和厂房，于1938年3月恢复生产，4月改名"军政部兵工署第二十一工厂"。1943年，研制成功并正式批量生产中正式步枪，成为国民革命军的主要量产步枪，为支援抗战做出巨大贡献。1938年7月至1945年7月，先后接收汉阳兵工厂步枪厂、重庆武器修理所等7个兵工单位。抗战胜利后，部分迁回南京金陵兵工厂旧址成立南京分厂。至1948年11月，又先后接收七八个工厂，成为当时兵工署下辖规模最大的兵工厂。中华人民共和国成立后更名为"长安特种机器厂"，今为长安集团，保留有大量抗战时期的进口老设备。

● 恒顺机器厂

恒顺机器厂位于巴南李家沱，前身为"周天顺炉冶坊"，明末即开设于武昌；1866年迁至汉阳，改名"周恒顺炉冶坊"，取"天顺不如人顺，人顺须持之以恒，有恒则顺"之意。1905年改为"周恒顺机器厂"，此后三年内先后生产出中国第一条轧油联合设备、第一台抽水机、第一台卷扬机，辛亥革命后又向川江航运挺进。抗战前是当时武汉三镇历史最长、规模最大的民营机器厂。1938年7月，周恒顺机器厂自备两艘驳轮西迁重庆，与卢作孚的民生实业公司合资改组，于1939年4月改名为"恒顺机器厂股份有限公司"，同年6月复工。抗战期间，主要承制"82"迫击炮和飞机用的炸药，也为民生公司修造轮船、制造大马力的船用蒸汽机、安装新船动力设备等，是后方规模最大、设备最好的机器厂之一。抗战胜利后大部分迁回汉阳，于1946年12月复工，成为武汉三镇第一家迁回复工的工厂；重庆厂则规模缩小。中华人民共和国成立后，重庆厂与相关私营工厂合并，组成"西南军政委员会工业部206厂"。1953年改名为"重庆柴油机厂"。1957年又改名为"重庆水轮机厂"。2007年重建为"重庆机电股份有限公司"。

● 汉口裕华纺织公司渝厂

汉口裕华纺织公司始建于1921年，由徐荣廷、张松樵、苏汰余、姚玉堂等人创设于武昌，为武汉三镇第二大纱厂。1938年8月西迁至重庆，取名"汉口裕华纺织公司渝厂"，建有多跨连续式的大型厂房和各种生产、生活设施。厂内的办公楼及3栋大型库房在结构和外形上，均完全按照汉口总厂办公楼和库房的形制建造。办公楼包括阁楼和屋顶露台在内共四层，砖木结构，四坡屋顶，三面围廊，在造型上与重庆本地同类建筑有明显区别。厂房为青砖灰瓦大屋顶，呈锯齿状，一面覆盖洋瓦，一面开有天窗。裕华纱厂于1939年6月复工，为当时南岸最大的民族资本纺织工业生产基地。1970年改名为"重庆第三棉纺织厂"。

三、线路价值

长江是中国的第一大河，自西向东跨越了中国大陆的三级阶梯和四个气候带，流域内的文明也源远流长，可以细分为羌藏、滇黔、巴蜀、荆楚、湖湘、赣皖和吴越七个文化区。随着近代航线的不断开辟、通商口岸的不断增加，长江成了中国近代文化转型的新的文明孔道。自入海口的上海逆流而上，镇江、南京、芜湖、九江、汉口、沙市、宜昌、重庆等城市，都在"西风东渐"中浸染了现代化的气息，也在"自强"与"求富"的运动中走出了自己独特的发展之路。近代航线开辟以来，长江流域文化区之间的区隔进一步消融。中华文明内部文化区域之间交流也得到了进一步的发展。这条近代航线与航线上开放的港口城市，见证了工业革命时期建筑、科技、艺术、城镇规划及城镇景观的发展与变革，也见证了中华文明在文明对话中表现出的强大的包容与涵化的力量。

这条航线上的文明对话，造就了沿线城市杰出的建筑、城市规划与城市景观。开埠通商以来，西式建筑风格与西方的施工技术开始融入沿线的城市，本地的建筑匠人，也迅速开始了主动学习与接纳的过程。上海的外滩、汉口的江滩，成了"万国建筑博览会"，优秀的西方设计师和接受了现代建筑教育的中国设计师，都留下了众多宝贵的作品。随着全球建筑思潮的不断发展，虽然长江沿线早期的古典主义及折衷主义建筑多为对西方的模仿，但现代派建筑在上海与汉口的出现已经与国外几乎同时。而融入中国传统建筑特色的"中西合璧"式建筑的产生，也充满了强烈的时代与地域的特征。除建筑之外，沿线城市城市规划的兴起、公共空间的营造和城市景观的设计，推动了城市的近代转型，也为这些城市奠定了近现代发展的基础。

长江近代航线的开辟，也是人类与自然相互作用的杰出范例。长江古为天堑、天险，"我住江之头，君住江之尾"，日日思而不见，因为木船的航行是极为困难的。长江也经常洪水泛滥，威胁着两岸居民的日常生活。随着工业革命的不断深入，现代化的航船和现代化的市政工程，都将长江变得可亲可近，也正是在这一时期，在长江上建设桥梁沟通两岸的想法开始出现。城市因长江航线而兴，航线则因城市发展而更加忙碌。沿线城市的发展开始走出城墙、拥抱港口，在武汉，长江甚至成为城市的内河，人居与自然的和谐也是长江航线作为文化线路的重要意义。

中国的近现代史是一段极为特殊的时期。坚船利炮的屈辱，"自强""求富"的呐喊，和平发展的祈盼，都因为这条航线紧紧地联系在了一起。在这条线路上，近代思想与文化、信仰与观念、科学与技术自东而西，逆流而上，传进了广袤的中国腹地。封建制度的颠覆、国民政府的建立与转移，也都发生在这条线路之上，与线路中体现的中国近代转型密不可分。将长江近代航线作为一条文化线路看待，有助于更好地理解近代东西方交流及中国近代转型的发展历程。

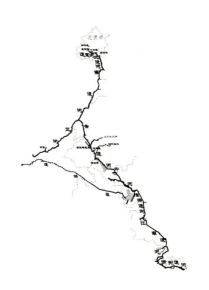

大运河：

中国文化的"认同之路"

The Grand Canal:

A Route of Identification with Chinese Culture

2014年，"中国大运河"入选《世界遗产名录》。

如果从公元前486年吴王夫差筑邗城（今扬州）、掘邗沟开始计算，大运河的历史已经2500多年了。面对这样一条内涵丰富、历时千年的人工水道，今天的人们在认识它时不免产生迷惑：

有人说大运河是线性遗产，是"具有重大科技价值的运河"，是国际古迹遗址理事会（ICOMOS）工业遗产委员会认定的"工业遗产"；有人说大运河是一条"生态人文廊道"，是文化与生态结合的典型，是国际规划协会（ISOCARP）"生态管理和文化遗产保护相结合"方面的研究案例；有人说大运河是文化线路，是南北经济文化的"对话之路"。大运河的南北通航，成就了南北商路、邮路、文化、艺术等的交往，所以大运河可以被定义为中国的"交融统一之路"、中国文化的"认同之路"。

其实，大运河的工程巨大而辉煌，它的修建把南北各个小的分散的自然环境贯通成为一个体系，并转化成一个大的人文环境。在1000多年的历史积淀下，在便利交通运输，繁荣两岸商业的共同塑造下，孕育了运河两岸特有的民情风俗，潜移默化地改变着南北人民的生活方式、思

左图：虎丘塔

271

想观念。大运河用她的乳汁哺育着依河而居的人们，成为跨越南北各文化区一代代人的共同记忆。"不是生母，便若乳娘"，大运河是沿线人民所共同认可的"母亲河"。

一、线路概况与历史演变

位于中国中东部的大运河是世界上开凿时间较早、运行时间最久、规模最大的一条人工运河。它沿途经过北京、天津、河北、山东、安徽、河南、江苏、浙江等八个省级行政区，沟通了海河、黄河、淮河、长江、钱塘江五大水系。南北向运河北至北京、南至浙江杭州。

从山形地势的自然环境背景看，中国地形总体为西北高东南低，山系以东西走向和东北—西南走向为主。这种山系分布情况决定了中国河流以东西走向为主，天然形成的江河水系大体都是从西往东汇入大海的。而大运河却独树一帜，沿线自北向南横跨华北平原、山东丘陵、长江三角洲和宁绍平原。在黄河的影响下，大运河沿线多条河流不断改道，相关湖泊陆续形成、消失，对大运河的维护造成了较大的困难。从隋代开始，中国历代政府不得不投入大量人力物力疏浚河道，建立和维护了大量水工设施和综合枢纽，解决黄河带来的诸多问题，保持大运河的持续通航。此外，中国东部多样的地形气候特点不仅给大运河的建造和维护带来了艰巨的困难，也造就了沿线各具特色的河道分布和技术特点。

在社会文化背景方面，中国是一个统一的多民族国家，虽然历经了多次分裂阶段，但人们在观念上始终有一种"中华民族"的认同，这其中大运河功不可没。大运河的建设与维护是推动和支持中国社会与民族融合的战略通道和重要支柱，对形成统一国家起到了促进和支持作用。隋唐时期（6—10世纪）陆续建成通济渠、永济渠等一系列运河，在中国历史上第一次完成了贯通南北的内陆运河体系，为加强中国南北方之间的联系、巩固中国"大一统"的政治经济格局提供了有利条件。公元13世纪时，元朝实现了中国的再一次统一，采用多种措施加强和巩固了中国南北统一的格局，并在原有的大运河基础上，克服了黄河改道等自然条件的巨大改变，对大运河原有体系进行裁弯取直，组织修建了会通河、通惠河等运河段，

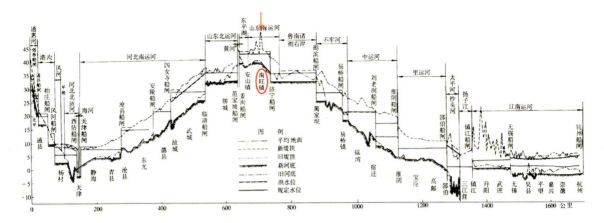

大运河部分河段剖面图

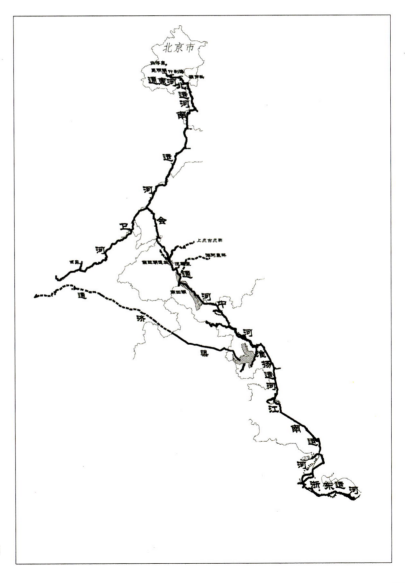

大运河文化线路总图

273

克服了部分地区地势较高、水源缺乏的困难，规划建设水源工程、水柜、调水工程等措施，实现了中国历史上第二次南北内陆水运交通的大沟通，再次达成了以国家都城为中心进行漕运调度的目标。明清时期（14—19世纪）中央政府在多个方面加强了"大一统"的制度与措施。为了保障漕运的持续畅通，政府在元朝建立的大运河基础上不断进行整治修葺，陆续新建、改建多处河道和水工设施，不断完善漕运的河道与运输管理制度和机构。基于大运河河道形成了完备而成熟的漕运体系，这套体系作为国家重要的政治措施和经济文化制度，与不断得到政府不惜巨大人力物力进行疏浚维修的中国大运河一起，一直运行至19世纪。

二、大运河的初创和发展

（一）大运河的初创阶段（公元前5世纪—公元6世纪）

大运河的开掘始于春秋战国时代。公元前486年，为北上争霸，吴国在今扬州附近开挖邗沟，沟通长江与淮河水系，成为中国历史文献中记载的第一条有确切开凿年代的运河。到战国中期，魏国为争雄称霸，于公元前361年前后开始挖掘改造鸿沟，北接黄河，南边沟通了淮河北岸的几条主要支流，构成了黄、淮之间的水路交通网络。公元前221年秦始皇统一六国后，为了建立和巩固新的空前统一的大帝国，更充分利用了鸿沟水系，从各地漕运大批粮食，源源不断地运往关中和京师咸阳。

西汉时期，政府为了向京城长安运送漕粮，将运河向西延伸到达关中地区。东汉定都洛水北岸的洛阳，开凿阳渠以沟通洛水与黄河，洛阳成为全国最大的漕粮集中地。这一时期，鸿沟水系的许多支流均已因黄河泛滥而淤塞，只有其主水道汴渠尚未断流。东汉政府十分重视汴渠的修治，并对邗沟进行了整治。当时，由京城洛阳入汴渠，至徐州入泗水，由泗水入淮水，再转经邗沟以达于江南。

东汉末期，为征战北方，曹操利用黄河故道，开挖了白沟等运河，使运河向黄河以北延伸，抵达今河北省东部地区。此后的东晋南北朝时期，南方统治阶级着力开凿修治浙东运河，自杭州东渡钱塘江至萧山县的西兴镇，再由西兴镇东通至宁波，沟通了姚江、甬江、钱塘江、曹娥江等自然河流。

经过1000多年的陆续营建，到隋统一中国之前，以中原地区为中心，贯通东西南北的中国大运河体系已初步形成，为隋唐时期对运河大规模开挖、整治及航运大繁荣奠定了基础。

（二）大运河的第一次大沟通阶段（7世纪—12世纪）

隋唐时期，中国的经济重心已经逐渐转移到长江流域等南方地区，而国家政治中心仍处于北方的关中地区和中原地区。公元605年，为了加强首都洛阳与南方经济发达地区的联系，保证南方的赋税和物资能够源源不断地运往北方，隋炀帝在前代汴渠的基础上下令开凿通济渠，沟通黄河与淮河，同时下令重新疏浚邗沟以及疏凿长江以南的江南运河，并对前代开凿的浙东运河航道加以整治，使大运河越过钱塘江沟通宁绍平原。此后，为了开展对北方的军事行动，隋炀帝又于公元608年在黄河以北，在曹操时期开凿的原有运道的基础上，开凿永济渠，直抵涿郡（今北京南郊），从而完成了以洛阳为中心，东北方向到达涿郡，东南方向延伸至江南的一条"Y"字形运河，在中国历史上第一次建成了从南方重要农业产区直达中原地区政治中心和华北地区军事重镇的内陆水运交通动脉。

经过第一次大沟通，大运河成为沟通中国经济中心与政治中心的大动脉，确保了繁忙的物资与人员交通，不仅为维持中国大一统的政治局面做出了重要贡献，也促进了运河沿线地区的经济和社会的发展繁荣。

（三）大运河的第二次大沟通阶段（13世纪—20世纪上半叶）

两宋时期，大运河作为政府连接海外的重要通道凸显其重要的战略地位。北宋晚期以后，宋、金对峙，战乱不断，运河航道维护逐渐松弛，航道不断淤积，航运逐渐中断。这期间黄河数次泛滥，淮河以北的大运河河道大多被堵塞，以洛阳为中心的大运河体系逐渐宣告中断。

在元朝完成对中国的统一并在大都（今北京）建立政治中心后，从南方经济中心供给北方政治中心的需求再一次被提上议事日程。1289年，元朝政府组织开凿了会通河，北通卫河，南接泗水、黄河，从根本上改变了淮河以北大运河的格局与走向。由此开始，大运河不再流经洛阳，河南和安徽北部的河段被废弃，大运河形成了南北直行的走向，缩短航程千余里。1293年，沟通大都城内与城东通州的通惠河建成，来自南方的漕粮可直接抵达城内的积水潭，实现了中国大运河的第二次大沟通。

自明成祖朱棣再次定都北京直至清朝灭亡的五百年间，北京一直是全国的政治经济中心。为了保障漕运的持续畅通，明清政府投入了巨大的人力和物力，在元代大运河的基础上不断进行整治修葺，陆续新建、改建多处河道和水工设施，并不断完善漕运管理制度和机构。其中，为了减少清口以北借黄河行船所带来的危险，清政府于1686至1688年在宿迁与淮安间于黄河故道平行的东侧组织开凿了中河。中河的建成标志着大运河彻底脱离了借自然河道运行的状况，实现了完全的人工控制。此外，随着社会经济的进一步发展，大运河成为联系全国经济的交通大动脉，在运河沿岸形成了一批转口贸易城市，促进了运河沿岸城市商业的繁荣。

1855年6月，黄河在今河南省兰考县铜瓦厢决口，于阳谷县张秋镇穿过运河夺大清河入海，不仅影响航道，还造成了运道补水不足，通航困难。清政府虽采取了许多措施，但仍未能从根本上解决问题。到了清末，由于内忧外患，清政权岌岌可危，无力顾及运河之事，因此逐渐放弃了修复运河的计划，宣布各省漕粮全部改折银两交纳，运河及漕运管理机构也陆续裁撤。至此，沟通南北的大运河宣告中断，变为多条局部通航的地区性运河，除江南、淮扬、浙东、鲁南及南北运河等水段外，其他河段渐渐淤废。民国时期虽然曾有过重开运河的计划，但仅限于纸上谈兵而已。

三、线路分布及其文化遗产

大运河各段河道分段凿成，时有兴废。依据历史时期大运河的分段和命名习惯，大运河总体上分为：通济渠段、卫河（永济渠）段、淮扬运河段、江南运河段、浙东运河段、通惠河段、北运河段、南运河段、会通河段、中河段。10个河段由于所处地理环境、人文条件的不同，而具有各自鲜明的特点，如下表所列：

大运河分段特征表

名称	流域背景	形成时期	繁盛时期	河段特点
通济渠	黄河、淮河流域	战国	隋唐时期	开凿时间较早，规模较大，是体现了中国古代早期规划思想和建造工艺技术高峰的重要河段
卫河（永济渠）	黄河、海河流域	东汉	隋唐时期	开凿时间较早，具有关键性的军事战略意义，是维系中国中原与北方地区紧密联系的河段之一
淮扬运河	长江、淮河流域	春秋	隋代、元代、明代、清代	开凿时间较早，修建和维护历史较长，体现了大规模河湖变迁和运河逐渐人工化过程的河段
江南运河	长江、钱塘江流域	春秋	隋代至清代	开凿时间较早，修建和维护历史较长，河道系统网状分布
浙东运河	钱塘江、曹娥江、甬江流域	春秋	宋代、明代、清代	连通了大运河与海上丝绸之路的段落
通惠河	海河流域	元代	元代、明代、清代	大运河北方终点；对北京城市格局的形成具有重要的影响
北运河	海河流域	东汉	元代、明代、清代	历史上见证海漕转运的节点
南运河	海河流域	东汉	元代、明代、清代	以众多弯道工程降低纵比降保证航运畅通的河道
会通河	海河、黄河、淮河流域	元代	元代、明代、清代	是具有众多节制闸群，穿越大运河全段水脊的水利枢纽工程的河道
中河	淮河流域	明代	明代、清代	是完成大运河完全人工化的标志性河段

大运河是一个复杂变化的时空体系，由以上10个始建于不同年代、处于不同地区、各自相对独立发展演变的河段组成。这些河段大多历经了复杂的发展过程，其构成、主要特点在不同历史阶段存在着较大的差异。但7世纪和13世纪的两次大沟通，将这些河段改造、连接起来，组成了贯通中国南北的中国大运河，并持续运行了数个世纪，对中国和世界产生了巨大而深远的影响。

其中，南运河与卫河是在东汉末年曹操所开白沟、平虏渠和利漕渠等区间运河基础上形成的，约始建于3世纪初；淮扬运河的前身是公元前5世纪开凿的邗沟；江南运河于公元前6世纪已经出现雏形；浙东运河的兴建始于春秋越国的山阴水道，约建成于公元前5世纪；通济渠部分河段可上溯至战国时期魏国的鸿沟水系，约始建于公元前4世纪。

7世纪初，隋朝中央政府在以上多条区域运河的基础上，通过统一的规划、施工，新修了部分河道，将之前已有的多个地方性内陆水运体系连通起来，完成了中国大运河历史上第一次的南北大沟通。

通惠河与会通河都是元代初期（13世纪）第二次南北大沟通时开凿建设的运河河段，北运河为相对稍早的金代开凿的运河河段，中河是清代为了进一步畅通漕运而开凿的河段。这些河段都是中国大运河第二次大沟通过程中重要的通航河段。

隋唐大运河的永济渠、通济渠、邗沟和江南运河均是在原有自然水道和运道基础上疏通联系、提升航道等级的，与其说是运河开凿工程，不如说是航道整治工程。元代的大运河除临清至安山一段的会通河为新开凿外，其余各段均有旧迹可循。因而，大运河之建造并非一次形成，而是在各个区域运道不断发展丰富的基础上，经数朝数代，不断加以贯通、疏浚，终成一体。

迄今为止，淮扬运河、江南运河、浙东运河等河段依然作为在用的区域性航运河道，为中国的社会发展做出了巨大的贡献。

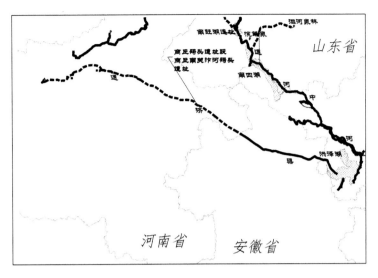

（一）通济渠

隋炀帝大业年间（605—618年）开凿永济渠和通济渠，系统地整治了山阳渎（邗沟）、江南运河，建立了以东都洛阳为中心的大运河，永济渠从洛阳向

大运河文化线路（通济运河段）

北直抵涿郡（治蓟，今北京西南）；通济渠向东南与淮河相通，将前代开凿的淮扬运河、江南运河联系起来，运河体系南至钱塘江口（宋代延伸至宁波出海口），建成了跨越南北、沟通全国政治中心与经济中心并兼顾军事需要的大运河系统。

通济渠是隋唐时期南北大运河中较早开凿的一条。通济渠东段可上溯至战国时期（公元前5世纪—前3世纪）开凿的鸿沟水系，西段始于东汉时期（1—3世纪）开凿的阳渠。

隋大业元年（605年），隋朝政府在地方性运河的基础上，统一勘察设计，统一施工修建了通济渠，并于一年之内完成全线建设施工，反映了中国古代高超的水利工程技术。

全渠分为三段：西段起洛阳西苑，引谷水、洛水，向东注入黄河；中段自洛口到板渚，是利用黄河的自然河流；东段起自板渚，引黄河水向东注入淮水，沟通黄河与淮河水系。通济渠史籍记载宽60至80米，可容纳规模很大的船只通航。另外，隋朝政府还于同年改造邗沟，608年开凿永济渠，610年开通镇江至杭州段的江南运河。通过永济渠、通济渠、邗沟和江南运河沟通了海河、黄河、淮河、长江和钱塘江五大水系，形成以当时东都洛阳为中心，北通涿郡、南达余杭（今杭州）的全国大运河水路运输体系。

隋代开凿的通济渠，在后来的唐宋时期继续发挥重要的漕运功能，成为支撑国家经济的骨干交通。唐代时期（7—10世纪），通济渠改名"广济渠"，习惯上也称"汴渠""汴水"或"汴河"。北宋时期（10—12世纪）通济渠被称为"汴河"，以开封为中心东南入淮河，成为维系首都——东京汴梁的重要漕运通道，漕运空前发达。

通济渠建立了一整套完整严密的水利、航运配套体系和管理制度，保障了大运河漕运的持续顺利进行。漕运管理制度自从秦汉时期就开始成为王朝统治的经济措施之一，这一制度在隋唐时期得到完善，并为其后各朝代所沿用。

隋代通济渠、永济渠的开通，使政治中心与经济中心相连通。位于水运枢纽的洛阳，成为漕粮与物质转运的集散地。为配合漕粮从江南各地集中运输到北方的运输中转，隋代开始建设一系列漕粮储存仓和中途转运仓场，并初步形成了水运储仓体系。唐代这一体系不断完善，逐步形成相对独立的管理体系。

通济渠（汴河）是中国内陆两条重要江河——黄河与淮河之间的一条运河，它的建设和运用使隋、唐、宋三代拥有了统一帝国的强大经济纽带。这不仅是600年连续运用的水路大动脉，更见证了中国最鼎盛的隋、唐、宋三代王朝的兴衰与更迭。通济渠（汴河）的运用正值中国最富庶的朝代——唐宋时期，唐代日本遣唐使、宋代日本僧人北上朝佛都是经由江南运河和通济渠北上，大运河因此为唐宋时期中国与日本的文化交流提供了条件。这一时期的运河因此而凸现出较高的文化价值。

通济渠沿线的回洛仓、含嘉仓遗址均为隋唐时期大运河沿岸的重要官仓遗址，含嘉仓是位于大运河历史端点之一——隋唐洛阳城皇城之内的皇家粮仓，其位置、储量与出土遗存证实了唐代大运河漕运与朝廷供给的重要关联。回洛仓是隋代大运河沿线的大型国家性漕仓之一，具有完整的仓城格局和众多仓窖遗址，反映了在隋代大运河漕运的规模与相应的国家直属仓储设施建设的情况。

（二）卫河（永济渠）

卫河（永济渠）的发展与漕运需要密切相关。东汉末（3世纪），白沟运河的开凿有利于曹操用兵华北，促进了全国的统一。隋大业四年（608年），隋朝政府广征民众开挖永济渠，"诏发河北诸郡男女百余万开永济渠，引沁水，南达于河，北通涿郡（今北京）"。

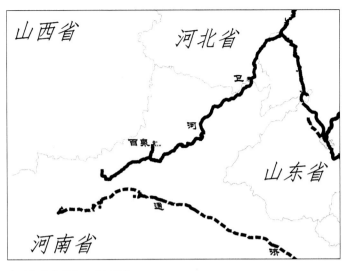

大运河文化线路（卫河段）

唐代（7—9世纪），永济渠是关中与河北、河东诸路沟通的主要通道。这一时期河北、山东成为支撑唐朝的重要农业区。经永济渠漕运的储粮，供应关中的都城地区，并也在征辽东的军事行动中发挥了重要作用。

北宋时期（10—12世纪），永济渠更名为"御河"，主要负责运送粮饷，通过水陆转运，担负向北方边境前线运送物资的重要任务。宋代御河中下游所经和唐代基本相同。可通行三百至四百石的船，四季皆可通航。但是，黄河与御河之间并不通航，漕船过黄河后需卸船，经过陆运转运至河北黎阳（今浚县，黎阳仓遗址所在地），再装船入御河，向北运往华北的边境地区。由于黄河的影响，北宋末年御河基本处于不治状态，部分河段被黄河泥沙淤废。

黄河在1128年改道南行，御河脱离了黄河的干扰，河道逐渐稳定。1153 年，金朝建都燕京（今北京附近），御河自南而北成为金朝的重要运道。御河北与潞水（即今北运河）沟通，可抵达通州，再由通州经闸河至金中都（今北京西南）。金代水道已经基本呈现元代大运河北部的雏形。

元代定都北京，时称大都，御河依然是供给首都物资的重要运道。至元二十年（1283 年）至至元二十六年（1289 年），修会通河北到临清入御河。至元三十年（1293 年）开通惠河，解决了通州与大都的漕运。这样，形成了全国南北贯通的大运河，自此御河自临清以北被纳入南北大运河体系，成为中国大运河第二次南北大沟通中的一个重要河段。

明洪武元年（1368年）将永济渠改称为卫河。明清两代，卫河河道的变化很少。

虽然清咸丰年间（19世纪中叶）漕运改由海运，但是，卫河的航运并未衰落，卫河作为豫北及河北平原地区与京津地区的重要交通通道，一直承担着繁忙的航运任务，直到20世纪70年代。之后因水源越来越少，导致水运中断。

今卫河（永济渠）在山东临清以上的河道，大部分保持历史时期面貌，是华北地区重要的输水通道。卫河在自隋唐至明清的1000多年间作为重要的水运线路持续发挥着航运功能，其河道没有根本性的变化，基本保持着原有的线路。卫河对天然河流的巧妙利用和改造，使运河的水源获得保障，通过减河和水道弯道的设计，实现了水量节制、航道纵比降延缓等功能，反映了中国古代高超的水利工程施工技术。

此外，开凿于7世纪的永济渠，也为巩固东北边疆地区提供了重要保障。辽金元时期，永济渠又为北方民族进入内地，在北京建立北方民族的政权政治中心提供了良好的条件。可见，永济渠对促进多民族的融合，发挥了积极的、重要的历史作用，在中华民族发展、壮大的历史过程中有着不可磨灭的历史贡献。

（三）淮扬运河

淮扬运河（又称"里运河"）是连接长江和淮河两大自然水系的人工河道，北起淮安清口枢纽，南至瓜洲入长江。

淮扬运河由古邗沟发展演变而成，是京杭大运河全线最早开凿的一段。明清时期称"淮扬运河"，近代始称"里运河"。淮扬运河南有长江，北有淮河，其间河湖相连，水源条件较好。淮扬运河在明末至近代以来曾起过分泄淮河洪水入海、入江的作用，现在是一条综合利用的河道，既可航运、分泄淮河洪水，又是南水北调东线的输水干线，其东堤则是保障里下河地区安全的屏障。

淮扬运河始建于公元前486年，是有确切记载的京杭大运河最早开通的河段，至今仍在使用。由于淮扬运河所处位置的重要性和路线规划的科学性，自其开通后，无论在哪个时期，它始终是关键的不可或缺的一环。2000多年来，虽实施过各种整治措施，但路线基本未变。

古代长江与淮河间的分水岭并不明显，大致位于今江苏省扬州市郊的邵伯镇东。凿通这一分水岭，沟通江淮，始于公元前486年邗沟的开挖。为减少工程量，邗沟尽量利用天然河道和湖泊，以人工渠道相沟通。东晋末期（5世纪）时，形成了相对固定的运输线路。7世纪初，隋代大运河的第一次大沟通中，山阳渎（即邗沟）的扩建与改建是重要环节。

唐代，山阳渎又称"扬楚运河"。因长江泥沙的淤积，扬楚运河南端入江口已与原江中岛屿瓜洲并连，从而使长江北岸南移10余公里，运河难以通往长江。738年，于瓜洲上开伊娄河（今瓜洲运河前身），向北开挖12多公里，至扬州接淮扬运河。

大运河文化线路（淮扬运河段）

宋代，经过长期经营，淮扬运河基本形成完善的独立工程体系。为避开淮安以南湖中行船的风浪之险，开始实施河湖分离；为调节水位且便于船只通行，开始沿运河修建堰闸；为解决西来淮河河水的去路问题，开始沿运河东堤修建泄水设施，从而形成一个兼具航运、灌溉、排洪和防潮等综合效益的相对独立完备的工程体系。为解决船只过往卸粮盘剥频繁，造成船只易于损坏的问题，1018年避开穿城路线，开扬州古运河，绕城南与淮扬运河相接。

经过隋、唐、宋三代的经营，淮扬运河形成排引得当的工程体系，明、清京杭大运河的淮扬段基本是这一时期运河的继承。

元明清时期，由于黄河南袭，淮扬运河与黄河、淮河交汇于淮安清口一带，使得形势异常复杂，治理更为困难。明清采用蓄清刷黄、引清刷黄的策略，在黄淮运河交汇地建设清口枢纽工程，这一工程成为大运河的咽喉，清代康熙、乾隆皇帝数次亲临督导治黄保运。

1597年，扬州城南南门二里桥一带的运河河道过于顺直，水量难以蓄积，因此开新河，形成"运河三湾"。通过延长河道来增加河流比降，从而使河水下泄缓慢，上游水位得以抬高，解决了运河浅阻问题。

淮扬运河拥有2000多年的历史，是有文献记载的大运河最早开通的河段，也是持续使用时间最长的关键河段。它首次沟通了淮河与长江两大水系，规划设计的线路使用2000多年，至今基本不变，代表了当时的先进水平；在处理与黄河、淮河的关系方面所采用的"蓄清刷黄"方略以及围绕这一方略而在清口一带建设的各种水工建筑物则代表了16世纪中国调水调沙技术的先进水平。

1. 扬州古运河

大运河自湾头流向西南，经黄金坝后向南进入扬州城区段，直至瓜洲，全长约30公里。因1958年自邵伯向南开挖大运河新河道，直通长江，因此，原自邵伯经茱萸湾曲折绕城而过，通过瓜洲运河至长江的这段河道，现在被扬州人称为"古运河"。这段大运河与扬州城市同生共长，被誉为扬州城的"母亲河"。大运河自扬州城东南穿城而过，沿线历史遗迹星罗棋布、人文景观众多。尤其是在古运河西侧，密布着众多遗产点，如瘦西湖、天宁寺（重宁寺）以及诸多盐商历史遗迹等，犹如一颗颗璀璨的明珠，与两岸丰富的民俗文化、多样的市民生活融为一体。

扬州城区段大运河不仅遗产众多，而且水景秀美，扬州三湾（即宝塔湾、新河湾和三湾子），便是其中最具特色的一段。它自文峰塔向南，呈横着的"几"字形，河道曲折，迂回六七里，水面宽阔，流速平缓。从技术角度而言，大运河的开挖者为了消除地面高度差，使大运河的水面保持平缓，便采取了延长河道以降低坡度的办法，把这段河道挖得弯弯曲曲。这个方法是中国古代河工的杰出创造。

● 瘦西湖

瘦西湖位于扬州市西北郊，是从清代扬州城北垣绵延至北郊蜀冈的狭长水体，总长约4.5公里，宽约13—116米。瘦西湖是由隋唐大运河水系和隋、唐、宋、元、明、清等不同时期的城壕连缀而成的带状景观，始终与大运河保持着水源相通的互动关系。

瘦西湖最早的两段水体形成于隋代。宋元时期，与城壕连接成一个更大范围的水系，成为扬州城的西护城河。瘦西湖水道沿用历代扬州城护城河，并经人工疏浚、凿通，在清乾隆年间（1736—1795年）形成一条连贯的细长而又富曲折变化的线形水体。瘦西湖是大运河的支流，同时也是大运河上独特的文化景观。作为扬州城市水系的重要组成部分，瘦西湖通过多条河道与大运河相连。瘦西湖反映了大运河沿线经济的繁荣和由此而生的文化发展情况，是与大运河带来的思想、文化、技艺的交流和汇集密不可分的运河文化景观。

2. 扬州盐业遗址

隋唐以后，大运河航道逐渐贯通，扬州作为我国海盐生产运输的中心、两淮地区的交通枢纽，借大运河的便利交通，发展成为古代中国最重要的盐业运输和交易的中心城市之一。兴旺的盐业带动了扬州城市的发展，留下了众多与盐业有关的历史建筑遗迹，其中包括个园、汪鲁门宅、盐宗庙、卢绍绪宅等。这些以中国古典文人园林为代表的扬州盐业历史遗迹，见证了清代前期大运河沿线发达的盐业经济所带来的高度的商业文明和盐商资本集团的财富集聚对社会文化振兴和城市建设发展所产生的影响。

● 个园

个园是清嘉庆二十三年（1818年）在明代寿芝园旧址上建成的宅园，占地24000平方米，建筑面积近7000平方米，为前宅后园式江南私家园林。个园的住宅部分位于南侧，坐北朝南，占地3500余平方米，建筑面积3000平方米。住宅由西、中、东三路建筑组成，前后各三进，各路建筑间以火巷相隔。整体建筑群规模宏大，布局严谨。单体建筑体量宏敞，用料考究，是扬州盛极一时的盐商文化和民居文化的珍贵遗存。个园的园林部分，以四季假山为主，

结合园林建筑、植物配置及理水，是个园景色的精华，是扬州古典园林艺术的杰出代表。

（四）江南运河

江南运河北起江苏镇江，绕太湖东岸经常州、无锡、苏州，南至浙江杭州，贯穿长江、太湖和钱塘江三大河湖水系，是大运河形成时间较早、连续使用时间最长、自然条件最好的河段之一。

江南运河最早的段落始建于春秋后期（公元前5世纪），隋炀帝大业六年（610年），在沟通大运河过程中对这段运河进行整治拓宽，形成了南抵杭州的江南运河。江南运河的线路在这时也基本固定了下来。

从隋代至清代，作为大运河主要通航河段的江南运河，一直是中国历代政府通过大运河从江南地区收集和汇聚漕粮的主要通道，在此期间历经多次疏浚、整治，但主要运河线路一直保持相对稳定，反映了古代高超的工程勘察、设计、施工以及后期的管理技术和能力。江南运河的线路规划，充分考虑了地形条件，使整个线路能够在较小的纵比降下进行平稳地过渡，线路的规划充分利用了太湖、长江、钱塘江的水资源条件，使运河具有稳定的水源，保障了江南运河在1000多年的时间里，以基本稳定的线路保持着持续的航运通行。

明代江南运河的管理由中央政府实施，清代主要归地方管理。江南运河除每年例行的漕运任务外，所承载的商船、民船运输量占整段运河总运输量的比例比其他河段大得多。江南运河的漕运量非常巨大，明代国家核定漕运量为每年400万石（约合37.8万吨），江南地区和浙江就占到三分之一以上（12.6万吨以上）。成化八年（1472年）之后这个比例更是增加到接近一半，达到180万石（约合17万吨）。清代沿用明代制度，仍岁征漕粮400万石，其中江南179.44万石（约合17万吨），浙江63万石（约合5.9万吨）。清代江南运河承担的漕粮运输任务242.44万石（约合22.9万吨）。这些巨大的漕粮运量无不反映了当时国家围绕运河漕运专门建立的管理制度的先进性。

此外，大运河江南运河段主线基本将江南地区主要的城市串联起来，对城市的发展繁荣起到了推动和支撑作用。大运河对城镇形成发展的影响主要表现在对自然环境的改造和对社会形态的影响。

以江南运河为纽带，自北向南将常州、无锡、苏州、嘉兴、杭州等重要城市贯穿其中。最初城市乡镇因运河而起，其后城市沿运河扩张，与运河沟通。运河为城市提供水路交通，形成了运河穿过城区并与城河水系相沟通的格局，城河也成为运河体系的重要组成。城河往往具有城市输水、排涝的功能，南北沟通的大运河与城河相通，作为城市水系的调蓄，使城河的功能得到更好的发挥。

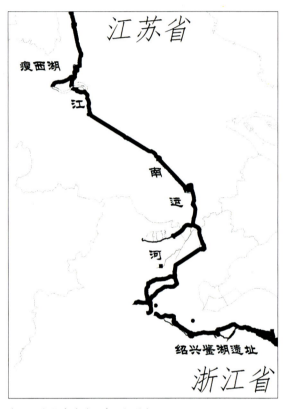

大运河文化线路（江南运河段）

江南地区一直是我国经济、文化比较发达的地区，江南运河串联的城市都是太湖地区乃至全国的重要城市，运河的沟通促进了城市的发展，城市的繁荣也对运河功能的发挥具有促进作用。

江南地区是中国民族工商业较早发展的地区。依托运河带来的运输便利，20 世纪上半叶在常州、无锡、苏州、杭州附近兴起和发展了一批民族资本的工厂和企业。运河与这批近现代民族工商业遗产关系是相互依存、相互促进的。近现代民族工商业依靠运河兴起和发展。同时，近现代民族工商业遗产形成运河沿岸多样的有地域特色的景观风貌。其中包括无锡茂兴面粉厂、杭州洋关等。

288

1. 江南运河苏州段

江南运河苏州段是江南运河在苏州市境内的主要河段，由不同历史时期开凿的多段运河组成，总长度约73公里。

江南运河苏州段最古老的河段（包括今"环城河""胥江"）开凿于公元前6世纪，公元前5世纪又开凿了向西北通往长江的一段河道（包括今"上塘河"）。隋代后期（610年）重新疏浚和拓宽江南运河苏州段的既有河道。9世纪初，在苏州城西北部，上塘河以北新开凿了山塘河，作为大运河北入苏州古城的又一条重要水道。此段河道后经多次维护改建，一直是大运河江南运河的主航道，在漕运结束后仍作为区域运河发挥着重要的航运作用。

迄今为止，大运河苏州段仍是运河最繁忙的河段之一，据统计大运河苏州段每天通过的船只约有6000艘以上，约占运河全年通航总量的五分之一，断面货流密度在8000万吨左右。2007年，苏州港口货物吞吐量达18377万吨，远超同期的大运河港口镇江、长江港口南京和荷兰北海运河港口阿姆斯特丹。苏州段运河是目前中国大运河货流强度最大的航段，也是整个大运河最繁忙的河段之一，同时也是最具活力、对经济社会发展持续产生积极贡献的重要河段。

大运河苏州段是江南运河最早开挖的运河段落之一。在长达1000余年的历史进程中，大运河苏州段承担了漕运、海内外商品运输等重任。唐宋时期，苏州是漕粮的重要产地；明清时期，苏州是漕粮的重要征集地和起运地。大运河苏州段还通过娄江连通长江口的刘家港，既便利漕粮海运，又便利海外贸易。16世纪末，意大利传教士利玛窦盛赞苏州的繁华富饶："经由澳门的大量葡萄牙商品以及其他国家的商品都经过这个河港。商人一年到头和国内其他贸易中心在这里进行大量的贸易，结果是在这个市场上样样东西都没有买不到的。"[①]

---

① [意] 利玛窦，[比] 金尼阁著；何高济，王遵仲，李申译：《利玛窦中国札记（下）》，北京：中国旅游出版社；北京：商务印书馆，2017年，第24页。

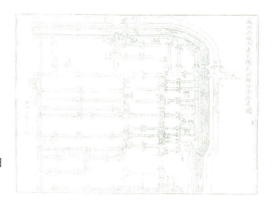

苏州府城内东北隅长洲
县分治水道图

苏州古城自宋代形成的"三横四直"的主干河道系统存留至今。苏州水系造就了古城水陆并行、河街相邻的城市布局，并直接促成了享誉世界的苏州园林。这种水上园林城市景观，在大运河沿线城市中独一无二。其中，平江历史文化街区和山塘河历史文化街区较为完整地展示了运河城市水道体系原貌，反映出苏州这座运河古城的历史风貌，是水城苏州水陆并行、河街相邻的典型区域，代表了河街并行的苏州"双棋盘"格局。

平江历史文化街区和山塘河历史文化街区中的河道与街道并行，在街道与河道相交汇的地方，通过桥梁进行立体交叉，形成了水路立体交通的"双棋盘"格局，是13世纪石刻城市图《平江图》原真状态的缩影，是研究古代城市规划、城市建设的重要范本。

● 平江历史文化街区

平江历史文化街区是位于苏州古城内东北部的一片城市街区，形成于13世纪之前，街区内的水系及街巷比较完整地保存了宋《平江图》和明末《苏州府城内水道总图》等古地图上所展示的城内水道体系干支河结构的原貌和前街后河、街河平行的水陆双棋盘格局。

平江历史文化街区自北向南街河并行，其河道为苏州城内主要水系之一。平江河水系与护城河相贯通，街区内的通利桥、朱马交桥、胡厢使桥（又名胡相思桥）、唐家桥、新桥、雪糕桥等在13世纪《平江图》碑上均有记载。800年来，平江河道、街巷、桥梁的位置、格局未变，是水城苏州水陆并行、河街相邻的典型区域，有着一巷沿河、二巷夹

苏州平江路

河、一街一廊夹一河等多种多样的城市独特布局。街区面积约8.1公顷，包括胡厢使巷河、大柳枝巷河、大新桥巷河、中张家巷河等多条河流，以及全晋会馆等多处建筑遗产，并保持着原有的居住、商业等城市功能。

会馆最初的作用是在苏州的外地人联络乡情和集会、议事的公共场所。18世纪以后，会馆也逐步成为商人们存货、居住和议事的重要场所，并逐步演变为工商业行会组织，促进了不同地区间经济文化的频繁交流。全晋会馆位于苏州城内东部平江路中的张家巷，是旅居苏州的山西商人所建的会馆建筑，也是苏州原有百余处会馆、公所中保存最为典型、完整的一处。始建于清乾隆三十年（1765年）。光绪五年（1879年），山西商人重建新馆。占地面积约6000平方米，坐北朝南，分为中、东、西三路，是19世纪大运河南北经济文化交流的实物见证。

● 山塘河历史文化街区

山塘河是大运河西北方向进入苏州古城的主干河道。北起白洋湾，南至阊门，长6200多米。山塘河与大运河连接贯通，是大运河水网的重要组成部分，是古代大运河苏州段的主干航道之一。与河相伴相生的则是以河道为骨架、街巷相依附，具有"水陆相邻、河街平行"特点的居住街区。

山塘河始建于9世纪，后不断发展，至明清两代成为苏州最繁华的地区之一。街区现仍保持着居住、商业等城市功能，并完好地保存了河道、堤岸、桥梁，以及相关历史建筑和街区历史格局。

山塘河历史文化街区现存文物古迹众多，有会馆、寺庙、祠堂、戏楼、牌坊、园林、名人墓、古桥、宅第等。山塘河历史街区文化遗存丰富，是该地区千年历史进程以及经济、文化繁荣的实物见证。

位于山塘河西侧河岸边的虎丘云岩寺塔建于公元959年，因其独特的地理位置、建筑形制，成为大运河进入苏州段的航标性建筑。

七里山塘

2. 江南运河嘉兴—杭州段

江南运河嘉兴—杭州段北起苏州与嘉兴交界处，南至杭州钱塘江边，是江南运河联系太湖水系与钱塘江水系的河道，从北至南包括始建于不同历史时期的苏州塘、杭州塘、崇长港、上塘河、杭州中河、龙山河等多段河道。

江南运河嘉兴—杭州段始建于春秋时期。隋代（7世纪初）在前代开凿的运河基础上疏浚加深而成，作为江南运河南段实现了大运河全线贯通。宋代时期（10—11世纪）又在大运河与钱塘江交汇处开龙山河等河段，完善钱塘江运口。

其中，苏州塘、杭州塘北段始凿于汉代，全线贯通于隋代，现为运河主河道，大部分经升级拓宽改造以适应现代航运的要求。杭州塘南段开凿于元末，为运河主河道，基本保持原有线位，现为4级航道。南浔顿塘镇段基本保存原有尺度，保存状况较好。

上塘河、崇长港为江南运河浙江段故道，隋唐至元末作为运河主航道，源自杭州施家桥，向东北至海宁崇福接东线主航道。其中上塘河为"三塘五坝"之一，前身为秦始皇开辟的陵水道之一段，崇长港前身为春秋时期的百尺渎、越水道。上塘河、崇长港长46.5公里，河道平均宽30至70米，现为6级航道，主要功能转为水利行洪。

杭州中河南北纵贯杭州城区中部，南接龙山河，水流方向由南向北汇入上塘河，现为城市景观河道。龙山河原是中河通钱塘江的水道，始凿于吴越钱镠时。宋代，龙山河由西向东北，由南水城门入城。清代末期，龙山河起自兴家桥，至大通桥外的闸口，水流由北向南，经龙山闸注入钱塘江。龙山河现南起闸口，北至凤山门，连接中河，全长4400米，与钱塘江已不相通，现为城市景观河道。

大运河嘉兴段流经的地域属太湖水网平原，河港密布，在2000多年的发展治理过程中，其运河河道不断优化，形成了不同时期河道线路并存，通向各个中心城市运河河道相对独立的网状体系。

运河贯穿之地的众多物质文化遗存构成了丰富的城镇、郊野景观。由于运河所带来的经济、物质和文化的交流，促进了当地经济的发展和城镇网络的形成。

（五）浙东运河

浙东运河位于大运河最南端，是大运河内河航运通道与外海连接的纽带，是古代海上丝绸之路的重要端点之一。

浙东运河西起今杭州市钱塘江南岸，跨曹娥江，经过绍兴市，向东汇入宁波市甬江入海，与海上丝绸之路相连。浙东运河包括西兴运河、绍兴城内运河、绍兴护城河、山阴故水

294

大运河文化线路（浙东运河段）

道、虞余运河、慈江、刹子港等河段。

浙东运河的兴建始于春秋越国的山阴水道，至南北朝时，以渠化天然河道为主的运河体系已初步形成。唐代的浙东运河在绍兴以西有局部改建。宋代是浙东运河的形成时期，其标志是运河上的工程设施和管理制度的完备，国家对运河实行准军事化的管理，而且在文献中也开始正式有了"运河"之名。宋代浙东运河上的工程设施也更加完善，至此浙东运河自钱塘江经绍兴、宁波通海的完整水运体系已经形成。

南宋时临安（今杭州）为都城，明州（今宁波）、绍兴、台州是经济最富庶的地区，浙东运河成为水路干道，也是沟通海外的水道。南宋政府对浙东运河直接进行管理，各段运河由军队专事维护、疏浚，实行准军事化的运河航运管理制度。

明代的浙东运河，经行路线与宋代相比大体没有什么变化。清代，浙东运河地位已不如前代，后期及近代更是因为政治经济原因及交通工具的变革而日益衰落。现代，在新式交通方式的冲击下，浙东运河作用逐渐被取代，但仍发挥着区域性的航运、水利作用。

特定的自然环境，赋予浙东运河独特的工

程技术特点。浙东运河的线路充分利用了浙东地区的自然条件，将河道开凿于山前平原上，基本沿等高线行走。人工河段的高程基本控制在4至6米之间，使运河水流平稳、水量充足不走泄、河道畅通，保障了航运的长期稳定运行。此外，保持河道尽量远离海岸线，使运河尽可能地避免海潮直接侵扰和钱塘江湾的变迁对运河的影响，保障了运河安全。

从历史时期来看，相对大运河各河段来说，浙东运河是出现问题最少、运行最稳定的一段运河，这一方面与浙东地区的自然地理环境的优越有关，另一个重要方面的原因就是运河线路规划的科学性。这是浙东运河能够长期稳定运行的基本条件。

浙东运河的形成，有效地把陆上主要贸易线路延伸到东海岸，这不仅使生产的南方与消费的北方相联系，而且还刺激了运河经过地区的生产专业化和经济发展，最为明显的是长江下游地区。

凭借经余姚、曹娥把宁波与杭州联系起来的水路及浙东运河，宁波实际上成了大运河的南端终点。由于杭州湾和长江口的浅滩和潮汐影响，来自中国东南的远洋大帆船大多在宁波卸货，转驳给能通航运河及其他内陆航道的小轮船或小帆船，再由这些小船转运到杭州、长江沿岸港口以及中国北方沿海地区，而长江下游地区的产品则运集宁波出口。宁波港和浙东运河，实际上为中国大运河提供了河海联运、接轨内外贸易的优良水道与港埠，是中国大运河连接世界大通道的南端国门。

此外，浙东运河不仅是古代中外物质交流的通道，也是文明交流的重要通道。宋代以来，来自高丽、日本等到中国交流的僧人大多由这条水路进入中原。

● 宁波庆安会馆

宁波庆安会馆位于浙东运河沿线，是在水运交通便利、商业发达、经济繁荣的地区逐渐发展来的商业设施，反映了大运河沿线因运河而发展繁荣的贸易和工商业情况，代表了由于漕运维护修建的大运河的衍生影响。会馆同时又是祀神的庙宇，供奉航海保护神妈祖，反映了在与海上丝绸之路文化线路连接的重要节点上受到外来影响的传统习俗的传播与发展。

庆安会馆

宁波庆安会馆始建于清道光三十年至咸丰三年（1850—1853年），由甬埠行驶北洋的舶商组织修建。现保存完好，作为全国首家海事民俗博物馆对公众开放。

会馆最初的作用是为联络乡情和集会、议事提供公共场所，后逐步演变为商人们存货、居住和议事的重要场所。

（六）通惠河

通惠河由北京向东流经通州，在通州与北运河交汇于通州北关闸，总长度20余公里。

作为大运河最北端的一段，通惠河是元代（13世纪末）与大都（今北京）同期勘察、规划、兴建、完工的漕运河道，是具有全面的前期勘察规划设计而兴建的水利航运工程。

通惠河于1293年8月修建完工，解决了漕船向北抵达当时中国的政治中心元大都的问题，使运输南方漕粮的漕船可以通过通惠河直达首都，到达元代中国大运河的北方终点——积水潭（包括现今的什刹海、后海一带）。

15世纪，通惠河部分河道被围入明北京城皇城城墙内，自什刹海开始的一段通惠河失去航运功能，此段时称"玉河"。而通惠河终点也由元大都城内的什刹海改为明北京城东南角东便门外的大通桥。

由于通惠河重要的水源地成为明代皇家陵寝所在地，以及明清皇城水系（北海、中南海等）对于水量的巨大需求，导致通惠河水量减少，在明代和清代的大部分时间里（15世纪中叶—19世纪末），大部分南来的漕船将漕粮运输至通州，再由通州陆路转运至北京城内，仅有少量漕船可通过通惠河直达北京城附近。

19世纪末20世纪初，在漕运结束后，通惠河逐渐失去了航运的功能，成为北京城市主要排水河道和景观河道。

通惠河是与元大都同时兴建的水利航运工程，塑造了京城河湖水系，对其城市周边区域生态环境和城市风貌的塑造产生了长远的影响。

大运河文化线路（通惠河段—北运河段）

通惠河是第二次南北大沟通时期大运河的北方终点段落，充分利用已有自然水系，经过前期勘查，进行统一的规划和设计，并一次施工建成，代表了中国古代高超的水利工程设计建设技术成就。

通惠河北京旧城段包含了中国大运河的北方终点段落——什刹海以及通往什刹海的玉河故道。沿线运河遗产还包括澄清上闸、澄清中闸等。

● **什刹海**

什刹海位于今北京城区内，包括前海、后海、西海等三个自西北向东南连续排列的弓形

什刹海的夜色

湖泊。元代时，什刹海作为大运河的北方终点，是京城内重要的漕运码头，属于利用湖泊水系建成的水库港。什刹海又名"积水潭"。积水潭码头当时"舳舻蔽水"，来自全国的物资商货集散于此，使得码头东北岸边的斜街和钟楼一带成为元大都中最为繁华的闹市。元朝灭亡后的一个世纪之内，积水潭码头被废，水面不断缩小。自明代起，什刹海失去了运输和码头的功能，转化成文人游赏的景区，水域面积不断缩小，逐渐形成今天分为三个湖泊的什刹海。现在什刹海是北京中心城区的一个景观湖泊，现有水面面积约34公顷，平均水深约1.5米。

（七）北运河

北运河位于海河流域北部，其上游为温榆河，北运河从通州北关闸蜿蜒向南，于天津三岔口汇入海河，河段纵比降约0.17‰，曾称"沽水""潞水""白河"，至明代多称"运粮河"，清雍正四年（1726年）改称"北运河"。

北运河始建于金泰和五年（1205年），以历史上的潞河为基础开凿，由三岔口北上至通州。元代初期（13世纪）开挖通惠河，将漕运的航道向北延伸至大都（今北京），使漕运航船能直抵大都，促使北运河的航运业在元代兴盛一时。元代、明初时期，大运河内河漕运与海上漕运均经过北运河。明、清两代北运河主要承担内河漕运的功能。

由于北运河面临着诸多水利灾害，元代以来中国政府经常对其进行维护，形成每年一次的"岁修制度"，通过裁弯取直、疏浚河道、开挖减河等方法保持此段运河的持续畅通，进一步减少了运河水患的工程风险，体现了古人节制运河水量的工程能力。

（八）南运河

南运河是"三弯抵一闸"的弯道代闸技术的代表性河段，是中国大运河的重要组成部分，作为海河南系干流沟通了海河南系上游的诸多支流。河段南起山东临清，向北在天津三岔口汇入海河。

南运河始于东汉末年（3世纪初）开凿的白沟和平虏渠。隋代（7世纪初）作为隋代大运河中永济渠的北部段落，之后一直沿用，宋元时期（10—13世纪）为御河的北部段落，到明代（15—17世纪）为卫河的北部段落。清代（17—19世纪）山东临清至天津三岔口段称为"南运河"。自13世纪末开始，元代大运河通过山东北上，不再绕道中原，南运河也成为漕运在华北地区重要的交通干线。

19世纪末20世纪初，漕运停止后，南运河仍可通航，直至20世纪80年代才中断，现作为区域行洪排水河道。

为了解决水量变化较大给航运带来的困难，南运河在自然河道的基础上，通过人工弯道，以蜿蜒曲流的河道形态对航道水面坡降作出调整，将河道纵比降减缓，降低流速，便于行船，不建一闸而实现航道水力特性的调整，同时满足干流行洪的需要，并有效地提高了通航质量，其综合工程效益被归纳为"三弯抵一闸"。这种人工做弯体现了古代运河在工程规划方面的科学性。

南运河地势较高，有些河段高于两岸地面，全靠堤防约束，而堤防多弯曲易导致堤岸塌落，险段甚多。为解决这一问题，南运河多采取夯土加固工程措施，对堤岸进行加固。南运

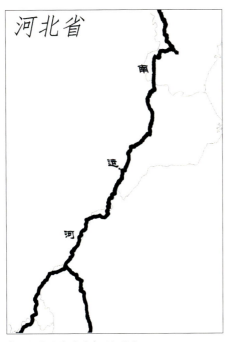

大运河文化线路（南运河段）

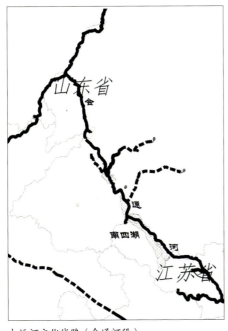

大运河文化线路（会通河段）

河这种险工段加固工程，以及河道工程管理中利用洪水冲淤、泥沙固堤等措施，都体现出古代河工技术中以堤治河、以河治河的特点。

（九）会通河

会通河是元代政府在之前以洛阳为中心的大运河的基础上，为了避免绕道迂回而新修建的一段人工运河。明永乐九年（1411年）因严重淤塞，进行了重新整修。

会通河北起今山东省临清市，南至济宁市微山县，纵贯黄河中游冲积扇及山东丘陵西缘，地势以济宁南旺镇为最高，从南旺分水口向南北两侧降低。会通河是大运河全线地势最高、地形高差最大的河段。明代时期会通河最高点南旺与南北两端最低点（分别位于扬州长江运口和天津静海附近）的最大高差曾达到约30米。由于会通河面临较大的年内和年际降雨不均、较高的地形高差带来的困难与挑战，决定了会通河对水源工程和水道控制性设施——节制闸的依赖。

会通河还受到黄河的巨大影响。会通河的济宁至徐州段利用泗水上游水道，12世纪起黄河南行时主流经原泗水河道，至淮安由淮河河道向东入海，对此段会通河产生了较大影响。此外，受到黄河北泛的影响，运河水道不断改道，随着南四湖（南阳、独山、昭阳、微山四湖）的形成和发育，运河河道逐渐自湖西向东迁移。

会通河开凿前，曾经有周密的区域河流水系考察和工程规划。元至元十二年（1275年）郭守敬勘察黄河、御河以及山东境内汶泗沂三河，论证黄河、山东诸水与御河沟通的可行性，确认了御河、汶水、泗水、黄河四河相互沟通的可行性，对大运河南北贯通的关键河段——会通河进行了初步规划。

1276至1289年，随着济州河和会通河的建成，此段运河初步形成。元代时期会通河的分水位置在济宁城附近。由于分水位置不在南旺最高点，元代会通河南旺段难以持续运行，时常需要陆运转运。这一问题直到明初改造会通河时才得以彻底解决。1411年重新开通会通河时，重新选址修建了会通河全段最重要的引水工程——南旺枢纽。通过修建戴村坝将汶河水位抬升，经由小汶河引水，在会通河全段的海拔最高点——南旺向运河供水。

南旺枢纽的建设、会通河南段为避黄改线的工程，历经数十年乃至百年方才成形，体现了大运河工程体系的动态性、适应性特点，也展现出为了保障大运河畅通而持续的开发过程。

现存会通河除济宁以南段部分通航外，其余河道或作为遗址保存下来，或被用作排灌、行洪河道和城市景观河道。

会通河沿线工程密集，是大运河工程技术最复杂的河段之一，也是大运河中通航困难最多、治理最难和管理最为复杂的一段。会通河穿越运河地势最高的一段——山东丘陵西部，在地形高差最大的河段，通过梯级船闸和南旺枢纽等运河全线的关键工程，成功地实现了多条河流的水源调配和水道水深的控制。会通河在较长距离的水道上实现连续节制闸的设置及运用，体现了中国水运工程的杰出施工维修技术。

除了完善的工程设施外，还有严格的水源管理制度，尤其是明清通过法律或规章，在会通河水柜——南旺诸湖等地严禁民间引水灌溉和围垦占种。会通河水源工程的闸坝体系、水道上具有节水、平水功能的闸群，对工程管理提出了更高的要求。会通河凭借完善的工程管理制度，保证了此段河道持续运用500多年，见证了中国古代政府专门为保证漕运进行而建立的系统性漕运体制。

总之，会通河是具有卓越的规划设计而建造的规模巨大的运河工程，使中国大运河实现了距离最短的南北贯通。会通河在大运河全段地形高差最大的河段，通过水源工程、水道节制闸群，成功地实现了多条河流的水源调配和水道水深的控制。会通河水道和水源工程规划，以及水资源调度和管理，代表了在没有现代化动力工具的水运时代，中国大运河卓越的技术成就。

● 南旺枢纽

南旺枢纽是为了解决大运河跨越水脊难题而建设的大型综合性水利水运枢纽，是大运河上最具科技价值的节点之一。它通过疏汶集流、蓄水济运、泄涨保运、增闸节流等措施，科学地达到了引汶、分流、蓄水的目的，达到了对水资源进行年际、年内调节的效果，从而保障了大运河在之后约四个世纪中的顺利通航。

南旺枢纽位于今山东省济宁市汶上县南旺镇，是大运河全线位置最高的段落，平均海拔43米，由地势最高点南旺分水口分别向南北倾斜，与会通河南北两端高差达30余米（明代测得），地势高而水源不足是此段面临的巨大挑战。南旺枢纽主要由戴村坝、引水河（小汶河）、南旺水柜和分水口组成。南旺枢纽修建于明代初期（15世纪）。在此之前，元代初期（13世纪）为了解决大运河跨越水脊难题而修建了济宁分水工程，引汶河水由南旺以南的济宁附近汇入运河。但济宁地势较南旺低8米，造成济宁至南旺一段运河供水不足，难以行船。明初重新开通会通河时，在南旺东北的汶河上修建了戴村坝，将汶河水抬高，经小汶河将抬高的河水引入运河，由运河沿线地势最高的南旺分水口汇入运河，向南北两个方向给运河供水。在戴村坝建立之后约70年，为了精确调配供水与分水的水量，又在南旺分水口南北两侧的水道内陆续修建了柳林闸、十里闸、寺前铺闸等节制闸，起到向两侧调配供水水量的作用，多闸的联动和控制实现了会通河南北段的分水比例定量控制，达到了有效控制水道航深的目的。

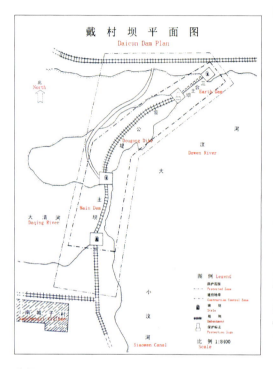

戴村坝平面图

在地形上，运河高而湖低，平常湖水不能畅流入河，此外，在分水口附近还修建了分水龙王庙建筑群等辅助设施，逐步完善了南旺枢纽的配套设施，在四个多世纪的时间里实现了大运河全线最高的河段——会通河的持续畅通。

会通河南旺枢纽是大运河全段最有工程规划特点的一段，以至于17世纪访问中国的英国使团在路过南旺时表述出如此的感想：

"当时运河的设计者一定是从这个高处统筹全局的。他站在这块地势很高的地方，运用匠心，设计出这条贯穿南北交通的巨大工程。他计算出从这里到南北两个方向的地势斜度、沿路河流所供给的水源，设计了许多道水闸，同时还估计到由于开闸放船所损失的水量可以从地势比这里更高的汶河的水补充过来，汇流之后分为两个不同方向的支流。"[1]

南旺枢纽以筑坝提升自然河流水位的方式，为运河行船提供持续有效的引水，是在严酷的自然条件下科学设计和系统管理的规模宏大、高效节约的运河水源工程，保障了大运河持续畅通地运行了四个多世纪，比为法国米迪运河供水的黑山水源工程早两个多世纪，是世界范围内较早建设、有效解决运河供水问题的大规模水利工程设施。

---

① 斯当东著，叶笃义译：《英使谒见乾隆纪实》，北京：商务印书馆，1963年，第434页。

（十）中河

中河段北起今山东省济宁市微山县夏镇，经江苏省徐州市、宿迁市和淮安市，南抵江苏省淮安市清口枢纽。中河北接会通河，南接淮扬运河，历史形成过程先后包括伽河、皂河与中运河三段河道。中河跨越黄淮平原，沿线地面高程由中河北部的35至42米左右，逐渐低落至淮阴市附近的10米左右，河道地势北高南低。

元代初期，纵贯南北的大运河自徐州至淮阴借用黄河河道行运，形成所谓的"借黄行运""漕行河道"格局。由于黄河含沙量较高，河中险滩、水流湍急处较多，而且黄河又经常决口淹没淤塞北岸会通河，该段运道成为明代及清

大运河文化线路（中河段）

初运河治理的难点。为此，自16世纪末期（1593年）便开始规划改移运河路线，先后在南四湖东侧接之前开成的南阳新河而开凿伽河（1593—1604年）、皂河（1680年）和中运河（1686—1699年），并改造黄河北岸运口（1703年），最终实现了运河与黄河的分离，不再通过黄河河道航运行船，最终形成今天的大运河中河的路线。伽河、皂河、中运河三段运河的相继建成使中河段最终摆脱借黄河自然河道行运的状况，标志着大运河全段实现了完全的人工控制。

大运河除与黄河在清口平交外，与黄河完全脱离，此后漕船重运，一出清口，即过黄

河，顺中河北上，避黄河二百里之险。运河过淮后抵北京通州的时间，较此前提前一个月。

中河开通之前，大运河第二次贯通南北，仍需借道黄河为航道。中河主要为避黄而开凿。其面临的问题主要集中在与黄河的复杂关系方面。为解决这些问题而在规划设计和工程技术方面所取得的成就，代表了农业文明时代的人类较为先进的科技与工程水平。

在多次改移黄运交汇的运口仍不能解决黄河行运艰险的情况下，明清时期逐步实施运河脱离黄河的规划设计，先后开通泇河、皂河和中河。中河的开通，不仅使运河彻底与黄河分离，且代表着大运河空间格局的基本奠定。此后大运河路线较少变迁，直至今日。

中河台儿庄段北起今山东省枣庄市台儿庄月河与济宁市微山县韩庄运河西侧连接处，南至台儿庄月河与韩庄运河东侧连接处，长约3000米。中河台儿庄段始建于明万历年间（1573—1620年），后历经多次疏浚。在19世纪末至20世纪初漕运终止后，此段运河仍作为区域性航运线路保持了运输河道的功能，直到1959年在台儿庄城外新建一段运河，将运道主线改在城外，此段运河失去了原有的航运功能，作为今枣庄市台儿庄区的景观河道保留下来。

台儿庄古镇

四、大运河对中国的影响

古代中国的国家政治中心和军事中心大多坐落在北方，而中国的经济中心自南北朝（5—6世纪末）后逐渐由北方地区转向南方地区，尤其从8世纪中期的安史之乱至20世纪初的1000多年中，中国都处于经济中心与政治军事中心分离的局面。为了紧密联系南方地区的经济中心与北方地区的政治军事中心，保证南方的赋税和物资能够源源不断地运往北方，满足政治军事中心的需求，对于中国历代政府来说，开辟并维持一条纵贯南北的运输干线，就成为极具战略重要性的政治举措和统治需要。

为了实现这一目的，古代中国政府大多选择内陆水运的方式，以大运河作为较为安全、快捷的运输通道，不惜投入巨大的人力物力，克服艰巨的困难，不断修建维护运河河道、水工设施、运输储存设施，制定与之配套的相应管理体系，逐渐建立起一套完善的政治与经济管理制度，专门负责调运国家战略物资，保证了通过大运河进行持续、畅通地运输。这种由国家政府组织和管理，利用水路（主要是大运河水运，偶尔也采用海运）调运专门物资（主要是粮食）到首都（或其他由国家政府指定的重要军事政治目的地）的专门运输体系被称作"漕运"。它是古代中国这一庞大的农业帝国最根本的需求之一，也是最重要的赋税方式和治理国家最重要的统治手段。

对于自隋代至清代的多个朝代，漕运都是重大的国家事务，是古代中国这一巨大的农业帝国保持顺利运行的基本保障之一。在漫长的历史时期里，漕运这一独特的制度和体系，跨越多个朝代，稳定地延续了1000多年，对古代中国的发展产生了巨大的影响，形成了近2000年的文化传统。沿大运河持续运行的漕运系统，促进和加强了中国东部地理经济区域的发展和繁荣，稳定了中国的政治经济格局，保证了国家统一和安全，对古代中国"大一统"观念的产生和传播起到了重要的作用，更加强了地区间、民族间的文化交流。

五、线路价值

大运河是世界上唯一一个为确保粮食运输安全，以达到稳定政权、维持帝国统一的目的，而由国家投资开凿并管理的巨大运河工程体系。它是解决中国南北社会和自然资源不平衡的重要措施，实现了在广大国土范围内南北资源和物产的大跨度调配，沟通了国家的政治中心与经济中心，促进了不同地域间的经济、文化交流，在维护国家统一、政权稳定、经济繁荣、社会发展等方面发挥了不可替代的作用，产生了重要的影响。大运河也是一个不断适应社会和自然变化的动态性工程，是一条不断发展演进的运河。

大运河在自隋贯通后长达1400余年的时间里，针对不同的自然、社会条件的变迁，做出了有效的应对，开创了很多古代运河工程技术的先河，形成了在农业文明时代特有的运河工程范例。大运河以世所罕见的时间与空间尺度，展现了农业文明时期人工运河发展的悠久历史阶段，代表了工业革命前运河工程的杰出成就。依托大运河持续运行的漕运这一独特的制度和体系，跨越多个朝代，运行了1000多年，是维系封建帝国的经济命脉，体现了以农业立国的集权国家独有的漕运文化传统，显示了水路运输对于国家和区域发展的强大影响力，见证了古代中国在政治、经济、社会等诸多方面的发展历程，在历史时空上刻下了深深的文明印记。

大运河是中国春秋战国以来"大一统"政治理想的印证，更加强了地区间、民族间的文化交流，推动了中国作为统一多民族国家的形成。运河沿岸居民也衍生出独特的城市与村镇。这些历代曾扮演过运河重要节点的城镇均受到运河的影响，经济不断繁荣，城市逐渐发展，为今天留下了独特的历史文化街区遗产。大运河不仅促进了沿线城市聚落的形成与繁荣，而且塑造了沿岸人民独特的生活方式，直至今天仍是中国人民心目中的"母亲河"。

万里茶道：

从朝贡到商贸，以茶为媒的千年对话

The Great Tea Route:

A Tea-mediated Millennium Dialogue from Tribute to Commerce

　　"万里茶道"是古代中国与北方各民族、国家之间以茶叶为主要商品的长距离贸易线路。这条道路的兴起晚于贯通亚欧大陆的古丝绸之路，在丝绸之路衰落后，成为亚欧大陆上最重要的国际商道。该线路南起中国南部的茶叶产地，经过水陆交替运输北上，穿过中国腹地，再由边境转运，辗转销往蒙古草原，经由西伯利亚向西，横跨亚欧大陆，最终到达圣彼得堡（今属俄罗斯）和欧洲。明清、民国时期，万里茶道的干线总长可达1.4万余公里，成为串联东亚南北农耕文明与游牧文明，以及亚洲文明与欧洲文明的重要线路。"万里茶道"的雏形初现，可以远溯到唐宋时期。经历了元代游牧文明与农耕文明的剧烈冲突与融合后，明清时期"万里茶道"的贸易达到极盛。"万里茶道"的遗产要素构成多元、活态发展特征显著，不但在中国的文化遗产体系中具有稀缺性，也是中、蒙、俄三国文化交往、商贸往来和共同发展的重要见证。

一、"万里茶道"的历史演变及线路概况

　　茶叶原产于中国，世界上发现最早的茶树遗存，出土于中国长江流域下游

左图：雁门关

的浙江余姚田螺山河姆渡文化遗址6000年前的地层中。2008年，中国茶叶研究所测出该茶树遗存中含有茶树才有的茶氨酸，一举确认"田螺山遗址人工栽培茶树是目前世界上迄今发现的最古老茶树"[1]。

由于茶叶具有提神醒脑等保健作用，所以它逐渐在中国的长江流域传播开来，先后经历了药用、食用和饮用的阶段。至唐代，茶叶已经广泛扩散到了中国的北方以及边疆地区。随着茶叶生产贸易的迅速发展，产生了高额的利润，所以，唐朝政府最终将茶叶的生产、加工和经营贸易环节纳入了政府的行政管理体系之中，确立了类似于食盐的专卖制度"榷茶"，茶叶正式上升到了国家大政方针的层面，成为确保国家财政收入稳定和协调控制与边疆游牧民族关系的重要工具。

从唐代一直到民国时期，可以称得上"万里茶道"的中原—北方贸易之路，根据主导者与贸易形式的不同，曾经出现过三个不同的体系：政府主导的朝贡体系、政府主导的贸易体系和民间主导的贸易体系。

（一）政府主导的朝贡体系

政府主导的茶叶朝贡体系包括针对内地和对边疆地区两个方面。针对内地的茶叶朝贡体系建设较早。据《新唐书》记载：公元619年，也就是唐朝建立的第二年，"析夔州之秭归，巴东置。土贡：芒葛、茶、蜜、蜡"。中国内地的民间采茶人开始向唐朝政府进贡茶叶，到公元8世纪后期，唐朝政府已经在产茶地设置了大量的贡茶院，派专门的馆员督办茶叶的生产和烘焙加工，极大保障了政府收集的茶叶的产量、品质和运输。

依托国力的强大，唐朝在建立初期也建立了较为完善的针对边疆地区的朝贡体系。在北方，唐朝与突厥、回纥先后以"父子之国"和"约为兄弟"的形式建立起了朝贡体系。在西

---

[1] 陈珲:《六千年前世界最早茶树：再证"杭州湾地区是茶文化起源地暨茶树起源中心"》，《农业考古》2012年第5期。

南，公元641年，唐太宗李世民将文成公主嫁给西藏地区吐蕃国的国王松赞干布，唐朝和吐蕃也以和亲的方式建立起了较为稳定的朝贡体系。这种针对边疆的朝贡体系是双向的，边疆地区的地方政权向中原的唐王朝进贡当地的特有产品，而唐王朝则需要回赠一些礼物。边疆地区进贡的产品主要是马匹和羊，而中原王朝回赠的礼物在唐朝之前主要是丝绸，不过随着茶叶传入边疆地区，因其有降脂肪、助消化和补充维生素的功效，很快得到以牛羊肉为主食的游牧民族的追捧，故而茶叶逐渐进入了朝贡体系。

在朝贡体系下的茶叶，其功能主要是政治性的，作为中原王朝与少数民族政权交好的礼物。如据《藏史》记载，文成公主入藏时，带去了岳州（治今湖南岳阳市）的名茶。再如1004年，中原的宋朝和北方边疆地区的辽国订立"澶渊之盟"，达成和平共识。宋朝为了答谢促成"澶渊之盟"的辽国大臣王继忠，此后每次宋国使者前往辽国，都会带一份宋真宗亲笔御封的茶叶，当着辽国的萧太后与辽圣宗的面，王继忠总是哭拜不起，跪受赐物。此外，宋朝也会在辽国的重要节庆日赠送给辽国皇帝茶叶等礼物。《契丹国志》中曾经提到，宋给"契丹帝"的生日礼物，包括茶器和"的乳茶十斤""岳麓茶五斤"。[①] 的乳茶产自建州，就是现在的福建省建瓯市。从福建到辽国的这一条茶叶之路，已经与现存的"万里茶道"中国段极为相似。四十年后，1044年，宋朝和西北地区的西夏签订和约，西夏臣服于宋朝，而宋朝每年送给西夏的礼物，其中就包括2万斤茶叶。

随着朝贡体系的建立，中原王朝和边疆游牧民族政权之间以茶叶和马匹为主要交换物的贸易体系也逐渐确立起来，其规模日益庞大，茶叶逐渐成为中原王朝协调和控制边疆游牧民族政权的重要工具。

---

① （宋）叶隆礼：《契丹国志》卷21"宋朝贺帝生辰正旦礼物"条载："契丹帝生日，南宋遣金酒食茶器三十七件，……的乳茶十斤，岳麓茶五斤……"《续资治通鉴长编》也记载了这次赠礼，时间是宋真宗景德二年（1005年），当时契丹在位的为辽圣宗耶律隆绪。

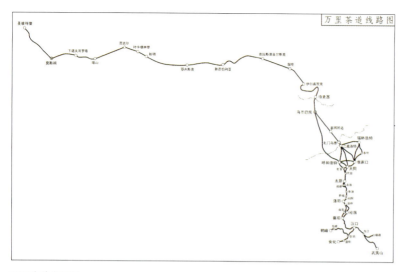

万里茶道线路图

（二）政府主导的贸易体系

中国历史上茶叶贸易体系的正式构建同样始于唐朝。由于茶叶具有降脂肪、助消化和补充维生素的作用，一经传入边疆以肉类为主的游牧民族地区，立刻受到当地人的热情追捧。到了唐朝中期，中原地区的饮茶之风已经在西北边疆得到深入传播，据唐代的《封氏见闻录》记载："当时饮茶之风风靡中原及北方边疆地区，人们没日没夜地喝茶，对茶叶的热爱远胜于古代的人。"[1] 随着西北游牧民族对茶叶强烈的消费需求，而中原地区也想获得他们的马匹等战略资源，于是，以物易物性质的开边互市贸易在唐代发展起来。这种茶马互市的茶叶之路，成了日后"万里茶道"的雏形。

公元756年，唐朝已经开始与交好的回纥在边疆地区进行茶马交易，成为政府主要的茶叶贸易体系建立的开端。公元780年，唐朝政府开始征收茶税，正式将茶叶纳入国家经济发展系统之中。至公元835年，唐朝政府为了攫取更大的经济利益，唐文宗下令实行茶叶的国家专卖制度——"榷茶"，据《旧唐书》记载，当年，唐朝设置了首位"榷茶使"。茶叶成为和食盐同等地位的国家专卖品，政府除凭借自身主导的茶叶贸易体系之外，还利用茶叶来治理国家、巩固边疆。这项茶叶专卖制度一直延续到清代末期，成为中原王朝延续千年不变的国家

---

[1]（唐）封演:《封氏见闻录》卷6:"古人亦饮茶耳，但不如今人溺之甚。穷日尽夜，殆成风俗。始自中地，流于塞外。"

政策。

宋朝初期,宋朝向西北的党项族购买马匹,以铜钱支付,而党项族则利用铜钱来铸造兵器,这对宋朝来讲无疑具有潜在威胁。因此,公元983年,宋朝开始用茶叶等物品来与之进行物物交易。宋辽达成"澶渊之盟"后,宋朝也与辽国在边境展开大规模的茶马互市。随着大量战马的输入,宋朝的骑兵力量明显增强,这令辽国和西夏忌惮不已,限制了战马的外流。不过宋朝仍然在以茶为主要交换媒介的互市贸易中得到了大量牲畜和皮毛,获利颇丰,而且还将茶马互市的重心南移至吐蕃控制区,仍然可以获取大量战马。而长期与宋朝对抗的西夏国却遭到了宋朝的茶叶封锁,《续资治通鉴长编》记载有西夏由于"互市久不通",导致"饮无茶"的情况。

12世纪初期,中国东北地区的金朝强大起来,消灭了辽国。后来西迁的辽国人将饮茶之风带到了俄国南部,从而为后来的中俄"万里茶道"埋下了伏笔。随着金朝实力的日益强大,1127年,金军攻陷了宋朝都城东京(今河南开封市),宋朝势力不断向南退缩。金朝虽然在战场上不断取得胜利,但随着侵占领土的扩大,汉族的饮茶之风也传给了金朝本族的女真人。当时的金朝,从上到下都喜欢喝茶,农民尤其喜欢,市场上的茶馆一家挨着一家。[①]女真人举行婚礼时,酒宴之后,比较富裕的人家都会留下尊贵的客人喝茶,即使条件不好也要用品质比较一般的茶叶煮乳酪。[②] 因此金朝茶叶的消耗量大增,大量金钱和马匹因此流入宋朝,这对金朝的经济利益乃至国防都是极为不利的,为此,金朝除不断发动战争掠夺之外,还多次下令禁止茶叶的买卖,只有达到一定官职才被允许饮茶。但是,已经形成的饮食习惯又怎么会轻易因为国家的禁令而改变,所以在当时金朝统治下的中国北部地区,茶叶贸易仍旧十分活跃。茶叶仍然是南宋政权输入金朝的大宗商品,并且当时不但有官卖,还已经

---

① 《金史》卷49《食货志》:"上下竞啜,农民尤甚,市井茶肆相属。"
② (宋)洪皓:《松漠纪闻》:"富者遍建茗,留上客数人啜之,或以粗者煮乳酪。"

出现了私贩，即民间贸易行为。

此后，虽然"万里茶道"上的民间茶叶贸易不断发展，但元朝、明朝、清朝皆设置了茶法，以维持中央政府对茶叶生产和贸易的管控。

（三）民间主导的贸易体系

中原与北方边疆地区民间层面的茶叶贸易伴随着官方"茶马互市"的松动而逐渐展开。在唐代，茶马贸易并不发达，主要存在于唐王朝和边疆游牧民族政权的贵族阶层之间，民间商人基本上没有参与。

到了宋代，随着茶马朝贡体系的确立和官方茶马贸易的日趋发达，茶叶正式上升为国家的战略物资，每年都要从长江上游的四川产茶区运出大量专门用于易马的茶叶，称作"博马茶"。宋朝严格规定，"博马茶"只用于购买马匹，在满足了朝廷博马之需后才能将剩余的茶叶用来购买其他物资，并且还严禁民间人士私自用专门易马的茶与边疆游牧民族政权的商人进行贸易。后来在退居长江流域的南宋时期，宋朝与北方金朝的民间出现了一定规模的民间茶叶贸易，但总体来说，整个宋代的茶马贸易一直由官府主导。

到了元朝，蒙古统治者主要重视征收茶税，并不热心于开展大规模的茶马贸易，后来干脆变更茶法，茶叶由民间自由买卖，政府不再经营，因此内地与边疆地区的茶叶贸易得到了一定的发展。不过到了明代初期，由于北方的元朝残余势力的长期对峙，茶马贸易再次得到重视，政府颁布了更为完善的茶禁法规，严厉打击民间走私茶叶，所以在明代初期，中原与边疆政权之间民间层面的茶叶贸易一度萎缩。但明朝实施的抬高茶叶价格而压低马匹价格的政策，显然侵害了边疆地区各族人民的正常生活，直接导致私贩充斥，极大冲击着官营的"茶马互市"。随着政府对茶叶垄断控制力的减弱和茶禁的松弛，官府为了降低运输茶叶的成本，不得不招徕民间商人运茶。逐渐地，民间主导的商茶贸易取代了官营的茶马贸易。

与中国的元朝同时，蒙古在欧洲的伏尔加河流域建立了金帐汗国。从1240年到1480年，近现代俄国的前身——罗斯，处于蒙古人的统治之下。1480年，莫斯科公国的伊凡三世摆脱了金帐汗的统治，最终统一了大部分国土，建立了中央集权的俄罗斯国家。16世纪伊凡四世即位后，以莫斯科为中心，不断东扩，在征服了喀山汗国和阿斯特拉罕汗国之后，将势力扩展到了西伯利亚。茶叶传入俄国也是在这一时期。相传在1567年，哥萨克军事首领布尔纳什·雅雷舍夫从北京返回时，就曾向伊凡四世报告，称中国有一种草制能治病的饮料。

到了17世纪中叶，明清鼎革，茶禁进一步松弛。而当时整个蒙古乃至西伯利亚地区的居民饮茶之风甚烈，已经达到了"宁可三日无食，不可一日无茶"的程度。1638年，莫斯科沙皇的使者瓦西里·斯塔尔科夫从蒙古阿尔登汗那里运回了整整一车财宝，其中就包括200包茶叶。斯塔尔科夫并不懂茶叶，觉得这些干树叶毫无用处，既重又麻烦。他向沙皇报告说："我们不知道这是什么谷物或者草木制作的饮料，放在水里煮，并加入一点牛奶。"这一批茶叶，成了俄罗斯全国饮茶的开端。于是，远在1689年中俄缔结《尼布楚条约》之前，汉族商人就已经通过库伦（今蒙古国首都乌兰巴托）向北行300余公里，将茶叶转运到贝加尔湖以南、色楞格河-鄂尔浑河交汇处东岸一片平坦的地方，当地的土著民族和远道而来的俄国商人用自己带来的货物在此处与汉族商人进行"以物易茶"的走私活动。一段时间后，河边的这块地方就被蒙古族和俄国商人称为"恰克图"，意思就是"茶叶的地方"。

1689年以后，中俄两国正式开展以茶叶为主的双边贸易，不过清朝政府认为经商历来是民间的事情，所以对俄国的茶叶贸易并不十分用心，"万里茶道"的茶叶贸易由来自民间的茶商主导。作为"万里茶道"的早期开拓者，晋商占据了中俄茶叶贸易的中方主导，他们掏钱向清政府的监管部门购买地皮，在恰克图（今属俄罗斯）正南150米的地方建起了一座与俄国所建同等大小的贸易城，叫做"买卖城"。此外，他们还深入南方产茶区，进行茶树培植、茶叶加工及运销等工作，全方位主导着中俄之间的茶叶贸易。

由晋商主导的"万里茶道"南起中国东南沿海的福建武夷山，北至清朝与俄国的边界。不过在19世纪中叶，由于长江下游地区太平天国运动的影响，导致福建、江西等东南省份的茶路受阻。于是晋商将武夷山的茶树种植和茶叶加工技术带到了长江中游的湖南和湖北地

武夷山

区，最终使得该地区成为中国近代砖茶的主要产区。而武汉凭借其中国中部交通枢纽的地理优势，很快成了中国内地最大的茶叶转运港口。

山西商人们将其在湖南、湖北、江西和安徽等长江中游省份收购的茶叶，通过长江水路运往武汉三镇之一的汉口，然后再通过汉江的水道转陆路运送到北方蒙古草原和俄国。

第二次鸦片战争后，汉口于1861年开埠，英国和俄国商人纷纷来到汉口采购茶叶，汉口的茶叶贸易迅速发展。19世纪70年代，为利用汉口四通八达的水上运输，更加便利地进行茶叶加工和出口，俄国商人逐渐将原设在湖北产茶区的茶厂迁往汉口，利用蒸汽机制作茶砖。依托"万里茶道"南部茶叶运输中转站的有利条件，制茶业成为当时汉口最大的工业，汉口也成为全国茶叶加工和出口的中心。在汉口的滨江地带，运输茶叶的商船遍布汉水及长江沿岸，一直绵延到谌家矶一带，长达15公里左右。汉口也因此被称为"茶叶港"。此后随着中国茶叶出口量的滑坡，汉口的茶叶输出量也有所回落，但其在全国的占比却仍在攀升。20世纪初期，汉口的茶叶贸易达到顶峰。

然而，繁盛中也蕴含着危机。由于长江"黄金水道"上货轮航速快、运量大，安全可靠，俄商的茶叶运输逐渐从汉口经由汉水北上的水陆联运，改为由汉口经上海，再由天津或海参崴转陆运前往俄国。晋商的茶叶运输，也有一部分经由长江至镇江，再由京杭运河北上至通州，再经陆运由张家口至恰克图出口。1860—1880年，在天津至恰克图的商路上，中俄贸易达到最兴盛的时期。但从19世纪90年代起，由于西伯利亚铁路的修筑，这条线路逐渐衰落，直至20世纪初完全绝迹。从长江出海的茶路，还因为1869年苏伊士运河的通航，有了经由西亚、东欧进入俄国的通路。1906年后，京汉、京张铁路依次通车，茶叶可以由汉口经由铁路直接北运。1917年俄国十月革命之后，汉口的几家俄商茶厂相继关停或转由英商经营。中俄之间的茶叶贸易就此衰落，经由汉水北上的"万里茶道"从此成为历史。

二、线路分布及文化遗产

（一）山水茶路：生产段线路及文化遗产

1. 从武夷山到鄱阳湖平原

福建一直以来就是茶叶的重要产区。陆羽的《茶经》中虽然没有着重记载，但也表示"往往得之，其味甚佳"。建州（今建瓯）茶从南唐时期开始成为皇家贡品，宋代则开始设立"御园"，是宋代规模最大、最有名的官营茶园。建州茶不但在士大夫群体中被视作珍品，还被用作皇家礼物。上文提到的送给"契丹帝"的"的乳茶"，就是建州茶的一种。宋代著名诗人梅尧臣曾有诗云："玉斧裁云片，形如阿井胶。春溪斗新色，寒箨见重包。价劣万金敌，名将紫笋抛。桓公不知味，空问楚人茅。"茶叶走出国门之后，在英语中也有独特的称呼："Bohea"（"武夷"的方言读音），它不仅仅是一个地名，也是红茶的代名词。1762年，瑞典植物学家林奈在再版《植物种志》时，将"武夷茶"作为茶树的一个变种，称之为var Bohea；英国诗人拜伦也曾经在他的《唐·璜》中，用Bohea代指红茶，可见最晚到18世纪，"武夷茶"已经驰名欧洲。"万里茶道"上出口的福建茶，主要的也是"Bohea"（即武夷茶），其次则为"Congou"（即功夫茶）、"Souchong"（即小种茶）。

● 下梅村

"万里茶道"的起点，正是位于福建武夷山的下梅村。下梅村位于梅溪下游，是武夷山地区的茶叶集散地。清代初年，荷兰东印度公司就在这里采购茶叶销往欧洲，随后，英国商人通过广州十三行在这里进行采购。到了康熙乾隆年间（1662—1795年），被称为"西客"的山陕商人，在下梅村设栈收购、建厂加工，再由江西运到湖北，销往中国的西北地区和俄国。

走进下梅村，就能够看到一条900多米长的小运河——当溪。当溪原是一个自然形成的过水坑，因此宋代以前，下梅村也被称为"当坑坊"。从宋代开始，当溪被开凿为运河，并在

明代、清代不断扩建。在清代茶贸繁盛之时，当溪南北两岸发展成为商铺林立的临水街市，宅院、祠堂与巷道沿两岸街市向南北纵深分布。下梅村现存清代大型民居院落三十多座，建筑气派华美，尤以砖雕、石雕、木雕闻名。昔日茶叶贸易带来的巨大财富，从这些宅院也可以窥见一斑。

● 武夷古茶园与茶事题刻

武夷山的茶树，生长在千岩万壑之间。主要的产区位于武夷山脉北段东南麓，属于典型的丹霞地貌。由于峭壁林立，常年云雾缭绕，为岩茶茶树的生长提供了得天独厚的自然条件。根据生长条件的不同，岩茶也有"正岩""半岩"和"洲茶"之分。正岩茶品质最高，产于海拔较高的大坑口等地。半岩茶则产于海拔较低的马头岩以及九曲溪等地。今大坑口古茶园、蓑衣岭古茶园、喊山台古茶园等遗存尚在，佛国岩茶厂也留有遗址。九曲溪沿岸的崖壁之上，还留有六处与茶叶贸易相关的题刻，内容多为官府解决茶叶纠纷的告示。这些记录了"万里茶道"上与武夷岩茶相关茶事的题刻，也反映了当时武夷山茶叶贸易的兴盛。

● 闽赣古驿道

"崇安担"的挑夫们，从下梅村出发，沿闽赣古驿道北行，或过分水关，或过桐木关，将茶叶运到江西铅山县河口镇。分水关，顾名思义，位于武夷山福建与江西边界的分水岭。除了是两省的分界之外，它也是闽江水系与赣江水系的分水岭。武夷山的南麓与北麓，水运都非常发达，但武夷山的阻隔，使得两边的水系无法连通，南麓的物产尤其是茶叶也难以运出。这条古驿道联结了闽赣两大水系，有着重要的地理意义。在这条古驿道上，还存留有余庆桥、大义桥等古桥。余庆桥被称为"万里茶道第一桥"，是一座伸臂斜撑木石结构虹梁拱形古厝桥，为北宋张择端《清明上河图》中木构虹拱桥梁的活化石。该桥2011年毁于火灾，后于2014年修缮完毕。大义桥位于江西铅山的河上，始建于唐贞元年间（785—805年），本是一座名为"思政桥"的木桥，后于宋绍熙三年（1192年）重建为石桥，改名为"大义桥"。现存的石拱桥，重修于清乾隆年间（1736—1795年），全长193米，八墩九孔，雄浑古朴。

河口古镇

● 河口镇明清古街

从福建进入江西，就到了铅山县的河口镇。它地处信江与铅山河的交汇处，通过信江贯通闽江、瓯江、钱江三大水系，与鄱阳湖、长江贯通，是重要的交通枢纽，也是"万里茶道"上"河红茶"的加工及贸易重镇，是江西四大名镇之一。明清时期，闽、赣、粤、浙、徽、苏、鄂、川等省的货物在此云集，再销往全国，是著名的"八省通衢"之地，常与"九省通衢"的汉口相比，有"买不完的汉口，装不完的河口"之说。河口镇素有"九弄十三街"之称，如今的明清古街仍然保留着旧时的繁华印记。古街全长约2500米，保存较为完好的有1500多米。街面多以长条青石、麻石或鹅卵石铺成，车辙清晰可见。街道两边的商铺极盛之时有500多家，至今保存较好的仍有300余家，从东向西依次铺开，每栋之间由封火山墙隔开，建筑装饰华丽、布局自由，荟萃了江南明清建筑的艺术特色。

2. 从梅山到洞庭湖平原

湖南省安化县位于雪峰山的北段主干带，古称"梅山"。明清时期，安化出产的黑茶，就一直是销往西北地区进行茶马互市贸易的官茶。1853年之前，晋商销往恰克图的只有福建茶。但受太平天国运动的影响，福建茶的价格大幅提高，供货也非常困难。部分商人就开始以湖南茶和湖北茶代替福建茶，没想到更合俄国人的胃口，于是最终晋商将办茶地点转移到了湖南，安化成为了"万里茶道"的新起点。

● 大安村及茶园

大安村位于安化县渠江镇，地处渠江中游，是安化黑茶始祖"渠江薄片"的故乡，约建于明代嘉靖年间（1522—1566年）。这里是安化黑茶的核心产区，主要的遗存有村落建筑群、古道、桥梁和茶园。

● 安化茶厂早期建筑群

安化茶厂早期建筑群位于安化县东坪镇，包括从晚清到中华人民共和国成立早期的三十多处工业遗产建筑，最早的可以追溯到1902年之前建成的飘筛车间，以及1902年建的兴隆茂茶行出入口牌楼。此外还有20世纪50年代修造的靠背式木质茶仓、苏式飘筛车间和单开门木质茶仓。靠背式的茶仓因为格局开阔，用作黑毛茶的陈化，单开门茶仓则为茶砖的半成品提供陈化环境。这些仓库由松木打造，温湿度稳定，也通风透气，为黑茶发酵提供了独一无二的微生物菌落环境。这些建筑从建成起几乎从未停止使用，完整地记录了清末至今中国茶叶生产的历史，也是中俄、中苏经济文化交流的极佳见证。

● 鹞子尖古道、永锡桥

鹞子尖古道位于安化县江南镇黄花溪村与洞市老街之间，是一段保存得相当完整的古道。这条道路自古以来便是通衢大道，也是"万里茶道"交通类遗产的重要组成部分。自南向北，鹞子尖古道经过黄花溪村—缘奇桥—鹞子尖—竹林湾—爵公桥—坐子坳—洞市老街，保留了大量的石板路、古桥等历史遗迹。

从鹞子尖古道往北，在安化县江南镇锡潭村的麻溪河上，坐落着大型廊桥——永锡桥。这座桥是茶叶运输的必经之地。廊桥首尾两端各有一座重檐牌楼式桥门，桥身为木构穿斗式长廊，两坡小青瓦屋面，全长83米，宽3.7米，共39间。桥墩为石质，两台三墩四跨，菱形分水，各跨间墩上以六层鹊木支撑木质桥面及桥身，气势雄壮。

3. 从武陵山到江汉平原

湖北的茶叶主要是"宜红茶"与羊楼洞的砖茶。"宜红茶"的主产区位于鄂西的武陵山区。从武陵山陆运至渔洋关后，可由长江运至汉口。羊楼洞则是"松峰茶"的重要产地。1862年的《中俄陆路通商章程》赋予了俄国商人直接进入羊楼洞产茶区设栈收茶的权利，1863年，俄商更是直接在羊楼洞和崇阳开办茶厂制茶。如果说下梅村和安化先后是晋商"万里茶道"起点的话，那么羊楼洞则当之无愧是俄商"万里茶道"的起点。

● 鹤峰古茶道南村段

鹤峰古茶道南村段位于湖北省鹤峰县五里乡，是宜红茶在明清容美土司时代重要的商贸运输线路。在元、明、清时期的土司制度下，容美土司为了满足生存与发展的需要，大规模地种茶、制茶，修建运输道路，从而与内地进行贸易，获得金银与物资。鹤峰出产的茶叶从鹤峰县运到湖南省石门县，再由五峰古茶道运至渔洋关，从水路转运至汉口。现存的鹤峰古茶道主要有三条，通往湖北五峰土家族自治县、湖南石门县等地。

● 五峰古茶道汉阳桥段

五峰古茶道汉阳桥段位于湖北省五峰土家族自治县渔洋关镇，这里保存有许多不同时期古茶道遗址和文物。其中汉阳桥始建于清同治年间（1862—1874年），造型别致，至今保存完好，依然稳稳地横卧在汉阳河上。五峰古茶道形成于明清时期，贯穿五峰全境，总长130多公里。19世纪，湖北鹤峰、恩施、长阳和湖南石门等地的毛茶都需要通过这条古茶道运输到渔洋关，再转运至汉口。在这条古茶道上，还留有古桥13座、摩崖石刻7处、碑刻26通，以及客栈、茶店、码头、关隘等遗存。

● 赤壁羊楼洞古镇

羊楼洞古镇位于湖北省赤壁市赵李桥镇。"羊楼洞"的得名就与茶叶有关。相传一对青年男女因为逃婚来到松峰山下，他们的白马化作山羊，山羊的粪便变成了茶籽，长成了漫山遍野的茶树。他们在山下搭起竹楼，楼下养羊、楼上住人，从此这里便被称为"羊楼洞"。

羊楼洞的气候湿润，土壤呈酸性，天然适合种茶。相传早在唐代太和年间（827—835年），这里就开始人工培植绿茶。清代道光年间（1821—1850年）开始，山西、广东等地的茶商陆续在这里开坊设庄，经营茶叶，所产的茶砖驰名中外。1862年《中俄陆路通商章程》签订后，俄商开始在羊楼洞开设茶厂。随后，英、日、德等国商人也在此设厂，制作砖茶，羊楼洞成为了湖北砖茶的集中产地。羊楼洞的砖茶又称为"洞茶"，驰名中外。光绪年间（1875—1908年），羊楼洞发展成为一个兼具茶叶加工、茶叶贸易双重职能的重镇，有"小汉口"之称。

如今羊楼洞古镇仍保存有较为完整的明清民居建筑区、石桥和湖北省内最长、最完好的明清石板街。现存石桥主要有5座。现存石板街总长度约为1250米，其中复兴街石板路长500米、庙场街石板路长472米。石板街的街面全由青石铺设，运茶的"鸡公车"在上面留下的深深的车辙清晰可见，见证着昔日的喧嚣与繁华。

（二）南船北马：集散段线路及文化遗产

1. 汉口：茶道上永远的重镇

茶叶贸易是汉口商业的支柱。罗威廉在《汉口——一个中国城市的商业与社会》中指出："茶叶是汉口存在的唯一理由。"开埠之后的汉口，第一大外贸出口商品就是茶叶。为了贸易更加顺畅，19世纪70年代，原址设于崇阳的俄商顺丰砖茶厂、原址设于蒲圻（今赤壁市）羊楼洞的阜昌砖茶厂和新泰砖茶厂迁至汉口。由于俄商在税收、资金、设备和运输上拥有优势，其茶叶贸易逐渐脱离了晋商。1893年，位于上海路口的柏昌砖茶厂建成，俄商在汉口的四大茶厂均告落成。到了1894年，由于英国茶商将采购目的地改为印度与锡兰（今斯里兰卡），俄商控制了中国茶叶出口的主体。

甲午中日战争后，俄国以联络德、法两国迫使日本归还辽东半岛有功为名，向清政府要求在汉口建立租界。1896年6月，《汉口俄租界地条约》签订，俄国租界正式建立。俄租界建立之后，砖茶的制造与贸易继续发展，俄国领事馆新馆、别墅、公寓、洋行、教堂、跑马场等建筑设施也纷纷建成，它们也从一个侧面见证了"万里茶道"的繁荣。

● 俄国驻汉口领事馆旧址

俄国领事馆最初建于汉阳。1902年，位于俄租界的俄国领事馆新馆建成，是一个共有九栋两层豪华楼房的建筑群。现存的俄国总领事馆大楼被改建成了一个地上四层、地下一层的办公楼，原本通透的、可以观赏汉口江景的四面回廊被封实，柱廊也成了窗户的装饰。建筑平面呈扇形，立面为折衷主义风格，装饰及雕花都十分精美。

● 新泰洋行建筑群

1866年，俄商托克马可夫和莫洛托夫在产茶区蒲圻羊楼洞创办新泰砖茶厂，1874年迁往汉口（厂址位于今合作路、兰陵路之间），并在附近建起新泰大楼，以"新泰洋行"名义经营茶叶贸易。起初仍用木压机制造砖茶，后改用蒸汽机压制，扩大了制销规模。1891年，新泰砖茶厂举办建厂25周年宴会及展览会，俄国皇太子尼古拉（后继位，称"尼古拉二世"）亲临主持庆典并参观新泰砖茶厂。至19世纪90年代晚期，俄商砖茶厂几乎垄断了汉口乃至全中国的茶叶贸易，当时中国将近一半的茶叶出口俄国。1906—1916年间，中国60%以上的茶叶运往俄国。1917年俄国十月革命爆发，中俄茶叶贸易中断。1920年前后，新泰洋行关闭，新泰砖茶厂改换注册为英国企业，中文名不变，英文名称为The Asiatic Trading Corporation（亚洲贸易公司），继续在汉口经营砖茶贸易，运销苏联及欧洲大陆。

1920年，英商拆除俄商新泰大楼，重建5层钢筋混凝土结构大楼，由景明洋行设计、永茂昌营造厂承建，于1924年建成，成为新泰砖茶厂新的办公大楼。该楼高31米，古典主义风格，仍名"新泰大楼"（今沿江大道108号）。

除新泰大楼旧址外，新泰砖茶厂厂房遗址（仅余厂房山墙和厂房通道墙壁）、新泰洋行仓库旧址、水塔也保留至今。新泰砖茶厂厂房在20世纪50—80年代作为仓库使用，90年代以

俄国领事馆入口处

新泰大楼夜景

后用作菜场，2014年被改造为"界立方"创意空间。新泰洋行仓库旧址（今洞庭街69号）现为7天连锁酒店。

新泰洋行水塔位于新泰砖茶厂遗址处，共三层，宽三间、纵深二间，建筑面积约170平方米。建筑立面用红砂石材作立柱支撑，墙面为青砖砌筑。正立面首层有左右两个入口，与中间的窗均有圆券。二层皆为方窗，三层为微拱窗，各窗下方及三层檐口下方均有简洁的红砂石装饰。背立面外留有一段铁质外楼梯。每层楼面附近均采用纵、横铁拉杆加固，以提高立柱承载力，符合新泰砖茶厂"除饮用水外，生产用水用电都是自办"的原则。其楼顶水箱可能在沦陷时期遭日军拆除，抗日战争胜利后曾作为汉口申新第四纺织公司职员宿舍使用。这座水塔是唯一完整留存至今的新泰砖茶厂厂房建筑，也是"万里茶道"汉口段唯一留存的工业遗产。

● 李凡洛夫公馆

俄国茶商李凡洛夫1861年就来到汉口，开设了顺丰洋行，还先后在羊楼洞和汉口经营顺丰砖茶厂。1902年，他在汉口建造了一座斯拉夫别墅式居所。整个建筑共有三层，砖木结构，清水红砖外墙、红瓦坡屋顶，屋顶上设有拜占庭式东正教堂常用的八角形红瓦尖塔一座。建筑的首层使用了俄罗斯人崇尚的拜占庭式砖石拱券；二层采用外廊式结构，也融入了东方建筑的元素；三楼则是封闭式的阳台，符合俄罗斯严寒地区的建筑特点。1917年，俄国发生十月革命，中俄茶叶贸易突然中断，汉口的茶叶市场一蹶不振，李凡洛夫一家人于1919年离开居住了58年的汉口，前往美国。1997年，李凡洛夫的孙女曾回到汉口寻根，找到了这座自己儿时住过的老公馆。

● 巴公房子

1869年，俄国贵族巴诺夫来到汉口，担任新泰洋行大班。1874年，他又与莫尔强诺夫、彼恰特诺夫和拉萨丁等人一起，开办了阜昌洋行，任联合经理。1896年，俄国在汉口建立租界，巴诺夫出任俄租界市政会议（董事会）常务董事，1902年前还担任过俄国驻汉口总领事。

巴公房子俯瞰

巴诺夫在武汉不只投资茶叶生意。俄租界尚未开辟之前，他就购买了当时还是荒地的西商跑马场地带。后来，他和弟弟齐诺·巴诺夫（二人被称为"大巴公""小巴公"）共同投资，委托景明洋行设计，在俄租界最好的放射形道路中心临街地段，建造了连在一起的两幢地下一层、地上三层的公寓大楼。大楼由永茂昌、广大昌营造厂建造，于1910年建成，俗称"巴公房子"。

两幢大楼由原俄租界中国街（今鄱阳街东端）、鄂哈街（今洞庭街中段）和列尔宾街（今兰陵路）三条道路围合，其中"大巴公"先建，平面呈U字形，底面面向兰陵路；"小巴公"后建，呈三角形，尖角指向黎黄陂路。建筑整体属于古典复兴风格，是汉口最早的多层公寓大楼。巴公房子与汉口俄租界其他房子一样，都带有一定的斯拉夫式风格。在建筑面对黎黄陂路的尖角处，有一个斯拉夫式的半圆形穹顶，被汉口人称作"俄国缠头尖"，极具特色。建筑沿洞庭街的立面为对称式构图，极富韵律感，立柱、门窗、阳台等都各具特色；鄱阳街一侧立面则由九根通高的砖柱划分为宽窄不一的几个部分，富有变化。兰陵路一侧两个街角的三层上方，都有刻着"1910"字样的花饰砖雕，非常精致。

● 汉口东正教堂

汉口东正教堂位于鄱阳街38号，原名"阿列克桑德聂夫堂"，建于1893年，是武汉三镇唯一的一座俄国东正教堂，主要服务于在汉口从事茶叶贸易的商人等俄国信徒。

教堂为斯拉夫式风格，又称"晚期拜占庭式"，集中式布局、八边形平面，墙面也为八面透视的火焰形拱券，拱窗与墙面形制统一，富有韵律。主入口突出前有台阶，一门二窗，上有一个巨大的十字架。其余墙面上都有精致的线脚装饰，各面之间，有壁柱分隔。穹顶之上另有八个较小的火焰形拱窗，方向与下层墙面一致，其上是八角攒尖的铁皮尖顶，再上方是斯拉夫风格的"洋葱头"宝顶，上有带风向仪的巨大十字架。教堂的内部空间非常开阔，这也是拜占庭式建筑的主要特征之一。室内的壁柱向上延伸至穹顶中部的圆环，穹顶的正中心垂下一盏吊灯，庄重肃穆。

汉口东正教堂

2. 辗转北上：驿路上的生活与信仰

茶叶商人从汉口出发，沿着汉水逆水行舟，经汉川、天门岳口镇、钟祥石牌镇和宜城，大约二十天才能到达襄阳。由于襄阳北上的汉水河道变窄，大的茶船需要在襄阳的官码头卸货后，再将茶叶装入体积较小的船，从汉水的支流唐河继续北上，到达河南省社旗县的赊店镇。赊店古镇是"万里茶道"的水运终点，从这里开始，"南船"转为"北马"，商队改为陆路行进。从赊店北上，广袤的中原大地上，茶商的道路不止一条，最主要的一条线路途经旧县（今叶县叶邑镇）、襄城、郑州及荥阳，再由沁阳进入山西。另一部分商人会从襄城改道向西，经过郏县到达洛阳，在孟津渡过黄河，再向北至济源，然后向东至沁阳进入山西。还有一部分商人则先经陆路至北舞渡镇（今属舞阳县），再沿沙河、鲁河至朱仙镇（今属开封市祥符区），过黄河至道口，再北上至通州。在这些驿路之上，除了客舍与驿站之外，会馆对商人来说是最重要的建筑。对于从事茶叶贸易的晋商来说，山陕会馆是他们在每一处行商之地的家和办公场所，也是他

社旗县山陕会馆

社旗县山陕会馆

们重要的信仰空间。山陕会馆内敬奉关公，会馆也往往称为"关帝庙"，"万里茶道"一路上大大小小的山陕会馆与关帝庙，正是关帝信仰因商路而传播的见证。

● 赊店古镇与山陕会馆

赊店古镇位于河南省社旗县，北通汴洛、南达襄汉，是"万里茶道"南北水陆交通的中转站。赊店镇兴起于明万历年间（1573—1620年），盛于清乾隆嘉庆年间（1736—1820年），有"天下店，数赊店""金汉口，银赊店""填不满的北舞渡，拉不完的赊旗店"等说法。赊店的山陕会馆号称"天下第一会馆"，始建于清乾隆二十一年（1756年），三期工程直至光绪十八年（1892年）才竣工，总占地面积12885.29平方米。建筑分为前、中、后三进院落，中轴线上有琉璃照壁、悬鉴楼、石牌坊、大拜殿和春秋楼，两侧有木旗杆、铁旗杆、东西辕门、东西马厩、钟鼓楼、东西长廊、药王殿、马王殿、道坊院等。其中春秋楼及附属建筑于咸丰七年（1857年）毁于捻军，现存建筑共152间。建筑既雄伟壮观，又精致典雅，其雕刻艺术之精巧、雕刻内容之丰富、建筑色彩之华丽，都为国内罕见。

● 洛阳潞泽会馆、山陕会馆

洛阳的山陕会馆分为东西两处，东会馆为潞泽会馆，由山西潞安府（治今长治市）、泽州府（治今晋城市）商人捐资兴建；西会馆为山陕会馆，由山西、陕西两省的商人捐资兴建。潞泽会馆是中原地区保存最完整的古代建筑群之一，民国时期曾被改为潞泽中学校舍，今为洛阳民俗博物馆。会馆内现有舞楼、大殿、后殿、钟鼓楼、东西配殿、东西厢房、东西穿房等建筑共73间。山陕会馆今为洛阳七中校舍，存有照壁、山门、东西牌楼、舞楼、正殿、拜殿及东西配房等。

3. 进家门，走口外：从晋商庄园到张家口

从河南进入山西，首先要通过沁阳与山西晋城之间的太行第二陉——太行陉。太行雄关天井关即位于此地。太行陉最关键的路线是羊肠坂，因为在山间崎岖缠绕、形似羊肠而得

名，是易守难攻的道路咽喉。出了太行陉之后，进入山西的晋商就回到了老家。在各个大宅院里稍作休整之后，向北出发，首先要经过雁门关。这一南控中原、北扼大漠的关隘，是万里茶道上各民族交流融合的重要门户。再向北走，得胜口、杀虎口、张家口等地，都是历史上著名的边贸往来之重镇。晋商"走西口""走东口"，书写了不少传奇。

● 晋商建筑群

山西境内现存的晋商建筑群有很多，与"万里茶道"相关的，有祁县晋商老街、常家庄园等。

祁县古城建于北魏太和年间（477—499年），现存的古城保存了明清时期"一城四街二十八巷四十大院"的格局。古城的四条主要商业街呈十字交叉，通向四座城门，将古城分为四大片区。老街的临街门面均为商号店铺，后院则用作仓库、作坊和住宅。街道上有长裕川茶庄、大德诚茶庄、永聚祥茶庄等茶业商号和银号、票号、绸缎店等商行。古城中有一半的建筑都是晋商渠家的院子，有"渠半城"之称。

榆次常氏是"万里茶道"重要的开拓者，前后经营150多年，是茶道上最著名的茶商之一。18世纪中叶，常家第八代常万达开始在恰克图（今属俄罗斯）专营茶叶，总号"大德玉"设于张家口，恰克图则设有"大德玉""大美玉""大升玉"和"独慎玉"四大分号，"十大玉"的分号则遍布"万里茶道"，就连莫斯科（今属俄罗斯）也有他"独慎玉"的分号。常万达的足迹遍布从福建到恰克图的"万里茶道"，他最早走进武夷山下梅村，与当地的邹氏家族合作，设庄收购、开厂制茶。在茶叶运输的沿途，他又与其他经销商、船帮、车帮、驼帮精诚合作，确保了茶叶的顺利运输。在恰克图，他与当地官员、茶商和谐相处，创造了茶叶贸易的辉煌，被誉为"万里茶道第一人"。常家的"大德玉"等茶庄曾在汉口山陕会馆的捐资中占到捐款前二十名中的第七名，势力之盛可见一斑。常家大院位于山西榆次，始建于清乾隆三十三年（1768年），营建历经百年，建筑群规模宏大，是当时三晋建筑汉族民居之首。现存的常家大院共有九堂二十七院落，占地面积约4万平方米。常家大院的建筑不

雁门关长城

仅体现了茶商的雄厚资本实力，也体现了晋商对中国传统宗族文化的尊崇。

● 雁门关

雁门关位于山西忻州代县以北的恒山主峰——雁门山中，现存的雁门关堡为明代所筑。雁门关是一个由"双关四口十八隘"和长城共同组成的军事防御体系。其中，"双关"即雁门关的"东陉关"和"西陉关"，"四口"指的是连接东陉关的"南口"和"广武口"、连接西陉关的"太和岭口"和"白草口"。从战国时期赵武灵王设雁门郡（治今山西右玉县威远镇）起，这里就是北方的战略要地。今雁门关关城是原东陉关，周长二里、墙高二丈，有三座门：东门、西门、小北门。东门上有雁楼，门额石匾上书"天险"，西门上有杨六郎庙，门额石匾上书"地利"，小北门则在门额上书"雁门关"。雁门关城楼南边有一块立于清宣统元年（1909年）的《雁门关道路碑》，记载了当地僧众向过往商旅募化银两维修道路的情况。碑的背面镌刻有各地商户的捐款记名，其中有恰克图路上几乎所有经营茶叶贸易的大商家的名字。出雁门关之后，商人们分成两路，一路经杀虎口前往归化（今内蒙古呼和浩特市），一路经大同、张家口，再由驼道前往库伦（今蒙古国乌兰巴托）及恰克图。

张家口大境门长城

● 杀虎口

杀虎口位于山西省右玉县的晋蒙交界处，自古以来就是沟通南北的重要通道。明代，这里是与蒙古各部落交战的军事堡垒，明隆庆年间（1567—1572年），俺答汗与明廷达成合议，局势缓和。隆庆五年（1571年），明朝与蒙古之间恢复通贡关系，并在大同、宣府（治今河北张家口市宣化区）等地开设互市场所。杀虎口关城下，当时就是著名的马市，并逐渐成为边贸往来的重要通道。清代晋商"走西口"经过此地，前往归化开展茶叶贸易，这里的雄关也成为了化干戈为玉帛的重要见证。

● 张家口

同样因为隆庆合议，位于汉蒙交通要道上的张家口堡（俗称"堡子里"）也成了双方贸易的重要场所。从张家口到库伦的张库大道，正是从这里出发。张家堡最初由张文建于明宣德四年（1429年），100年后的1529年，同为张氏的张珍在张家堡开筑小北门，便名为"张家口"。清朝建立之初，明长城被挖开建筑城门，即为现在的大境门。

晋商在张家口实力最盛，除了茶叶之外，绸缎、布匹、米面、瓷器等也都是他们与蒙古、俄国商人交换的内容。他们换回的银碗、银盘等银制品，被打成银元宝流通于市面，称为"口平银"。晋商除了经营商贸，还在张家口开设票号，从清康熙年间（1662—1722年）的8户一直发展到同治年间（1862—1874年）的530户。光绪年间（1875—1908年），西方商人开始在张家口设立洋行，俄国的"立昌"、英国的"德隆"、德国的"礼和"、美国的"德泰"、日本的"三菱"、法国的"立兴"和荷兰的"恒丰"等洋行以及俄国华俄道胜银行，都在张家口开设有分行，到光绪二十八年（1902年），共有洋行44家。

张家口现仍有与"万里茶道"相关的遗产多处，保存也都较为完整。山西商人信奉的关帝庙，茶庄、票号、银号的旧址，以及西方商人的银行、洋行、学校旧址，都静静地共存在城内，见证着汉蒙文化、中西文明的交流与交融。

（三）苍茫草原：外销段线路及文化遗产

从张家口大境门外出发，一直到今蒙古国乌兰巴托，并延伸到俄罗斯恰克图的商道，称为"张库大道"。从大境门向北，首先要越过阴山，这里有原属于宣化府（治今张家口市宣化区）的张北、康保、尚义、崇礼、沽源等"坝上五县"，再往西就是内蒙古草原了。张库大道沿途大多是人烟稀少的牧区和戈壁沙漠，全长约2200公里。

在这条张家口至乌兰巴托的商道上，崛起了张北（今河北张北县张北镇）、归化（今内蒙古呼和浩特市）、多伦（今内蒙古多伦县多伦淖尔镇）、贝子庙（今属内蒙古锡林浩特市）、二连（今内蒙古二连浩特市）、乌里雅苏台（今属蒙古国）、科布多（今属蒙古国）等10多处商业城镇。这一路马队行进需要40天以上，牛车行进需要60天，冬春两季用骆驼大约需要35天。茶叶贸易繁盛期间，茶道上的骆驼商队便成为草原上壮观的景象。

● **归化城**

归化城，蒙古语称"库库和屯"，即今内蒙古呼和浩特市。它是清代蒙古草原最重要的商业城市之一，位于漠南蒙古的中部，是漠北蒙古、漠西蒙古及新疆地区与中原贸易的重要枢纽，也是"万里茶道"上的重镇。"驼队一动百业兴"，归化城里的骆驼最多的时候竟有十六万峰之多。除了茶叶之外，这里皮毛、布匹、药材及杂货都是进出口的大宗，金融业也较为发达。城中商业的发达带来了文化的兴盛，城里城外到处有馆子可吃、天天有戏可看，饮食业和娱乐业都十分发达。光绪初年，归化城每年出口的茶叶都有十万余箱，尤以砖茶居多。

从归化城出发前往漠北的商路可以分成3条：其一向西北行，经赛尔乌苏折而东北，至库伦及恰克图；其二经武川、天力木图等地至库伦；其三经武川、白灵庙至乌里雅苏台，再西行至科布多。乾隆二十六年（1761年），归化城被设置成为继杀虎口之后的第二个税关，并于乾隆三十一年（1766年）左右成为替代杀虎口的汉蒙商民办理进出关口票证的机关。于是，杀虎口的重要经济地位逐渐让位于归化城。原本"走西口"中的"西口"指的是杀虎口，但随着归化城地位的不断提升，"西口"一词也渐渐被泛化，成为归化城的代称。

● **伊林驿站遗址**

伊林驿站遗址位于内蒙古二连浩特市区东北处。伊林驿站地处张家口与库伦的中点，向南至张家口、向北至库伦都是700公里，距今中蒙边境仅有4公里。它是张库大道上重要的驿站，最初设于清嘉庆二十五年（1820年），蒙古语"伊林"意为"纪元、初始"。从这里向北，大多是戈壁与沙漠地带，牲口的补给极为困难。伊林驿站为"万里茶道"上的商旅之人提供休息、食宿和补给、换乘等服务，是重要的中转站。

● **贝子庙**

贝子庙位于内蒙古锡林郭勒盟锡林浩特市，距张家口400公里，距呼和浩特614公里。它建于乾隆八年（1743年），乾隆三十三年（1768年）被清廷赐名为"崇善寺"，蒙古语名为"班智达葛根庙"。寺庙位于贝子旗，当年主持修建此庙的又是当地的贝子巴拉吉道尔吉，因此得名"贝子庙"。贝子庙不仅吸引了各地的信徒，也吸引了各地的客商在庙旁开店经商，成为张家口、北京、天津、归化、大同等地商人前往漠北行商的重要集散之地。

● **汇宗寺、山西会馆**

汇宗寺位于内蒙古多伦县多伦淖尔镇，地处锡林郭勒大草原东南部，是一座喇嘛教格鲁派（黄教）寺庙，建于清康熙帝初次亲征噶尔丹获胜的第二年（1691年）。当时，康熙帝亲赴多伦淖尔，会见漠北喀尔喀三部和漠南四十八旗蒙古王公台吉，史称"多伦会盟"。在会盟中，他答应建造此寺，并由外蒙古哲布尊丹巴活佛主持设计和建造。建成之后，清廷开始在此进行对蒙贸易，令京城八大商号先行入驻。雍正十年（1732年），哲布尊丹巴活佛移居多伦淖尔，这里遂成为整个蒙古地区的藏传佛教中心。而商贾的汇集也使此地成为日进斗金的商贸重镇。

乾隆十年（1745年），生活在多伦淖尔的山西商人集资兴建了山西会馆，这也是当时内蒙古地区唯一的外省会馆。会馆建筑采用山西风格，南北走向，共有四进院落，包括5座牌坊、大山门、下宿、大戏楼、钟鼓楼、二山门、配殿、东西长廊、东西厢房、耳房和正大殿等。

● 恰克图

恰克图（今属俄罗斯）是清代"万里茶道"上的边境重镇，蒙古语意为"有茶叶的地方"。隔河相望的则是晋商建成的"买卖城"。这座建筑风格迥异的双城，曾是茶叶贸易极为兴盛的地方。1891年，俄国皇太子尼古拉访问汉口，返程时从海参崴登陆，参加了西伯利亚铁路的开工仪式，然后再西行返回圣彼得堡。1905年，西伯利亚铁路开通，"万里茶道"的格局也就此改变。俄国茶商不再走这条经过中原、三晋与蒙古草原的传统路线，而是从汉口沿长江至上海，再由海路北上天津，一部分由张库大道北上至恰克图，一部分经海参崴搭上火车，这两条线路在乌兰乌德（今属俄罗斯）交会，再西行至圣彼得堡。海运的利润无疑比"南船北马"的陆运高出很多，恰克图的贸易不再具有优势。20世纪20年代，恰克图–买卖城这座耀眼的双城毁于一场大火，"万里茶道"也就此衰落。

三、线路价值

横跨今天中、蒙、俄三国的"万里茶道"，总长超过1.4万公里，见证了从唐宋时期到清末民初，尤其是17世纪末至20世纪初的以茶为媒的文明交流，展现了东方农耕文明、草原文明与西方工业文明之间的相互影响与碰撞，也体现了作为世界三大饮料之一的"茶"的价值与魅力。

在长时间、跨区域的茶叶贸易中，不同民族、不同国籍的商人群体在茶道沿线的城市、集镇、村落中生活，推动了建筑、城乡格局及交通体系的发展与革新。中国传统的农业文明也在这一过程中，受到了近代商业文明的巨大影响。无论是生产技术，还是建筑风格、审美观念，抑或是宗教信仰与价值观、生活方式，都在这样的交流与影响中突破了原有自然、社会环境与血亲纽带的限制，发生了变化并留存至今，为沿线的各个区域增添了更加多元的文化色彩。

在整个线路上，茶园、工厂、古道、码头、集镇、会馆、海关、银行、寺庙与宅院等遗存，构成了系列遗产的整体，体现了茶叶贸易所涉及的生产、加工、运输、销售及相关文化生活的完整环节。它们共同见证了17世纪末至20世纪初横跨亚欧大陆的这一商贸体系及其运行模式，也见证了"商人"这一群体的文化传统及生活方式。

从南到北，"万里茶道"的长距离运输经过了中国南北方的丘陵山地、水网平原、山间盆地及高原戈壁，面对这样复杂多变的自然地理环境、水陆联运、南船北马，以及鸡公车、骆驼队，反映了来自不同民族、不同生活背景的人们杰出的适应与应对方式。

在中国，"万里茶道"的兴衰见证了中国封建王朝的强盛与式微，放眼欧亚大陆，它也是沿途各民族历史中重要的一页。"万里茶道"跨文化的交流方式与不断扩大的交流规模，推动了沿线种植业、加工业、商业与交通运输业的繁荣发展，也促进了城市与集镇的繁荣。回望"丝绸之路"、展望"一带一路"，"万里茶道"也为亚欧大陆的地缘政治提供了一个良好的典范，有助于沿线各国延续友好的历史，共创发展的未来。

Appendix

作为无形文化遗产的文化线路

Cultural Route as Intangible Cultural Heritage

丁 援

2008年11月在加拿大魁北克举行的国际古迹遗址理事会（ICOMOS）第16届大会期间，我参加了"文化线路国际科学委员会"的分组讨论。这是《ICOMOS文化线路宪章》（后面简称《宪章》）在7天后最终审议通过前的最后一次内部情况交流和讨论。会上我提出了一个问题：文化线路到底是有形文化遗产，还是无形文化遗产？——这个问题在当时引发了一些讨论，我也发表了自己的看法。

我认为，新《宪章》的通过，将标志着文化线路作为"有形文化遗产类型"之一的地位基本确立——这对于"线路类型的遗产"进入《世界遗产名录》十分重要；今后的工作，对于我们从事文化遗产研究的学者而言，重在进一步确立《宪章》里提出的文化线路所代表的"一种影响当今世界上文化遗产概念演变和扩展"的"革命性的新思路"；作为"无形文化遗产"的文化线路，作为方法论的文化线路的研究，应该被提到更高的位置。

2009年4月国家文物局举办的"无锡论坛"的主题是"文化线路遗产保护"，我提交的论文分为三个部分，即文化线路从类型到概念，从概念到方法，从方法到实践。因为发言的时间有限，我把这三个方面内容具体到以下几个问题：

文化线路的"一级概念"问题；

文化线路的"理念普及"问题；

文化线路的"规划实践"问题。

一、文化线路的"一级概念"问题

在新的《宪章》中，文化线路遗产包括五个部分，即

（1）背景环境；

（2）线路主体；

（3）相关设施和建筑；

（4）因线路而兴的历史城镇、街区；

（5）非物质文化遗产。

这五部分遗产，具有六个结合，它是：

（1）点、线、面的结合；

（2）静态、动态遗产的结合；

（3）古代、近代遗产的结合；

（4）有形、无形遗产的结合；

（5）经典、日常遗产的结合；

（6）自然、人文遗产的结合。

所有这些结合，归纳到一点，就是，文化线路作为文化遗产的一种类型，是"遗产体系"。在这个复杂遗产体系中，什么是其结构的中心呢？文化线路的最重要的特征，是其具有一个鲜明的"一级概念"，这就是"线路具有的文化意义和整体文化意象"。正是这个大的概念从宏观上构建了文化线路的整体结构。所以，文化线路中的"一级概念"于文化线路遗产体系中处于核心地位。

我以大运河为例，具体说明文化线路的"一级概念"。

对于大运河这样的线路遗产的解读，其实有三种模式：

一是"工程遗产模式"：以"世界伟大工程"为定义、线性遗产为定位，以ICOMOS工业遗产委员会的《运河遗产条例》为标准，——虽然国际古迹遗址理事会在运河遗产的条例中也提到了周边的城市村镇，但欧洲的运河是在工业化时代后的产物，和我们农耕时代的大运河不同。这样的认定，其优点是最具可操作性，从本质上也不矛盾于工程所代表的文化意义；

二是生态人文模式：从"生态管理和文化遗产保护的结合"出发，以国际城市与区域规划学会（ISOCARP）的城市规划主流的"生态"理念为参照。2008年9月份在中国大连召开的第44届国际规划大会第五个分主体的讨论（"生态管理和文化遗产保护的结合"）既是和会议的集约化发展的主题相符，又是专家在听取了大运河汇报后的新追加的议题，反映了他们理解的大运河的遗产主题；

三是文化线路模式：文化线路的模式，在我看来，其典型代表是我国的丝绸之路。从20世纪80年代开始，联合国教科文组织（UNESCO）对丝绸之路进行了多次的调研，最后的成果集中体现在对丝路的定位上，即"丝绸之路：对话之路"。对比中国的两个重要的线路遗产的申遗：长城是以典型的线型遗产，即单体遗产申报成功的，而丝绸之路则是以线路遗产，即文化线路的类型申报，完全抛开了丝绸之路的道路实体，而是以历史上丝路经过的48个地点为申报主体。"对话之路"的定性是其最大的遗产特色。

这三种模式是大不相同的。对于遗产本体而言，工程遗产模式的认定最清晰，也意味着它作为遗产类型的操作性最好；而生态人文模式和文化线路模式的着眼点似乎正好相反，试想，如果丝绸之路的研究视角从生态出发，则遗产重点就是千年来人类的活动对自然影响的遗存。

回到准备申遗的"大运河"，我们以往习惯称为"京杭大运河"，后来称为"中国大运河"，现在统一称为"大运河"，其实作为文化线路的大运河，我们还应该确定大运河的"一级概念"。

2007年，我们提出大运河是"交融之路"（Road of Confluence）、"统一之路"（Road of Unification），就是对探讨大运河大的概念的尝试。2008年在扬州运河博览会期间，我在《中国名城》杂志上发表文章，正式提出了大运河是"中国文化的认同之路"（Road of Chinese Identity）的概念。

把大运河定义为"认同之路"不仅是关于文化线路的理论的问题，也是我们下一步对于大运河遗产的认定和运河的保护、宣传、展示的需要。在20世纪80年代，央视有一部电视专题片《话说运河》，动用了很大的力量（包括当时少见的航拍），但社会影响远远不如《话说长江》。这当然不是因为运河沿线的风光和城市不如长江的绚丽，而是该片还缺乏一个整体的文化线路视角的解读。

2008年，我们组织国际规划学会的专家在运河扬州段考察，我反复强调了大运河是我们中国文化的认同之路的概念，在具体考察点的设计上，也突出了这点，没有局限于运河的河工遗产，取得了不错的效果，在运河文化的展示上是一个很好的尝试。

二、文化线路的"理念普及"问题

文化线路的尺度巨大、遗产体系复杂，具体遗产的认定比较困难，但它强调文化遗产的"纪念性完整的维护"和文化意义的评估标准，所以是鼓励公众参与、教育和激发大众对祖国文化的热情的重要平台。从学术上看，文化线路几乎包含了所有遗产保护领域的前沿问题：

遗产本体（包括背景环境）的界定问题；

生态视角下的文化遗产保护的问题；

跨区域协调问题；

活态遗产的原真性问题；

完整性和文化意义的联系的问题；

文化遗产保护和法律规范问题。

而另一方面，文化线路不仅仅属于文化遗产专业，它的基础研究工作离不开跨学科的交叉，离不开交通史、历史地理学和文化人类学。

交通史属于专门史，传统的《二十四史》中并没有设此专项。目前在中国，交通史研究可以帮助我们理清历史上的道路系统（官方陆路、水路和民间道路），指明运河河道和驿道，提供馆驿、会馆的基础信息。对古代交通的研究，会帮助我们了解当时经济、政治、文化与交通通道的关系。

历史地理学是历史学的分支，相对于传统历史学，它更关注空间和时间的融合——河流流域范围内的人文环境，移民通道上的物质与精神传承。可以说，历史地理学的学科特质与文化线路的理念完全吻合，是文化线路最重要的研究基础。

文化人类学是人类学的重要分支，关注的是人类物质和精神的起源、成长、变迁与进化。文化人类学中的民族学研究在考察民族文化的源流与发展时，必定会界定民族文化区域，而由此产生的"民族走廊"的概念，其实也是文化线路在20世纪50年代的另一种称呼。

为区别于《宪章》的类型化的文化线路的界定，我在2007年提出新的偏重于方法论的"文化线路"的概念：

文化线路是指在一定时期内，随着不同人群在一定空间（线性或非线性）上产生的具有目的性的流动交往行为，继而在产生了跨文化碰撞与整合作用的同时，于有形和无形遗产基础上，以文化交流的过程，以及文化传播或文化涵化的显形或者隐形的路径为线索，形成的具有一定类型特征的文化意象和遗产保护、城乡规划的视角。

三、文化线路与遗产评估体系

"文化线路"的保护，本质上是在基于遗产的"文化意义"（Cultural Significance）的理解上的"纪念性完整"（Commemorative Integrity）的维护。因此，"文化线路"更为重要的意义在于，它揭示了文化遗产背后暗含的一种文化遗产的评估方式：这是一种基于文化研究，以文化意象所导致的情感价值（心理因素、文化认同）为一级标准，社会价值和生态价值为二级标准，美学价值、科技价值和历史价值为三级标准的新的评估体系和评估模式。

文化显著性

最后，我想借用我的老师、国际规划协会前任副主席卡麦亚教授在《文化线路研究丛书》总序言中的一段话为本文的结束：

> 作为一个新的概念，至少在中国，"文化线路"需要更充分的研究来创造性地"为未来保护过去"。我衷心希望文化线路的研究能拥有广泛而热心的支持者以进一步传播研究者的观点，并使之最终转化为普遍接受的态度——让我们再一次热烈地拥抱这历史的延续传承和那些为时间所证明的伟大的价值观！

（本文为2009年4月"无锡论坛——文化线路遗产保护"上作者的发言，有删节）

后记

Epilogue

《文化线路在中国》是《中国文化线路遗产》一书的修订，也是我们对文化线路多年研究与宣传工作的延续。从2014年上本书完稿至今的6年时间里，丝绸之路、大运河成功申报世界遗产，万里茶道正式登录《中国世界遗产预备名单》，作为国家倡议的"一带一路"更是依托历史古道走出了新的文明之旅，而由我们组织的主题为"文化线路在城乡可持续发展中的角色"的第七届ICOMOS-Wuhan无界论坛也成功举办，成为近年来规模最大的探讨文化线路理论与实践的国际科学研讨会。

较之上一本书，本书有一些较大变动：一是对原有章节做了修改，并重写了《万里茶道》；二是删去了《北京中轴线》《川盐古道》两章，增加了具有中国近代文化转型意义的《长江近代航线》和历史悠久的《巴盐古道》。大运河、长江、汉水、黄河共同构成了中国大陆的"文化内环线"，再配合丝绸之路、西南丝绸之路、海上丝绸之路等古商道、古驿道、移民通道、自然水道这些外围线路，这才把不同风俗、不同地域的一个个分散的群体联系成为一个统一的国家，形成精神的认同。所以说，要理解中国文化，需要了解中国的文化线路。

这本书的顺利出版，凝聚了很多人的精力和心血。感谢ICOMOS共享遗产研究中心全体成员的无私付出；感谢为本书《长江近代航线》章节提供照片的刘建林、刘秋琥、郑宪章老师，为《巴盐古道》章节提供照片的赵迮老师；也感谢为本书的付梓付出辛劳的戴欣倍女士，好作者要感谢好编辑的督促，虽然过程中会有压力。此外，还要感谢中信建筑设计研究总院有限公司的支持！

　　本书的写作主要集中于2020年1月至3月，正是疫情肆虐、武汉封城的严峻时期。70余日的隔断式生活，屏幕内外的魔幻版现实，让人担忧也促人思考。2月初，本书的另外两位作者本已受邀参加在墨西哥举办的ICOMOS文化线路委员会学术研讨会，但由于封城改为了视频发言。我在凌晨两点夜不能寐时，突然看到ICOMOS国际会员微信群里一位在现场的ICOMOS西安中心的老师转发的照片和留言："身在武汉的同事，用录播的方式呈现了一场精彩的学术报告，获得巨大成功，实在令人佩服，感动！我是热泪盈眶了，现场掌声雷动。"是的，物理上的阻隔，隔离不了思想文化的交流，这也是我们研究文化线路的一个体会——文化交流、思想碰撞和生活方式的变革才是"线路"赋予我们最大的财富。Je la garde pour cet hiver，我留着这个冬天：让历史的路径引导我们未来的方向。

丁 援

2020年4月8日于武汉

中信建筑设计研究总院

图书在版编目（CIP）数据

文化线路在中国/丁援，马志亮，许颖 著.－上海：
东方出版中心，2020.7
ISBN 978-7-5473-1646-7

Ⅰ.①文… Ⅱ.①丁… ②马… ③许… Ⅲ.①文化遗
产-研究-中国 Ⅳ.①K203

中国版本图书馆CIP 数据核字（2020）第090782号

本书部分图片来源 "©微图提供"

文化线路在中国

著　　者　丁援 马志亮 许颖
策划/责编　戴欣倍
装帧设计　陶雪华

出版发行　东方出版中心
地　　址　上海市仙霞路345号
邮政编码　200336
电　　话　021-62417400
印 刷 者　上海中华商务联合印刷有限公司

开　　本　787mm×1092mm 1/16
印　　张　23
字　　数　262千字
版　　次　2020年7月第1版
印　　次　2020年7月第1次印刷
定　　价　138.00元